Die Napoleonischen Kriege

Gunther Rothenberg

Die Napoleonischen Kriege

Aus dem Englischen von Kerstin Braun

Brandenburgisches Verlagshaus

Die Deutsche Bibliothek –
CIP-Einheitsaufnahme
Der Titeldatensatz für diese Publikation ist bei der
Deutschen Bibliothek erhältlich.

ISBN 3-89488-134-8

Erstveröffentlichung bei: Cassell & Co., Wellington House,
125 Strand, London, WC2R 0BB
Titel der englischen Originalausgabe:
The Napoleonic Wars

Übersetzung ins Deutsche: Kerstin Braun, Leipzig

Umschlaggestaltung: Behrend & Buchholz, Hamburg
Umschlagbild: Gemälde von A. J. Gros / AKG Berlin
Koordination und Bearbeitung der deutschen Ausgabe:
Neumann & Nürnberger, Leipzig
Satz: XYZ-Satzstudio, Naumburg
Printed in Italy
Gedruckt auf alterungsbeständigem Papier mit
chlorfrei gebleichtem Zellstoff.
Die Schreibweise entspricht den Regeln der
neuen Rechtschreibung.
03 02 01 00 4 3 2 1

Danksagung

Ich danke meiner Frau, Dr. Eleanor I. M. Hancock, herzlich für Hilfe und Zuspruch während der Arbeiten zu diesem Buch. Außerdem möchte ich Caroline Knight und Penny Gardiner von Orion danken, deren aufheiternde gute Laune und Enthusiasmus mir Mut machten, wenn meine Begeisterung nachließ. Mögen alle Autoren das Glück haben, solche Unterstützung zu erfahren.

GUNTHER ROTHENBERG
Monash University

Napoleon gibt seinen Korpskommandeuren letzte Befehle, bevor der Kampf bei Austerlitz beginnt.

Inhalt

LEGENDE ZU DEN KARTEN

Waffengattung

Infanterie

Kavallerie

Militärische Verbände

NAPOLEON Armeekommandeur

XXXX Armee

XXX Korps

XX Division

Kavallerie

X Brigade

Infanterie

X Brigade

III Regiment

II Bataillon

Truppenbewegungen

Angriff

Rückzug

Befehlshaber

französische

britische

russische

preußische

österreichische

Allgemeine militärische Symbole

Schlachtfeld

Festung

Schützenlinie

Feldgeschütz

Farbige Kennzeichnung der Truppen

wenn nicht anders bezeichnet

Franzosen

Alliierte

Geografische Symbole

Ortschaft

Ortschaft (3D-Karten)

Straße

Fluss

zeitweilig Wasser führender Fluss

Kanal

Grenze

Brücke

Furt

Kartenverzeichnis

Zeittafel der Napoleonischen Kriege

1792	
20. April	Französische Nationalversammlung erklärt Österreich den Krieg.
15. Mai	Frankreich erklärt Piemont den Krieg.
26. Juni	Bildung der Ersten Koalition.
20. Sept.	Schlacht von Valmy.
6. Nov.	Österreicher werden bei Jemappes geschlagen.
1793	
1. Febr.	Nationalkonvent erklärt Großbritannien und Holland den Krieg.
20. Febr.	Nationalkonvent beruft 300 000 Wehrpflichtige ein.
9. März	Nationalkonvent erklärt Spanien den Krieg.
23. Aug.	Wohlfahrtsausschuss ordnet eine Massenaushebung (*leveé en masse*) an.
16. Sept.	Bonaparte übernimmt vor Toulon die Artillerie.
19. Dez.	Toulon fällt.
22. Dez.	Bonaparte wird zum Brigadegeneral befördert.
1794	
26. Juni	Niederlage bei Fleurus zwingt die Österreicher, Belgien zu räumen.
27. Juli	Der radikale Wohlfahrtsausschuss wird gestürzt.
1795	
16. Mai	Frieden von Basel, Preußen scheidet aus dem Krieg aus.
19. Aug.	Frieden mit Spanien.
5. Okt.	Bonaparte schlägt Putschversuch nieder.
1796	
1. März	Direktorium ernennt Bonaparte zum Befehlshaber der Italienarmee.
27. März	Bonaparte übernimmt das Kommando.
10.–22. April	Bonapartes Offensive gegen Österreich und Piemont.
28. April	Piemont unterzeichnet Waffenstillstand.
10. Mai	Kämpfe bei Lodi.
15. Mai	Besetzung Mailands.
4. Juni	Belagerung Mantuas (am 31. Juli aufgehoben)
2.–5. Aug.	Schlachten von Lonato und Castiglione.
1.–12. Sept.	Würmser bricht nach Mantua durch.
3. Sept.	Franzosen bei Würzburg besiegt.
8. Okt.	Spanien erklärt England den Krieg.
15.–17. Nov.	Schlacht von Arcola.
1797	
14. Jan.	Schlacht von Rivoli.
2. Febr.	Mantua kapituliert.
18. April	Waffenstillstand von Leoben.
17. Okt.	Friede von Campo Formio mit Österreich.
1798	
12. April	Bonaparte wird zum Befehlshaber der Orientarmee ernannt.
1. Juli	Bonaparte landet bei Alexandria.
21. Juli	Schlacht bei den Pyramiden.
1. Aug.	Nelson vernichtet die französische Flotte bei Abukir.
21. Okt.	Aufstand in Kairo niedergeschlagen.
29. Dez.	Bildung der Zweiten Koalition.
1799	
29. Jan.	Franzosen besetzen Neapel.
6. Feb.	Bonaparte dringt nach Palästina ein.
1. März	Russland erklärt Frankreich den Krieg.
17. März – 20. Mai	Belagerung von Akkra.
25. März	Erzherzog Karl besiegt Franzosen bei Stockach.

5. April – 15. Aug.	Österreichisch-russische Kräfte erobern Italien und die Schweiz zurück.
25. Juli	Bonaparte vernichtet die Türken bei Abukir.
23. Aug.	Bonaparte schifft sich nach Frankreich ein.
27. Aug. – 19. Nov.	Anglo-russische Landung in Nordholland schlägt fehl.
25.–30. Sept.	Massena schlägt Russen nahe Zürich.
9.–10. Nov.	Staatsstreich errichtet Konsulat.
14. Dez.	Bonaparte wird Erster Konsul.

1800

6. April	Österreichische Offensive in Nordwestitalien.
3. Mai	Sieg Moreaus bei Stockach.
15.–21. Mai	Armee der Reserve überquert die Alpen.
14. Juni	Schlacht von Marengo.
3. Dez.	Schlacht von Hohenlinden.
16. Dez.	Bildung der Nördlichen Liga (der Bewaffneten Neutralität).

1801

9. Febr.	Friede von Lunéville.
23. März	Zar Paul ermordet; Alexander wird Thronfolger.
2. April	Briten greifen Kopenhagen an.
2. Sept.	Orientarmee kapituliert.

1802

26. Jan.	Errichtung der Italienischen Republik; Bonaparte wird Präsident.
25. März	Friede von Amiens.
11. Sept.	Frankreich annektiert Piemont.
15. Okt.	Frankreich fällt in die Schweiz ein.

1803

16. Mai	Großbritannien erklärt Frankreich den Krieg.
1. Juni	Franzosen belagern Hannover.
15. Juni	Französische Armee konzentriert sich an der Kanalküste.

1804

21. März	Duc d'Enghien wird ermordet.
18. Mai	Napoleon wird zum Kaiser ernannt.
19. Mai	Marschalltitel wird eingeführt.
2. Dez.	Napoleon krönt sich selbst.
14. Dez.	Spanien erklärt Großbritannien den Krieg.

1805

11. April	Anglo-russisches Bündnis.
26. Mai	Napoleon krönt sich selbst zum König von Italien.
7. Juni	Eugène zum Vizekönig ernannt.
9. Aug.	Österreich tritt der Dritten Koalition bei.
27. Aug.	Grande Armée marschiert zur Donau.
9. Sept.	Österreich fällt in Bayern ein.
7. Okt.	Französische Verbände überschreiten die Donau.
20. Okt.	Mack ergibt sich bei Ulm.
14. Nov.	Napoleon zieht in Wien ein.
2. Dez.	Sieg Napoleons bei Austerlitz.
26. Dez.	Friede von Pressburg.

1806

1. April	Joseph Bonaparte wird König von Neapel.
20. Juni	Louis Bonaparte zum König von Holland erklärt.
12. Juli	Gründung des Rheinbundes.
9. Aug.	Preußen macht mobil.
1. Okt.	Preußisches Ultimatum an Frankreich.
6. Okt.	Bildung der Vierten Koalition.
7. Okt.	Franzosen marschieren in Sachsen ein.
14. Okt.	Schlacht von Jena und Auerstedt vernichtet preußische Armee.
26. Okt.	Napoleon zieht in Berlin ein.

1807

8. Feb.	Schlacht von Eylau.
18. März – 27. Mai	Belagerung Danzigs.
13.–14. Juni	Schlacht von Friedland.
7.–9. Juli	Friede von Tilsit.
2.–7. Sept.	Briten greifen Kopenhagen an, belagern dänische Flotte.
1. Dez.	Junot besetzt Lissabon.

1808

2. Mai	Murat unterdrückt Madrider Aufstand.
6. Juni	Joseph Bonaparte zum König von Spanien ernannt.
9. Juni	Österreich stellt Landwehr auf.
20. Juli	Französisches Korps kapituliert bei Bailén.
1. Aug.	Wellesley landet in Portugal.
21. Aug.	Schlacht von Vimeiro.
14. Okt.	Erfurter Fürstenkongress beendet.
27. Okt.	Moore setzt sich zu Kampfhandlungen in Spanien in Bewegung.
4. Dez.	Napoleon zerschlägt spanische Kräfte und zieht in Madrid ein.

1809

8. Jan.	Österreich beendet den Krieg.
16. Jan.	Napoleon zwingt Moore bei La Coruña zum Abzug.
9. April	Bildung der Fünften Koalition.
10. April	Karl marschiert in Bayern ein.
20.–24. April	Napoleon schlägt die Österreicher in Bayern in einer Serie von Schlachten.
26. April	Wellesley kehrt nach Portugal zurück.
12. Mai	Schlacht von Porto.
13. Mai	Napoleon zieht in Wien ein.
21.–22. Mai	Karl schlägt Napoleon bei Aspern-Essling zurück.
14. Juni	Schlacht bei Raab.
5.–6. Juli	Schlacht bei Wagram.
28. Juli	Schlacht bei Talavera.
29. Juli – 9. Dez.	Missglückte britische Expedition nach Walcheren.
14. Okt.	Friede von Schönbrunn.
20. Okt.	Beginn der Bauarbeiten an den Linien von Torres Vedras.

1810

17. April	Massena zum Kommandeur der Portugalarmee ernannt.
9. Juli	Massena nimmt Ciudad Rodrigo ein.
9. Juli	Napoleon annektiert Holland.
28. Aug.	Almeida fällt.
27. Sept.	Schlacht bei Buzaco.
10. Okt.	Massenas Vormarsch wird bei den Linien von Torres Vedras zum Stillstand gebracht.

1811

5. März	Massenas Rückzug beginnt.
3.–5. Mai	Schlacht bei Fuentes de Oñoro.
16. Mai	Schlacht von Albuera.
23. Dez.	Napoleon beginnt Vorbereitungen für die Invasion Russlands.

1812

19. Jan.	Wellington stürmt Ciudad Rodrigo.
6. April	Badajoz fällt, begleitet von schrecklichen Grausamkeiten.
20. Juni	Bildung der Sechsten Koalition.
24. Juni	Franzosen marschieren gegen Russland.
22. Juli	Schlacht von Salamanca.
12. Aug.	Wellington zieht in Madrid ein.
17.–19. Aug.	Schlacht von Smolensk.
7. Sept.	Napoleon schlägt Kutusow bei Borodino.
9. Sept. – 18. Okt.	Wellingtons Belagerung von Burgos schlägt fehl.
14. Sept.	Napoleon zieht in Moskau ein.
19. Okt.	Napoleon räumt Moskau.
24.–25. Okt.	Schlacht bei Malojaroslawez.
19. Nov.	Wellington lässt sich zur portugiesischen Grenze zurückfallen.
26.–28. Nov.	Schlacht an der Beresina.
5. Dez.	Napoleon verlässt seine Armee.
14. Dez.	Letzte französische Elemente verlassen Russland.
30. Dez.	Yorck unterzeichnet Konvention von Tauroggen, die sein Korps neutral stellt.

1813

4. März	Russen ziehen in Berlin ein.
16. März	Preußen erklärt Frankreich den Krieg.
2. Mai	Napoleon schlägt russisch-preußische Armee bei Großgörschen.

18. Mai	Bernadotte und schwedische Truppen landen.
20.–21. Mai	Napoleon schlägt russisch-preußische Truppen bei Bautzen.
23. Mai	Wellington rückt nach Spanien vor.
4. Juni – 17. Aug.	Waffenstillstand von Pleischwitz.
12. Juni	Franzosen räumen Madrid.
21. Juni	Wellingtons Sieg bei Vitoria.
27. Juni	Österreich schließt sich Russland und Preußen an.
12. Aug.	Österreich erklärt Frankreich den Krieg.
23. Aug.	Schlacht bei Großbeeren.
26. Aug.	Macdonald am Katzbach besiegt.
26.–27. Aug.	Napoleon besiegt Schwarzenberg bei Dresden.
6. Sept.	Ney bei Dennewitz besiegt.
8. Okt.	Bayern schließt sich den Verbündeten im Vertrag von Ried an.
16.–19. Okt.	Vereinigte Armeen der Verbündeten schlagen Napoleon bei Leipzig.
18. Okt.	Sachsen laufen während der Schlacht zu den Verbündeten über.
30. Okt.	Napoleon besiegt Bayern bei Hanau.
10. Nov.	Schlacht bei Nivelles.

1814

11. Jan	Murat unterzeichnet Separatfrieden mit den Verbündeten.
1. Febr.	Blücher weist Napoleon ab.
10.–14. Febr.	Napoleon schlägt Preußen bei Champaubert, Montmirail und Vauchamps.
17.–18. Febr.	Napoleon erfolgreich gegen Schwarzenberg bei Monterau.
9. März	Blücher schlägt Marmont bei Laon.
13. März	Napoleon siegreich bei Reims.
20.–21. März	Schlacht bei Arcis-sur-Aube.
25. März	Gefecht bei Fère-Champenoise.
31. März	Verbündete ziehen in Paris ein.
4. April	Marschälle verlangen Napoleons Abdankung.
6. April	Napoleon dankt ab.
10. April	Wellington besiegt Soult bei Toulouse.

1815

26. Febr.	Napoleon entflieht von Elba.
20. März	Napoleon zieht in Paris ein.
25. März	Siebente Koalition formiert sich.
31. März	Murat erklärt Österreich den Krieg.
3. Mai	Österreicher besiegen Murat bei Tolentino.
15. Juni	Napoleon überschreitet mit der Armée du Nord Grenze nach Belgien.
16. Juni	Napoleon besiegt Blücher bei Ligny.
16.–17. Juni	Wellington hält Ney bei Quatre Bras auf.
18. Juni	Grouchy bindet Preußen bei Wavre.
18. Juni	Wellington und Blücher besiegen Napoleon bei Waterloo.
22. Juni	Napoleon dankt ab.

AFRIQUE

EINFÜHRUNG

DIE NAPOLEONISCHEN KRIEGE IN DER GESCHICHTE DER KRIEGE

NAPOLEON IN SEINEM STUDIERZIMMER *in der von ihm bevorzugten Bekleidung, der einfachen Interimsuniform – grüner Rock mit roten Ärmelaufschlägen, Kragen und Tressen, enge weiße Hosen und schwarze Stiefel – eines Oberst der Chasseurs à Cheval de la Garde Impériale (Jäger zu Pferde der Kaisergarde).*

Die Napoleonischen Kriege in der Geschichte der Kriege

Dieses Buch gehört zu einer mehrbändigen Serie über die Geschichte der Kriege vom vierten Jahrtausend v. Chr. bis zur Gegenwart. Es beschäftigt sich insbesondere mit den Napoleonischen Kriegen, also mit den zwölf Jahren zwischen 1803 und 1815. In diesem Band liegt der Schwerpunkt auf der Kriegsführung, der Frage, wie Heere eingesetzt wurden, um die umfassenden Ziele der Politik zu erreichen. Vieles davon bewegt sich auf strategischem Gebiet, jedoch werden auch Operationen und Taktiken an unterschiedlichen Kriegsschauplätzen und in speziellen Schlachten einbezogen. Zusätzlich werden die militärischen Voraussetzungen der Hauptbeteiligten dieser Kriege diskutiert.

Großer Raum wurde Napoleon Bonaparte eingeräumt, dem General, Konsul und schließlich Kaiser, einem der wahrhaft großen Befehlshaber der Geschichte. Die Französische Revolution gab ihm seine Chance, und aus eben dieser Revolution fielen ihm starke Armeen zu, geführt von jungen, unorthodoxen und entschlossenen Befehlshabern, die unter seiner Führung berühmte Feldzüge unternahmen und ein Reich vom Tajo bis zur Weichsel errichteten, wenn auch nur für kurze Zeit. Zwar wurde Napoleon schließlich geschlagen, aber er drückte nicht nur seinen eigenen Armeen den Stempel seiner Art der Kriegsführung und seines persönlichen Führungsstils auf, sondern zwang auch seine Widersacher, militärische Reformen einzuführen, um dem Genie begegnen zu können. Um diese Leistung zu verstehen, muss man die Ära der Revolutions- und Napoleonischen Kriege im Kontext dessen betrachten, was heute als „militärische Revolution“ bezeichnet wird. Diese Revolution, eine radikale Veränderung in der Art, wie europäische Staaten ihre Armeen aufstellten, ausbildeten, ausrüsteten und einsetzen, wird ganz unterschiedlich datiert. Ihren Beginn kann man jedoch in der Periode ansetzen, als wirksamere Feuerwaffen, wenngleich noch in Verbindung mit Piken, das Schlachtfeld zu beherrschen begannen – also kurz nach 1550. Sie setzte sich nach dieser Betrachtungsweise bis ins achtzehnte Jahrhundert fort und umfasste auch die Napoleonischen Kriege, die somit als Ende, nicht als Beginn, einer neuen Ära angesehen werden.

Dieser Auffassung schließen wir uns hier jedoch nicht an. Wenn auch wie in jedem größeren Konflikt eine Mischung aus Altem und Neuem vorhanden war, so stellten doch die Kriege der Französischen Revolution und noch viel mehr die Napoleonischen Kriege einen klaren Bruch mit der Vergangenheit dar und legten den Grundstein für die moderne Kriegsführung. Nie zuvor hatte es eine derart umfassende Mobilisierung ziviler und militärischer Ressourcen gegeben, die zu grundlegenden Änderungen in Größe und Charakter der Armeen führte. Im Gegensatz zu den größtenteils nicht entscheidenden Feldzügen des vorhergehenden Jahrhunderts agierten Napoleons Massenstreitkräfte in viel größerem Maßstab mit nie dagewesener Geschwindigkeit und Entschlossenheit. Obgleich schon die Revolution eine neue Art der Kriegsführung mit sich gebracht hatte, waren die französischen Streitkräfte nie absolut überlegen gewesen und hatten ebenso viele Schlachten verloren wie gewonnen. Erst nachdem Napoleon die Macht ergriffen hatte, gab es Feldzüge, die binnen kurzem zu großen und entscheidenden Schlachten führten, welche ihrerseits zum Ideal nachfolgender Generationen von Kommandeuren wurden. Am Ende wurde Napoleon freilich geschlagen. Sein Streben nach Hegemonie und Konzentration persönlicher Macht führten zu strategischer Übertreibung und schließlich zu seinem Untergang. Die Übertreibung wurde zuerst in seinem Versuch deutlich, Großbritannien durch ein System wirtschaftlicher Kriegsführung niederzuringen, was wiederum zu seiner Invasion der Iberischen Halbinsel führte, wo seine Befehlshaber nach 1809 weder mit Wellingtons Armee noch mit dem von den Briten unterstützten Guerillakrieg so recht fertig wurden. Im Jahr 1809 waren die europäischen Mächte außerdem dabei, sich an Napoleons Art der Kriegsführung anzupassen. Alle vergrößerten ihre Armeen und setzten, um die größere Heeresstärke bewältigen zu können, ihre Korps als Hauptgefechtseinheiten ein, verbesserten ihre Stäbe und erweiterten die Artillerie. Als sich dann 1813 alle wichtigen europäischen Mächte vereinten, wurde Napoleon geschlagen. Doch sein Ruf als großer Feldherr blieb bestehen, und die Kampfmethoden, die sich bis zum Ende der Napoleonischen Kriege herausgebildet hatten, wurden bis weit in das zweite Viertel des neunzehnten Jahrhunderts hinein angewendet, wenn auch die allgemeine Einführung von Handfeuerwaffen eine Zweiteilung in Feuerkraft und Taktik bewirkte. Mit den Manövern und Taktiken der unterschiedlichen europäischen Konflikte und des Amerikanischen Bürgerkrieges wäre jeder General der napoleonischen Ära bestens vertraut gewesen. Napoleons Einfluss war am deutlichsten und am anhaltendsten in der Militärtheorie und im gefechtsstrategischen Bereich. Napoleon schrieb zwar seine strategischen Konzepte nie auf und erklärte einmal, dass im Krieg die „einfachsten Manöver die besten sind", jedoch erschien eine beträchtliche Menge an Literatur, in der versucht wurde, aus seiner Feldherrenkunst bedeutsame Muster abzuleiten. Der einflussreichste Kenner war Baron Antoine Jomini, der in Neys Stab gedient hatte, bevor er zu den Russen desertierte, und dessen zahlreiche Schriften zum Pflichtprogramm an Militarakademien gehörten. Er hatte grundlegenden Einfluss auf die französische Armee, während im Amerikanischen Bürgerkrieg die Generäle auf beiden Seiten „mit dem Schwert in der einen und einer Jomini-Ausgabe in der anderen Hand vorrückten".

Der zweite wichtige Fachmann auf diesem Gebiet, der preußische Militärphilosoph von Clausewitz, betrachtete die Angelegenheit viel komplizierter und komplexer. Er weigerte sich, irgendein feststehendes System anzunehmen, und konzentrierte sich auf die Interaktion von Krieg, Politik und Gesellschaft; Konzepte, die hoch gelobt, jedoch nur selten verstanden oder gar in die Praxis umgesetzt wurden. Nach seiner Meinung hatte die Mobilisierung nationaler Armeen, die vom Volkswillen getragen wurden, im Krieg entscheidende Bedeutung gewonnen. Beide Männer sahen die Konzentration einer Übermacht und offensive Handlungen als sehr wichtig an.

Inzwischen gestatteten die Industrielle Revolution und die rasante Entwicklung von Eisenbahn und elektrischen Telegrafen den Einsatz gewaltiger Armeen, die nach napoleonischem Muster operieren konnten – zwar ohne Erfolg im Amerikanischen Bürgerkrieg, aber erfolgreich unter dem Preußen Helmuth von Moltke 1866 und 1870–71. Hiernach legten alle kontinentaleuropäischen Generalstäbe offensive Kriegspläne an und erwarteten schnelle und entscheidende Siege nach napoleonisch-moltkeschem Vorbild. 1914–18 gingen ihre Pläne nicht auf, aber während des Zweiten Weltkrieges und in konventionellen Konflikten wie dem Golfkrieg lebte die napoleonische Strategie wieder auf – in Scheinangriffen, Durchbrüchen und Umfassungsangriffen durch mobile Streitkräfte, unterstützt von Luftstreitkräften. Manche Analytiker behaupten, dass Atomwaffenarsenale und Raketenstartsysteme konventionelle Kriege zwischen großen Mächten unmöglich machten. Diese Frage bleibt ungeklärt. Aber wie man sie auch beantwortet, eines ist gewiss: Solange der Mensch dem Waffenberuf nachgeht, werden Napoleons Fähigkeit, mitten im Kampfgetümmel Aufopferungsbereitschaft und Mut zu fördern, sowie seine Inszenierung großer Feldzüge und Schlachten immer eine große Anziehungskraft ausüben.

KAPITEL EINS

Die Umwandlung des Krieges und das Erscheinen

Im September 1792 drangen Einheiten Österreichs und Preußens durch die Argonnen in Richtung Paris vor. Hier wird eine Vorhut der Verbündeten beim Verlassen eines bewaldeten Hohlweges von regulärer französischer Linieninfanterie angegriffen, die noch ihre weißen Uniformen trägt. Man beachte im Vordergrund die Offiziere im Generalsrang und den Husaren in dunkelblauen Röcken, mit gepudertem Haar und Zopf.

Die Umwandlung des Krieges und das Erscheinen Napoleon Bonapartes

Als am 2. Dezember 1805 die Dunkelheit hereinbrach, näherte sich die Schlacht von Austerlitz ihrem Ende. Von seinem Kommandoposten aus beobachtete Kaiser Napoleon den Rückzug der österreichischen und russischen Truppen südlich der Pratzer Höhen. Weiter nördlich verstummte das Kriegsgetöse langsam, während sich ein russisches Korps absetzte. Als der Kaiser um 5 Uhr nachmittags eine allgemeine Waffenruhe anordnete, hatte die feindliche Armee aufgehört, als effektive Kampfkraft zu existieren, und der Wille seiner Gegner, den Krieg fortzusetzen, war zerstört.

Napoleon, damals noch General Napoleon, hatte schon 1796–1797 in Italien sein eindrucksvolles Debüt gegeben. Die Schlacht von Austerlitz war nun das triumphale Ende eines Feldzuges, der in Schlagkraft, Geschwindigkeit und Ergebnis bisher einmalig war. In wenig mehr als drei Monaten hatte der Kaiser seine Armee von der Kanalküste ins Herz Mitteleuropas gestoßen, die Machtverhältnisse in Deutschland verändert und die Dritte Koalition gegen Frankreich endgültig beendet. Die schnellen und entscheidenden Operationen lehrten Zeitgenossen das Fürchten. Carl von Clausewitz, der große Kenner und Philosoph des Krieges, nannte Napoleon den „Gott des Krieges“, und der Feldzug diente als Muster für die mobile, offensive und rücksichtslose Kriegsführung, die als napoleonisch bezeichnet wird.

Militärische Reformen vor der Französischen Revolution

Der Napoleonische Stil war eine Synthese aus Reformen und Erneuerungen, die von anderen vorgeschlagen wurden. Napoleon selbst trug wenig Eigenständiges bei, und dies hauptsächlich auf den höheren Gebieten der Kriegsführung. Aber er systematisierte schon eingeführte Reformen und baute sie aus, und er schuf mit seiner persönlichen Genialität die schlagkräftigste Armee seiner Zeit, wodurch die Kriegskunst selbst umgestaltet wurde. Waffen und Ausrüstung sowie die Truppenarten seiner Armeen blieben fast identisch mit denen Friedrichs des Großen oder sogar Marlboroughs. Was sich aber geändert hatte, war die Größe der Armeen, ihre Organisation, Befehlsgebung und Kontrolle, und vor allem der Zweck, zu dem sie eingesetzt wurden, nämlich mit der entscheidenden endgültigen Schlacht als oberstem Ziel.

Im Jahrhundert vor der Französischen Revolution waren Kriege zu formalen Angelegenheiten geworden, ausgefochten mit begrenzten Mitteln für begrenzte Ziele von bestens ausgebildeten und brutal disziplinierten Berufsarmeen, die besonders in den höheren Rängen von einer aristokratischen Vetternwirtschaft befehligt wurden. Da ihnen ideologische oder nationale Motivation völlig fehlte und der landwirtschaftliche, finanzielle und technische Nachschub ebenso zu wünschen übrig ließ wie die Truppenstärke, waren die Einsätze in Umfang und Intensität eingeschränkt. Man vermied Schlachten, weil große Verluste, gepaart mit Desertationen, für Sieger und Besiegte gleichermaßen viel zu kostspielig waren. Kriege endeten gewöhnlich eher mit der Erschöpfung der Finanzen und der Kampfkraft als mit einer entscheidenden Schlacht.

In den letzten Jahrzehnten des achtzehnten Jahrhunderts verschwanden diese Beschränkungen oder wurden maßgeblich modifiziert. Der Übergang von der Sub-

sistenzlandwirtschaft zur Überproduktion lieferte ausreichend Nahrung, so dass sich die Bevölkerung Europas etwa verdoppelte. Nach Russland mit 44 Millionen war Frankreich das bevölkerungsreichste Land, nachdem seine Bevölkerungszahl bis 1792 von 18 auf 26 Millionen angewachsen war. Das Reich der Habsburger verdoppelte seine Bevölkerung von 9 auf 18 Millionen, etwa die gleiche Zahl wie in Großbritannien, während die Bevölkerung aller deutschen Staaten zusammen genommen von 10 auf 20 Millionen anwuchs. Die landwirtschaftlich ausgerichtete Wirtschaft der ost- und mitteleuropäischen Staaten konnte diesen Bevölkerungszuwachs verkraften, aber im dicht besiedelten Frankreich war eine Integration nur teilweise möglich. Es blieb eine ungebundene städtische Masse übrig – Nachschub für die Armeen der Revolution und Napoleons.

Diese demografische Verschiebung fiel mit der frühen industriellen Revolution zusammen; der Ausstoß an Eisen und Textilien steigerte sich gewaltig und das frühe Stadium der Massenproduktion gewährleistete, dass Waffen und Ausrüstung für das stark angewachsene Militär geliefert werden konnten. Das Wachstum der Industrie, der Überseehandel und die verbesserten Verwaltungs- und Besteuerungs-

EUROPA 1789

1789 war Frankreich ein einheitliches Land, Deutschland und Italien waren in Kleinstaaten und Fürstentümer zersplittert und der Besitz der Habsburger umfasste verschiedene Ländereien vom Niederrhein bis Galizien und von Böhmen bis Norditalien. Preußen war der größte deutsche Staat; Polen hatte ein beträchtliches Territorium inne und das Osmanische Reich beherrschte das gesamte Balkangebiet.

möglichkeiten sorgten für eine günstigere Finanzlage, besonders in England, wo sich das Nationaleinkommen zwischen 1712 und 1792 nahezu verdoppelte.

Das Ende des Siebenjährigen Krieges 1763 sorgte für Diskussionen über eine Verbesserung der Voraussetzungen zur Kriegsführung. Frankreich, wo die beschämenden Niederlagen beträchtliche Auswirkungen zeigten, wurde zum Mittelpunkt militärischer Veränderungen, die Einfluss auf die Führung der Revolutions- und Napoleonischen Kriege hatten. Langfristig gesehen scheint die Umwandlung von Feldarmeen in gefechtsfähige Divisionen mit allen Waffengattungen die einzige wirklich wichtige Neuerung gewesen zu sein. Diese Formationen marschierten auf getrennten, aber parallelen Routen und beschleunigten dadurch Bewegungen, verringerten logistische Probleme und erweiterten strategische Möglichkeiten, da sie sowohl für sich allein kämpfen als auch sich mit anderen vereinigen konnten. Den Vorschlag hierzu brachte 1759 Marschall de Broglie ein; die Neuerung wurde in den folgenden Jahrzehnten mehrfach getestet und nach 1793 festgeschrieben. Dank dieser Divisionen waren die Armeen der Revolution und Napoleons in der Lage, viel größere Truppenzahlen zu bewegen, als das früher möglich gewesen war. Das Befehligen, die Kontrolle und Koordination verschiedener verstreuter Formationen verlangten eine entsprechende Stabsorganisation. 1775 veröffentlichte de Bourcet, ein französischer Stabsoffizier, Pläne für den Einsatz konvergierender Kolonnen im Gebirgskrieg, und 1796 schrieb General Berthier, der zu Bonapartes Stabschef ernannt worden war, einen detaillierten Leitfaden zur Stabsordnung, der später in der gesamten französischen Armee Gültigkeit hatte. Die gut funktionierende Stabsarbeit war ein großer Vorteil für die Franzosen.

Frankreich war auch führend bei der Entwicklung neuer Infanterietaktiken. Die lange Diskussion über „Linie oder Kolonne“ wurde im Sinne einer Kombination beendet, die de Guibert 1772 vorschlug, nämlich Bataillone in Linie und in Kolonnen, die ihre Einsatzrichtung je nach taktischer Lage schnell ändern konnten, die *ordre mixte*. Die wichtigsten Angaben zu diesem System wurden in den Vorschriften von 1791 festgelegt, die die formale Infanteriedoktrin der Armeen der Revolution und Napoleons darstellten und zusätzlich einen erneuten Schwerpunkt auf Gefechte legten. Es gab Verbesserungen in der Artillerie. Geschütze wurden beweglicher und genauer dank neuer Entwicklungen in Österreich und Preußen, die von de Gribeauval in die französischen Streitkräfte eingeführt wurden. Obwohl Historiker viel von der angeblich einzigartigen Reichweite seiner Feldgeschütze sprachen – Vierpfünder (1,8 kg), Achtpfünder (3,6 kg) und Zwölfpfünder (5,4 kg) –, war die österreichische, preußische oder englische Artillerie fast ebenso genau und beweglich wie die französische und wurde nach ihrer Erbeutung oft eingesetzt. Gleiches traf auf die üblichen Steinschlossmusketen zu. Das französische Modell von 1772 mit einem Kaliber von 17,5 mm war den Waffen anderer europäischer Mächte nicht bedeutend überlegen, während die britische Muskete mit dem größeren Kaliber von 19,3 mm die schwersten Verwundungen hervorrief. Die Technik trieb die Umwandlung des Krieges nicht vorwärts, wenn es auch eine wichtige Voraussetzung für diese Umwandlung war, dass man nunmehr die großen Mengen an Waffen, Munition und Ausrüstung produzieren konnte, die benötigt wurden.

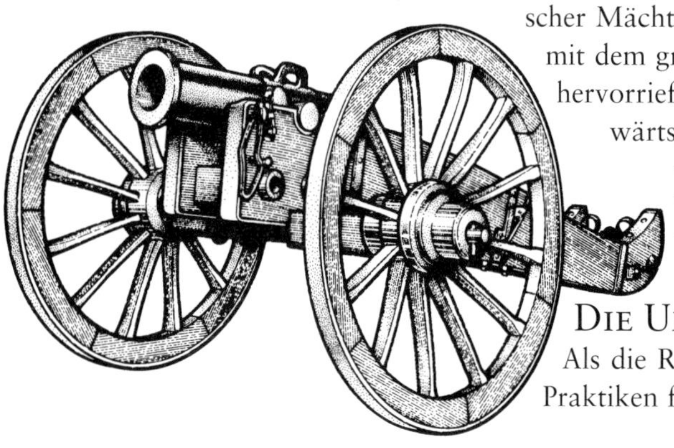

FELDHAUBITZE

Eine 6-Zoll-Feldhaubitze, die eine gewöhnliche Sprenggranate auf gekrümmter Flugbahn über eine Entfernung von 600 Metern gegen feindliche Truppen hinter Befestigungen oder Berghängen abfeuern konnte. Dieses Stück mit kurzem Rohr wurde normalerweise kombiniert in gemischten Kompanien oder Batterien mit sechs Kanonen und zwei Haubitzen eingesetzt, die im Allgemeinen den Korps oder der Armeeartilleriereserve zugeordnet waren.

Die Umwandlung des Krieges

Als die Revolutionskriege 1792 begannen, waren viele Konzepte und Praktiken für eine intensivere und mobilere Kriegsführung schon disku-

UMSEITIG: *Am 9. August 1792 hatten radikale Elemente in Paris sowohl die Kommune als auch die Nationalgarde übernommen, die die königliche Familie in den Tuilerien schützen sollte. Somit hatte der König nur noch 900 Mann der Schweizer Garde zur Verfügung. Am Morgen des 10. August marschierten die Volksmassen und einige Nationalgardisten gegen die Tuilerien, wo die Schweizer Garde, da sie keinen Befehl hatte, ihre kleinen Kanonen im Stich ließ und sich auf die Palaststufen zurückzog. Als die Menge angriff, konnte die Garde gerade noch ein paar Schüsse abfeuern, bevor sie überrannt wurde. Nur 300 entkamen.*

tiert und in größerem oder kleinerem Umfang in Frankreich und anderen europäischen Staaten eingeführt worden.

Aber die große Veränderung des Krieges ergab sich nicht allein aus Verbesserungen in der Waffentechnik, Taktik oder Armeeorganisation; ihre Ursprünge waren politischer, gesellschaftlicher und ideologischer Natur.

Schon vor der Revolution hatten Intellektuelle die Berufsarmeen als uneffektive, aber teure Werkzeuge des königlichen Absolutismus kritisiert, die nicht der natürlichen Ordnung und dem gesunden Menschenverstand entsprachen und durch Bürgersoldaten ersetzt werden sollten. Diese Ideen trafen in den gesetzgebenden Organen, die in Frankreich nach 1789 eingesetzt wurden, auf Zustimmung. Schon im Dezember 1789 versicherte ein Bericht an die Konstituierende Versammlung, „je-

REVOLUTIONSKRIEGE

Die französische Republik war an all ihren Grenzen von Feinden umgeben, wobei die gefährlichste Grenze im Nordosten lag, wo von den Habsburger Niederlanden aus Invasionen gestartet und französische Streitkräfte gegen diese Bedrohung eingesetzt wurden.

der Bürger muss Soldat sein und jeder Soldat ein Bürger, oder wir werden nie eine Verfassung haben". Wurde dieser radikale Vorschlag auch zurückgewiesen, so öffneten im folgenden Jahr Armeereformen das Offizierskorps für alle Klassen, lösten die ausländischen Söldnerregimenter auf und unterstützten die neu formierte Nationalgarde der Bürger. Jedoch nahmen die politischen und gesellschaftlichen Unruhen kein Ende und das reguläre und noch königliche Heer verfiel, und als im Frühjahr 1792 Frankreich, getrieben von eigennützigen Interessen, zunächst Österreich und Sardinien und bald darauf Preußen den Krieg erklärte, wurde es notwendig, die geschwächten Regulären durch Freiwillige zu verstärken. Im Frühjahr 1793 stand Frankreich, inzwischen Republik, mit Großbritannien und Spanien im Krieg, die sich mit Österreich, Preußen und Sardinien in der Ersten Koalition verbündeten. Nun drangen wechselnde ausländische Armeen in das Land ein, das sich in den westlichen und südlichen Regionen außerdem noch mit der Gegenrevolution auseinandersetzen musste. Zwar waren sich die Verbündeten in ihren politischen Zielen nicht einig und nutzten ihre Möglichkeiten nicht; dennoch erschien der von jakobinischer Ideologie beherrschten republikanischen Regierung, dem Konvent, die Lage kritisch.

Um die Republik zu verteidigen, errichtete der Wohlfahrtsausschuss, ein starkes Exekutivorgan unter Führung von Robespierre, eine Quasi-Diktatur, den sogenannten „Terror". Robespierre befürwortete keine Massenvolksarmee und wollte sich auf Freiwillige und die verbliebenen Regulären stützen. Aber es meldeten sich viel zu wenige Freiwillige, und so erklärte das Komitee am 23. August 1793 „das Vaterland in Gefahr" und rief zur *levée en masse auf, die* alle nationalen Reserven an Menschen und Material mobilisieren sollte. Die Heeresstärke der französischen Streitkräfte wuchs kräftig an, während Waffen, Ausrüstung und Vorräte in einer

Idealisierte Darstellung von Angehörigen der Nationalgarde. Von links nach rechts ein Jäger, ein Grenadier und ein Veteran. In Wahrheit waren die Uniformen eher armselig und das Haar wurde allgemein lang und offen getragen.

Beim Vormarsch auf Paris traf die preußische Armee unter dem Herzog von Braunschweig am Morgen des 20. September 1792 auf den Höhen von Valmy auf französische Armeen unter den Generälen Dumouriez und Kellermann. Die Schlacht bestand größtenteil aus einer Kanonade auf weite Entfernung; die Preußen wagten nur einen zaghaften Vorstoß. Bei Einbruch der Nacht formierte sich Braunschweig und zog sich am nächsten Tag nach Osten zurück. Diese Zeichnung zeigt Reguläre, les blancs, *in ihren weißen Röcken, während in der Reserve an der Windmühle neu aufgestellte Freiwillige der Nationalgarde warten,* les bleus, *in blauen Röcken. Im Vordergrund Kellermann mit seinem Stab.*

auf den Krieg ausgerichteten Wirtschaft hergestellt wurden. Das war die eigentliche Umgestaltung des Krieges, das Ergebnis, wie Clausewitz schrieb, „der Beteiligung des Volkes an dieser großen Staatsaffäre".

Die Einberufung wirkte. Bis zum Frühjahr 1794 standen über 750 000 gut ausgerüstete, ausgebildete und hoch motivierte Männer bereit. Für ihre Organisation, Ausbildung und Gesamtstrategie zeichnete Carnot verantwortlich, ein ehemaliger Hauptmann der Pioniere, später „Organisator des Sieges", der von Mitte des Jahres 1793 bis Ende 1799 die militärischen Angelegenheiten sehr wirkungsvoll leitete. Unter Mitwirkung eines kleinen Stabes, des *bureau topographique*, verschmolz er die verschiedenen regulären und freiwilligen Elemente erfolgreich zu einer nationalen Armee und leitete offensive Einsätze. Unter Ausnutzung überlegener Heeresstärke, deren Verluste leicht ersetzt werden konnten, und mit revolutionärem Glauben an das Bajonett befahl er am 2. Februar 1794 den Truppen, „in massiver Formation zu agieren und in die Offensive zu gehen. Greift zum Bajonett, wann immer es möglich ist. Kämpft bis zum Äußersten und verfolgt den Feind, bis er vernichtet ist." In Masse anzugreifen bedeutete, dass die Angriffskolonne oft als die typisch republikanische Kampfmethode angesehen wurde; aber obwohl das Bajonett bedrohlich wirkte, war es doch nicht unbedingt die effektivste Waffe. Ende 1794 verlegten sich die Franzosen auf ein flexibles Kampfsystem, dessen zentrales Element der schnelle Wechsel von Linie und Kolonne war, dem je nach Bedarf Plänkler oder Artillerie zugeordnet wurden.

Die Taktik der Franzosen war dem starren linearen Einsatz ihrer Gegner überlegen, wodurch sie im Kampf zwar bedingte, doch nicht absolute Überlegenheit gewannen. Die schlecht geführten Armeen alten Stils, besonders Österreicher und Preußen, erwiesen sich als überraschend zäh, und es waren die größeren Bataillone,

Der ehemalige Hauptmann der Pioniere Lazare Carnot war verantwortlich für die Schaffung, Organisation und Lenkung der neuen Revolutionsarmeen. Er wurde auch als „Organisator des Sieges" betitelt und war ein treuer Anhänger der Republik, geriet aber schließlich mit General Bonaparte aneinander und trat zurück.

die den entscheidenden Ausschlag gaben. Insgesamt waren die Franzosen immer dann siegreich, wenn ihre Truppenstärke wesentlich überlegen war; gegen gleiche oder überlegene gegnerische Stärke verloren sie. Hätten Preußen und Österreich nicht wesentliche Kräfte zurückgehalten, um rivalisierende Ansprüche in Polen abzusichern, so wäre der Ausgang vermutlich ein anderer gewesen. Die übrigen Mitglieder der Koalition – Spanien, Piemont, Neapel, die Vereinigten Provinzen und Portugal – spielten nur eine Nebenrolle, das britische Kontingent in Flandern war durch Einsätze auf den Westindischen Inseln stark geschwächt, wo fast 100 000 Mann vor allem durch Krankheiten ihr Leben ließen.

Ein großer Teil des Erfolges der Revolutionskräfte war dem Aufstieg einer neuen Generation von jungen und entschlossenen Offizieren höheren Ranges zuzuschreiben. Vor der Revolution hatte das Offizierskorps zu fast 90 Prozent aus Adligen bestanden. Da diese eher dem König als der Revolution Loyalität entgegenbrachten, waren von den 9578 Offizieren, die noch 1789 im Dienst standen, etwa 5500 aus der Armee ausgetreten oder emigriert. Die Republik hatte allen Grund, dem Gehorsam der Übriggebliebenen zu misstrauen; immerhin waren hervorragende Generäle wie Lafayette und Dumouriez zum Feind übergelaufen. Außerdem brauchte die Regierung für eine Armee, die soeben in den Krieg eingetreten war und rasch wuchs, eine beträchtliche Anzahl an Offizieren, und zwar schnellstens. Nichtbestallte Offiziere der regulären Armee waren die einzige Quelle, aus der man Personal mit einigem taktischen Wissen und Kampferfahrung schöpfen konnte. Zusammen mit einer Anzahl von Offizieren unterer Ränge wurden sie zu neuen Führungskräften, die auf dem Höhepunkt des „Terrors" sowohl wegen ihrer ideologischen Zuverlässigkeit als auch wegen ihrer Fachkenntnisse ausgewählt wurden. Offiziere wurden ideologisch überwacht, und zwar durch allmächtige Deputierte, die vom Wohlfahrtsausschuss mit absoluter Macht ausgestattet waren und nun die Befehle aus Paris durchsetzten, wobei sie Versagen oder Ungehorsam gegenüber ihren Forderungen als Verrat bestraften. Siebzehn Generäle wurden 1793 exekutiert, weitere siebenundsechzig im folgenden Jahr. Selbst niedere Ränge waren vor dem Zorn der Deputierten nicht sicher.

BEFESTIGUNGSPLÄNE

Obwohl diese Periode hauptsächlich als Periode der mobilen Kriegsführung angesehen wird, nutzten während der gesamten Zeit sowohl die Franzosen als auch ihre Gegner oft feste oder Feldbefestigungen. Widerstandsfähige Festungsanlagen bedurften normalerweise einer formalen Herangehensweise, wie hier in Plänen aus Mandars De l'Architecture de Forteresses *gezeigt wird.*

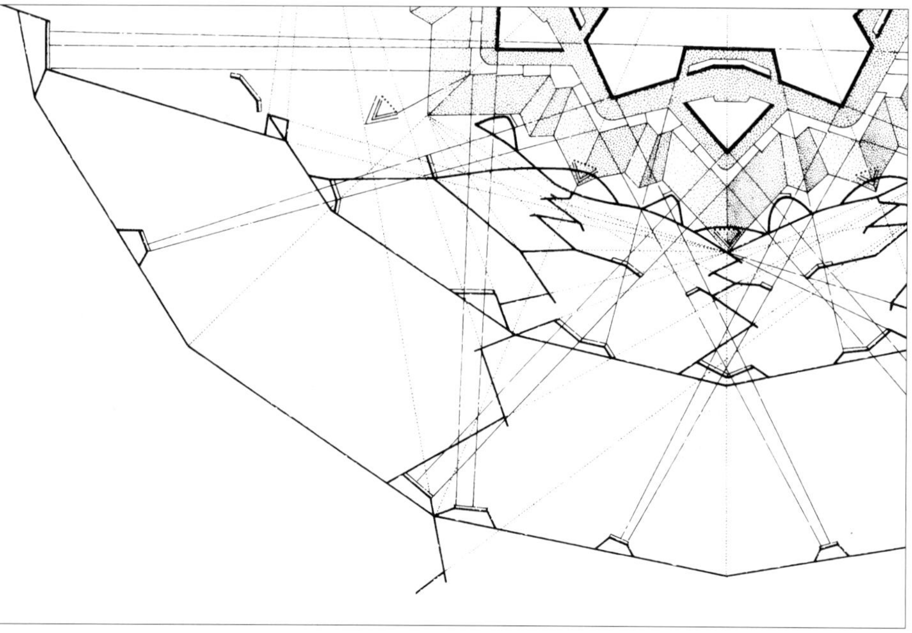

Der Sieg um jeden Preis wurde das Allerwichtigste, und dies beförderte energiegeladene Offiziere in hohe Stellungen über ältere, jedoch weniger wagemutige Männer. Darunter waren Bonaparte, Davout, Jourdan, Hoche, Pichegru, Massena, Moreau, Ney und andere; eine Gruppe, deren Talent und Tatendrang ohnegleichen waren. Ende 1794 befreiten die Armeen der Republik französisches Territorium von den Invasoren und begannen eine Offensive in Richtung Niederlande, Belgien, Luxemburg und Deutschland. Die französischen Armeen bewegten sich schneller als ihre Feinde, denn sie führten nur einen Bruchteil des lästigen Versorgungsgepäcks mit, das konventionelle Armeen in der Bewegung hinderte. Ursprunglich als Ausweg angewendet, als die Verwaltungsmaschinerie nicht mehr in der Lage war, die Armeen zu versorgen, wurde nun das Konzept, die Truppen für sich selbst sorgen zu lassen, zur allgemein üblichen Praxis in den Armeen der Revolution und Napoleons. Allerdings wurden die Basisrationen, Brot und Wein, sowie Munition noch in vorher bestückten Depots bereitgehalten.

Die berittenen Regimenter behielten während der Revolutionskriege einen Großteil ihrer alten Organisationsformen und Uniformen bei, wurden aber durch Desertation und Emigration ihrer adligen Offiziere deutlich geschwächt. Hier ein berittener Jäger und ein Angehöriger eines Linienregiments.

Zwar war mit Niederschlagung der Revolten und Ausbreitung der Revolution über die Grenzen hinweg das jakobinische Zwangsregime im Hochsommer 1794 gestürzt und durch das tolerantere und korruptere Direktorium ersetzt worden, aber den neuen Herrschern stand der Sinn nicht nach Frieden. Sie fürchteten, dass eine Demobilisierung gesellschaftliche Destabilisierung mit sich bringen würde und regten daher den „Krieg um des Krieges willen" an, wobei die Kosten für die Armee vor allem auf die besetzten Länder abgewälzt und von den Befehlshabern Kontributionen erwartet wurden, die helfen sollten, Frankreich finanziell über Wasser zu halten. Im Gegenzug forderten die Generäle Freiheit in der Formulierung

Bedroht durch ausländische Invasion und interne Opposition dominierten im April 1793 die Jakobiner den Konvent und gründeten ein Organ der Exekutive, den Wohlfahrtsausschuss. Dieser Ausschuss, der bald vom fanatischen Maximilien Robespierre geleitet wurde, errichtete eine Diktatur, „Terror" genannt, die nationale Einheit erzwingen und militärische Anstrengungen auf den Weg bringen sollte, darunter auch das Dekret für die levée en masse *vom August 1793.*

Fleurus, 26. Juni 1794. General Jean-Baptiste Jourdan, später Marschall, sammelte eine überlegene Streitmacht, um die entscheidende Schlacht um die Macht in den Habsburgischen Niederlanden zu gewinnen, wodurch die Bedrohung durch Invasion aus dem Norden beendet würde. Nach der abgeschlossenen Verschmelzung von Regulären, Nationalgardisten und Freiwilligen tragen nun alle französischen Truppen die blaue Uniform.

Toulon, 19. Dezember 1793. Unter dem Druck der Franzosen, deren Belagerungsartillerie jetzt von Major Napoleon Bonaparte befehligt wurde, der bald zum Brigadegeneral ernannt werden sollte, evakuieren die Briten diesen wichtigen französischen Flottenstützpunkt und brennen Lager und Schiffe nieder.

ihrer Strategien und die Aufhebung ideologischer Kontrollen. Da sie zum Schutz gegen Bedrohung von rechts und links auf das Militär angewiesen waren, stimmten die Direktoren zu.

1795 zerschlugen die französischen Armeen die Erste Koalition. Anfang des Jahres hatten sie die Eroberung der Vereinigten Provinzen abgeschlossen und im April die Evakuierung des britischen Kontingents erzwungen. Preußen, mit Österreich uneins wegen Polen, schloss im selben Monat einen Friedensvertrag mit Frankreich, und Spanien trat im Juli aus dem Krieg aus. Nur Österreich, Frankreichs hartnäckigster Gegner zu Lande, verblieb im Kriegszustand, sah sich aber durch die preußische Neutralität am oberen Rhein und durch Italien an einem offensiven Angriff gehindert. Für 1796 plante Carnot eine gewagte Zangenstrategie, um Österreich zu bezwingen. Zwei Armeen in Deutschland sollten gegen Wien ziehen, eine Hilfsoffensive sollte von Italien aus Unterstützung leisten. Zum Führer der Italienarmee wurde General Napoleon Bonaparte erwählt.

Der Aufstieg des Napoleon Bonaparte

Napoleon Bonaparte nannte sich selbst gern ein Kind der Revolution, und tatsächlich erwies es sich als seine Chance, 1769 als Sohn einer unbedeutenden korsischen Adelsfamilie geboren worden zu sein. Obwohl seine militärischen Talente auf ein Genie schließen ließen, war es doch die Revolution, die ihm die Möglichkeit gab, mit etwas über Zwanzig in einen hohen Befehlsrang aufzusteigen. Er wurde an königlichen Militärschulen ausgebildet und in die Artillerie übernommen, erwarb bald einen Ruf als eiserner Republikaner und knüpfte nützliche Beziehungen zu einflussreichen Politikern. Im September 1793 verhalfen ihm der Zufall, sein re-

publikanischer Ruf und seine politischen Beziehungen zur Führung der Artillerie während der Belagerung von Toulon, wo er innerhalb von acht Wochen vom Hauptmann zum Brigadegeneral aufstieg.

1794 diente er als Stabschef der französischen Befehlshaber in Italien, wurde jedoch nach dem Sturz Robespierres entlassen. In Carnots Stab wieder in den Dienst eingesetzt, verweigerte er die Führung einer Infanteriebrigade, die im Rahmen konterrevolutionärer Aufstände in der Vendée im Einsatz war, und trat zurück. Doch seine politischen Verbindungen und sein Glück blieben ihm weiterhin treu. Als am 5. Oktober 1795 ein bewaffneter Aufstand das soeben eingesetzte Direktorium bedrohte, wurde General Bonaparte mit der Führung der 5000 Soldaten betraut, die zur Verteidigung der Regierung verfügbar waren. Unter Einsatz von Artillerie vernichtete er die Aufständischen mit dem berühmten Kartätschenhagel. Die Direktoren zeigten ihren Dank, indem sie ihn zum Divisionsgeneral beförderten, dem höchsten Rang in den Republikanischen Armeen. Dann, vielleicht um den charismatischen General aus der Stadt zu entfernen, ernannten sie ihn am 1. März 1796 zum Oberbefehlshaber der Italienarmee, die aus einigen Abteilungen in den Ligurischen Alpen bestand, die kurz davor standen, zu verhungern oder zu meutern.

Diese Aufgabe erwies sich als die entscheidende Gelegenheit in Napoleons meteoritenhaftem Aufstieg. In Italien zeigte er den Charakter seiner Kriegsführung, den Selbstbewusstsein und Beweglichkeit kennzeichneten. Was ursprünglich als Nebenschauplatz vorgesehen war, verwandelte er in die Hauptszene, indem er die Österreicher in Italien schlug und im folgenden Jahr Wien zum Frieden zwang. Nur drei Jahre später war er Erster Konsul, und 1804 krönte er sich selbst im Alter von 35 Jahren zum Kaiser. Er hatte elf Jahre voller bedeutender Siege vor sich

Im Angesicht eines royalistischen Aufstandes vertraute das Direktorium seine Verteidigung dem Brigadegeneral Bonaparte an. Als am 5. Oktober 1795 der Pariser Mob die Tuilerien angriff, schickte Bonaparte Hauptmann Murat nach Artillerie aus, eröffnete das Feuer aus kürzester Entfernung und zerschmetterte die Revolte mit Kartätschenhagel. Ein dankbares Direktorium beförderte ihn zum Divisionsgeneral.

General Victor Moreau, der 1796 die Rheinarmee befehligte und am 3. Dezember 1800 die Österreicher bei Hohenlinden bezwang. Er war ein beliebter und fähiger Führer und wurde von Bonaparte als ernsthafter Rivale angesehen. In eine Verschwörung verwickelt, wurde Moreau zu einer Gefängnisstrafe verurteilt, die später in Verbannung umgewandelt wurde. Er lebte bis 1813 in den Vereinigten Staaten, kehrte dann zurück, um unter Zar Alexander I. gegen Napoleon zu dienen, und wurde bei Dresden tödlich verwundet.

und schließlich die Katastrophe. Es ist wahrscheinlich, dass die Ereignisse in Frankreich in jedem Fall eine überragende militärische Persönlichkeit hervorgebracht hätten; aber nach allem, was wir über Napoleons fähigste Rivalen – Jourdan, Hoche, Moreau – wissen, wären die politischen Ambitionen Frankreichs bescheidener gewesen, wenn einer von ihnen an die Macht gekommen wäre. Wenn der Krieg angedauert hätte, dann lässt sich aus einer Betrachtung ihrer bisherigen Einsätze schließen, dass sie genauso oft verloren wie gewonnen hätten und dass der Konflikt schließlich durch Erschöpfung aller Kräfte beendet worden wäre. Doch Napoleon setzte sich durch und drückte von 1800 an den Kriegen, den Napoleonischen Kriegen, seinen Stempel auf.

Elemente der Napoleonischen Kriegsführung

Napoleon war kein großer Neuerer, aber er zwang seine Genialität und seinen persönlichen Führungsstil den riesigen hauptsächlich rekrutierten Armeen auf, die er aus der Revolution übernommen hatte. Er vervollkommnete ihren offensiven, mobilen und rücksichtslosen Kampfstil, aber obgleich er oft über die so genannten Prinzipien des Krieges schrieb oder sprach, benannte er sie nie und schrieb auch keine umfassenden Abhandlungen über seine eigenen Vorstellungen.

Er war im Grunde Pragmatiker und erklärte, dass es in einem Krieg „keine genauen oder vorgegebenen Regeln gibt" und dass „die Kunst des Krieges einfach ist, alles hängt von der Ausführung ab." Dennoch ist es möglich, aus seinen Feldzügen einige konstante Elemente abzuleiten, von denen viele schon in Italien deutlich wurden. „Im Kriege", so informierte er das Direktorium, „ist ein schlechter General besser als zwei gute." Er kämpfte stets offensiv, auch wenn er sich in der strategischen Defensive befand, da sein Hauptziel die Zerschlagung der Hauptfeldarmee des Feindes war, nicht die Besetzung von Territorium oder die Hauptstadt des Feindes.

Strategische Einsätze wurden sorgfältig geplant. Noch bevor Kampfhandlungen begannen, versuchte man, die Absichten des Kaisers zu verschleiern. Zeitungen wurden zensiert, Grenzen geschlossen, Reisende aufgehalten. Ausschwärmende leichte Kavallerie schirmte den Vormarsch der Armee ab und sammelte Informationen über den Standort des Feindes. Die gefechtsfähigen Truppen marschierten entlang getrennten, aber parallelen Routen und sollten dadurch das gesamte Areal der Kampfhandlungen abdecken. War die Hauptmacht des Feindes gesichtet, zog Napoleon seine Truppen zusammen, um Unterstützung zu gewähren. Man formierte sich in einem losen Quadrat, das als *bataillon carré* (Bataillonskarree) bezeichnet wird. Die ersten Korps, die mit dem Feind in Berührung kamen, eröffneten die Kampfhandlungen, um ihn festzuhalten, während die übrigen zu Hilfe eilten. Wenn die Konzentration der Kräfte gelungen war, dann konnte Napoleon häufig eine Übermacht schlagen. War das nicht möglich, bewegte er seine Truppen so, dass er am entscheidenden Punkt eine örtlich begrenzte Überlegenheit gewann. Dennoch wurden viele seiner Schlachten nur durch das glückliche Eintreffen zusätzlicher Kräfte gewonnen.

Der Erfolg hing von strengen Sicherheitsmaßnahmen, guter Aufklärung, genauer Stabsarbeit und vor allem guten Marschleistungen ab. Die letzteren beiden waren schwer zu erreichen. Rund gerechnet benötigten 30 000 Mann marschierende Infanterie 8 Kilometer auf guten Straßen, 60 Geschütze mit Munitionswagen 4 Kilometer und 6000 Kavalleristen brauchten, wenn je vier nebeneinander ritten, 7 Kilometer. Und strategische Annäherungsmärsche waren lang. Im September/Oktober 1805 marschierten einige Korps bis zu 300 Kilometer in zehn Tagen, und im

Dezember legten Davouts Korps, die dringend nach Austerlitz abkommandiert worden waren, 100 Kilometer in zwei Tagen zurück. Bei einem einigermaßen ausgebauten Straßennetz war die Bataillonskarreeformation zu schnellen Bewegungen in großem Ausmaß fähig.

Im Kampf, wie auch in seinem strategischen Vorgehen, bevorzugte Napoleon immer die Offensive. In all seinen Schlachten stand er nur dreimal in der Defensive – 1813 bei Leipzig und 1814 bei La Rothiére und Arcis – und immer nur deshalb, weil sein erster Angriff nicht gelungen war. Napoleons Schlachtpläne – großartige Taktiken – waren seinem strategischen Muster ähnlich. Es gab drei Hauptvarianten: die zentrale Stellung, die Flankenumklammerung und den frontalen Angriff. Die Erstere verwendete er, wenn der Feind seinen Truppen zahlenmäßig überlegen war. Er ergriff die Initiative, indem er eine zentrale Stellung einnahm, um die feindlichen Kräfte zu spalten. Während ein Teil seiner Truppen einen Teil der feindlichen Kräfte in Kampfhandlungen verwickelte, setzte er seine Hauptmacht gegen den anderen Teil ein und rieb ihn auf. Schließlich vereinigte sich die Hauptmacht mit den Teilkräften gegen den zweiten Gegner. In seiner zweiten Variante wurde der Flankenstoß manchmal zu einer kompletten Umklammerung erweitert. Dabei verwickelte ein Teil seiner Armee die Front des Feindes in Kampfhandlungen, während ein plötzlicher Angriff in eine der Flanken einbrach. War eine Umfassung möglich, so wurde der Feind in einer Fesselaktion aufgehalten, während der Hauptteil der Armee ihn in Gewaltmärschen einschloss – bekannt unter dem Begriff *manoeuvre sur le derrières* –, was den Gegner dazu zwang, sich entweder zu ergeben oder sich ohne ausreichende Rückzugslinie dem Kampf zu stellen. Wenn Zeit, Terrain oder die Gegebenheiten beim Gegner keine dieser Varianten ermöglichten, blieb noch der frontale Angriff, bei dem das Zentrum durch Bedrohung der Flanken geschwächt und sodann ein Durchbruch mit der *masse de rupture* gestartet wurde. Solche Angriffe erforderten jedoch den Einsatz kombinierter Waffen: Infanterie, Kavallerie und Artillerie mussten nach genauem Zeitplan gemeinsam vorgehen; die Angriffe waren kostspielig und selten erfolgreich.

General Louis Lazare Hoche erhielt als Soldat 1792 das Offizierspatent und stieg im folgenden Jahr zum General auf. Er kommandierte 1793 die Moselarmee und sollte 1796 eine Invasion Irlands anführen, jedoch konnten seine Truppen nicht von Bord gehen. Er kommandierte 1796 die Armee an Sambre und Maas und starb 1797 in Deutschland eines natürlichen Todes.

Ein großer Teil seines Erfolges hing von Napoleons Gabe ab, seine untergebenen Offiziere und Soldaten anzuspornen. Mut und Entschiedenheit waren die wichtigsten Eigenschaften für einen General. Dienstalter zählte wenig und Intelligenz allein noch weniger. Wie er einmal sagte: „Ich kann mich nicht damit begnügen, Schreibtischoffiziere zu befördern; mir sagen nur Offiziere zu, die kämpfen.“ Wenn Tapferkeit und Erfolg wichtig waren, so spielte doch auch persönliche Gunst eine Rolle, und er ließ stets all denen besondere Beachtung zukommen, die mit ihm in Italien und Ägypten gedient hatten.

Napoleon glaubte, dass ein persönlicher Führungsstil gepaart mit Appellen an ihren Stolz die Männer zum Kampf ansporte, und behauptete, dass „die Moral und Stimmung in der Armee mehr als die halbe Schlacht ausmachen.“ Wie er erkannt hatte, waren es letzten Endes nicht die Ideale der Nation oder der Republik oder der Revolution, die auf lange Sicht die Mannschaften motivierten. Es war die Romantik der Armee selbst, die in Symbolen und Legenden Ausdruck fand. „Das Militär“, so soll er einmal gesagt haben, „ist eine Freimaurerschaft und ich bin ihr Großmeister“, und er verstärkte diese Gefühle sowohl durch persönliche Belohnung als auch durch Anerkennung kollektiver Erfolge. Sein persönliches Charisma und die sorgfältig gepflegten Beziehungen zu seinen Untergebenen zeigten große Wirkung, selbst als das Glück ihn verlassen hatte. Wellington war der Ansicht, dass die Anwesenheit Napoleons in der Schlacht so viel wert war wie zwei Korps.

Napoleonische Strategie und grosse Taktiken

Die Organisation der corps d'armée *und das Bataillonskarree gestatteten es Napoleon, in der Schlacht die großen Taktiken anzuwenden, die seinen strategischen Plänen sehr ähnelten. Hier bindet das erste Korps mit Feindkontakt den Feind, während weitere Korps zur Frontalschlacht hinzukommen und zusätzliche Feindkräfte auf sich ziehen. Schließlich wird die Front durch einen angedeuteten oder ausgeführten Flankenstoß geschwächt, so dass der Durchbruch der* masse de rupture *ermöglicht wird.*

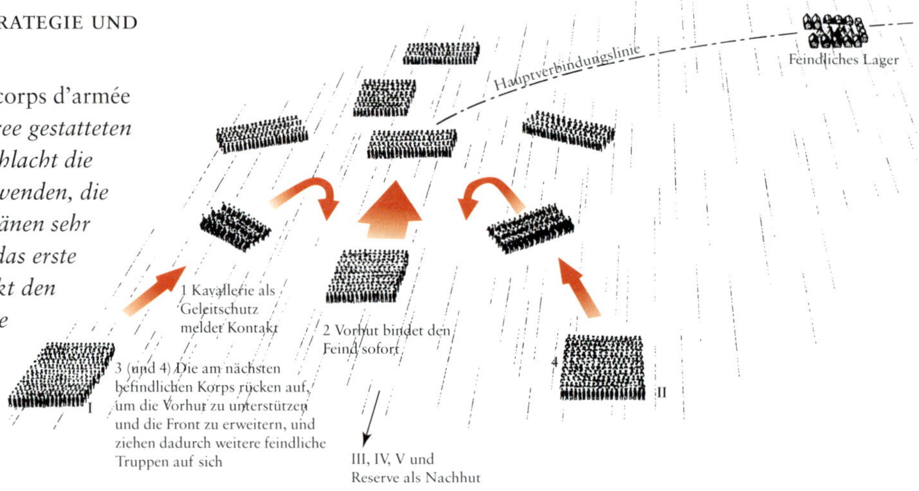

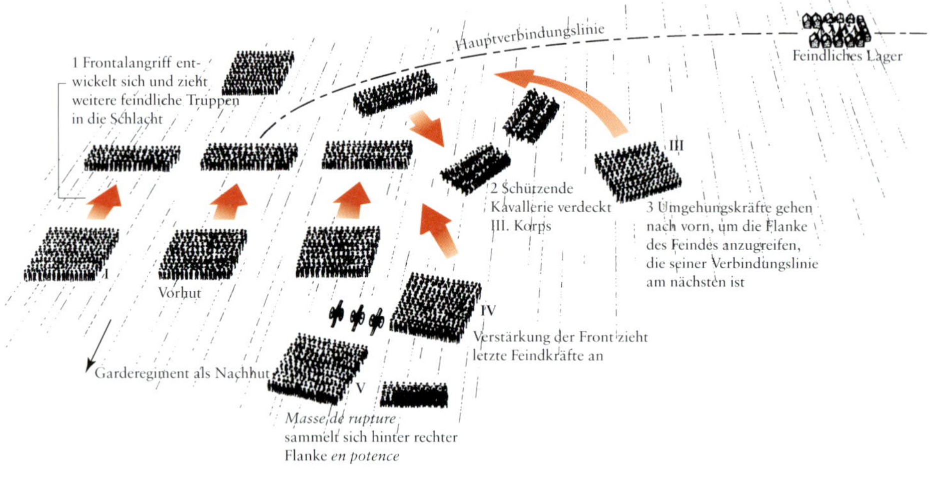

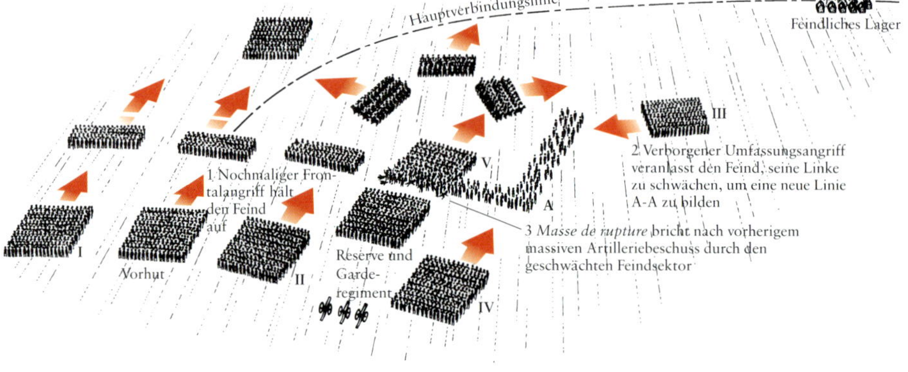

FEUERTAKTIKEN: LINIE GEGEN KOLONNE

Bei etwa gleicher Stärke hatte eine Linie größere Feuerkraft als eine Kolonne. Um die gewöhnlich geringere Stärke wettzumachen, setzten die britischen Befehlshaber Infanterie in zwei Reihen ein, um die größtmögliche Anzahl an Musketen zu nutzen und den Flügeln Gelegenheit zu geben, die Angreifer mit Flankenfeuer zu bestreichen.

Britisches Bataillon – 500 Mann in zwei Reihen (Offiziere nicht eingerechnet). Vordere Reihe knieend, hintere Reihe stehend

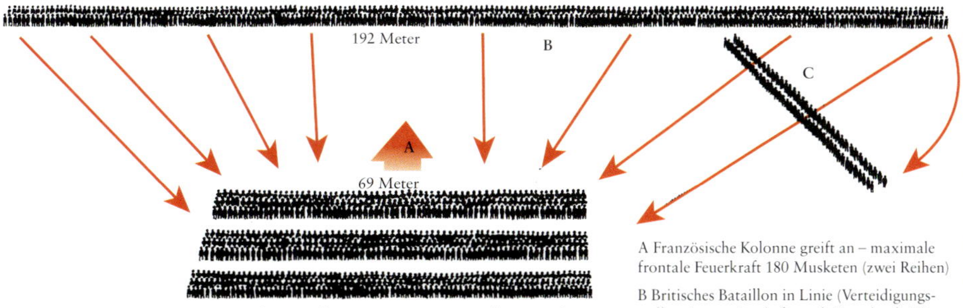

Französisches Bataillon – etwa 840 Mann (Offiziere nicht eingerechnet) in neun Reihen, Frontbreite 90 Mann (Einführung 1809), in Divisionskolonnen formiert – zwei Kompanien Frontbreite

A Französische Kolonne greift an – maximale frontale Feuerkraft 180 Musketen (zwei Reihen)

B Britisches Bataillon in Linie (Verteidigungsstellung) – maximale frontale Feuerkraft 500 Musketen (zwei Reihen)

C Alternative „Vorwärts"-Stellung, um die feindliche Kolonne mit Flankenfeuer zu bestreichen, manchmal auch von der anderen Flanke der britischen Linie wiederholt

REICHWEITEN FÜR ARTILLERIEFEUER

Die Reichweiten für Feldgeschütze und Haubitzen waren je nach Höhe, Pulverladung, Wetter und Geschossart unterschiedlich. Die praktische Grenze für Zwölfpfünder waren 900 bis 1000 m, für Achtpfünder 800 m und etwas über 600 m für Vierpfünderkanonen. Zusätzliche Reichweite konnte durch Rikoschettieren erzielt werden, wobei feste Kugeln mit etwas reduzierter Ladung abgefeuert wurden, dann mehrmals vom Boden abprallten und damit die Reichweite um etwa 50 bis 70 Prozent verlängerten. Haubitzen hatten mit Sprenggranaten eine normale Reichweite von 600 m. Die am häufigsten verwendeten Projektile waren feste Kanonenkugeln, während Sprenggranaten hohle, mit Pulver gefüllte Eisenkugeln mit Zünder waren. Wenn sie nicht schon vorher oder überhaupt nicht explodierten, so hatten sie eine Gefahrenzone von 25 bis 30 m. Die tödlichste personengerichtete Munitionsart waren Kartätschen oder Schrapnelle, zylindrische Behälter aus dünnem Metall, die mit Kugeln unterschiedlicher Größe gefüllt waren. Der Behälter wurde zusammengehalten, während er das Rohr passierte; an der Rohrmündung zersprang er und gab die Kugeln frei, die weiter flogen und sich konisch ausbreiteten. Die Franzosen verwendeten Kartätschen häufig bis 600 m Höhe, während die Briten ihren Gebrauch auf Höhen unter 300 m beschränkten.

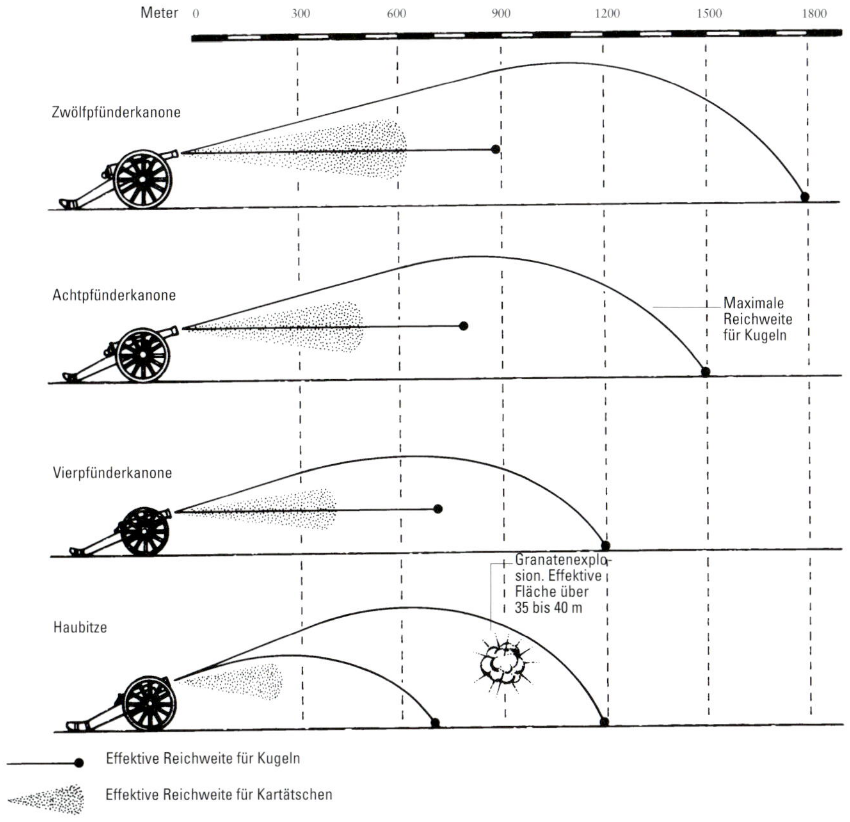

Der Italienfeldzug 1796–1797

Am 27. März 1796 übernahm General Bonaparte begleitet von Berthier, seinem Stabschef bis 1814, das Kommando über die Italienarmee.

Diese wurde auf dem Papier mit 63 100 Mann geführt, bestand aber in Wirklichkeit aus vielleicht 37 000 Kämpfern, die auf einer 60 km breiten Front in den Ligurischen Alpen, von Genua bis nördlich von Nizza, 25 000 Piemontesen und 28 000 Österreichern gegenüberstanden. Da die Zahlungen im Rückstand, das Essen schlecht, die Uniformen zerfetzt waren, viele Männer keine Stiefel hatten und nur 1000 Musketen verfügbar waren, war die Armee übel gelaunt. Der Rückzug nach Frankreich war undenkbar, also beschloss Bonaparte, zur reichen Lombardischen Ebene durchzubrechen, und begann mit den Vorbereitungen für eine Offensive. Seine Entschlossenheit beeindruckte seine drei höheren Generäle – Auge-

Italienfeldzüge 1796–1797

Der norditalienische Kriegsschauplatz, wo General Bonaparte seinen ersten Feldzug durchführte und damit seinen Ruf festigte.

reau, Massena und Sérurier –, die alle schon erfahrene Kommandeure waren und nicht sehr glücklich, unter einem Anführer zu dienen, der sich noch nicht bewiesen hatte. Auch gewann er seine Soldaten, indem er ihnen einen Teilsold zukommen ließ und ihnen versprach, sie in „reiche Provinzen und üppige Städte" zu führen, wo sie „Ehre, Ruhm und Reichtümer finden" würden. Am 10. April eröffnete er seine Offensive.

Die österreichisch-piemontesischen Kräfte sollten die zahlreichen Ausgänge der parallel gen Norden verlaufenden Täler blockieren und wurden durch Gebirgszüge daran gehindert, ihre isolierten Abteilungen zu verstärken. Bonaparte erkannte, dass dies eine ideale Situation war, um „größere Einheiten am Angriffspunkt einzusetzen", und in zwölf Tagen fast ununterbrochener Kampfhandlungen (10. – 22. April), bei denen er immer mit einer Übermacht zuschlug, trennte er die

Piemontesen von den Österreichern. Die österreichische Armee wurden nach Westen und Norden über den Po getrieben, während Piemont am 28. April ein Waffenstillstandsabkommen unterzeichnete und darin drei wichtige Festungen aufgab sowie den Franzosen freie Nutzung seines Territoriums gewährte. Die eigentlichen Kämpfe hatten nur zehn Tage gedauert. Französische Truppen hatten gelegentlich kleinere Rückschläge erlitten und Einheiten hatten sich zeitweise aufgelöst, wenn hungrige, barfüßige Männer in reiche Landstriche gelangten, aber Bonaparte hatte binnen einem Monat die bei seiner Befehlsübernahme vorgefundene Lage umgekehrt. Nun wurden seine Mannschaften gut ernährt, mit klingender Münze bezahlt, ihre Munition aufgestockt und ihre magere Artillerie mit erbeuteten Stücken aufgepäppelt, und er informierte das Direktorium, dass er binnen kurzem erwarte, „in den Bergen Tirols zu sein". Inzwischen schickte er eine stattliche Kriegsbeute nach Paris.

Mit nur noch 20 000 Mann plante der österreichische Kommandeur, General Beaulieu, Mailand zu verteidigen, indem er sich tief im Gebiet der drei nördlichen Zuflüsse des Po positionierte, die Flanken geschützt durch den Fluss und das neutrale Piacenza. Aber Bonaparte, der einen Scheinangriff mit zwei Divisionen auf die österreichische Front startete, machte einen Gewaltmarsch von 115 km in zwei Tagen an der Südseite des Po entlang und überquerte den Fluss bei Piacenza, von dessen neutralem Status unbeeindruckt. Dieses strategische *manoeuvre sur les derriéres* brachte alle Flusslinien von Beaulieu zum Wenden und zwang ihn, sich nach Osten über den Fluss Adda zum Mincio zurückzuziehen, wobei eine 7000 Mann starke Nachhut die Adda-Brücke bei Lodi sicherte.

In der Annahme, die österreichische Hauptmacht ausgemacht zu haben, warf Bonaparte am 10. Mai eine Angriffskolonne nach vorn über die Brücke, unterstützt von Sperrfeuer aus 30 Geschützen. Als die Kolonne zum Stehen kam, eilten Massena, Berthier und andere höhere Offiziere nach vorn, um sie voranzutreiben, während Kavallerie, die den Fluss weiter nördlich durchquert hatte, die Österreicher

Der zweite Versuch, Mantua zu befreien, fand am 4. September 1796 statt. General André Massena, unter dessen Befehl Vorhuteinheiten der Italienarmee von etwa 20 000 Mann standen, brachte einer 14 000 Mann starken österreichischen Streitmacht unter General Dawidowitsch, die durch das Adige-Tal bei Rovereto 24 Kilometer südlich von Trento kamen, eine entscheidende Niederlage bei. Die Österreicher verloren etwa 6000 Mann und zogen sich eilends nach Norden zurück; Massenas Verluste waren gering.

Montenotte und Lodi

Am 12. April 1796 schlug Bonaparte gegen den Verbindungspunkt zwischen der österreichischen und der piemontesischen Armee bei Montenotte los und wandte sich dann nach Westen gegen die Piemontesen, während er die Österreicher aufhielt. Er trieb die Piemontesen in mehreren Schlachten zurück; am 22. April stürmten seine Truppen die Stadt Mondovi am Zugang zur Piemont-Ebene. Am nächsten Tag suchte Piemont um einen Waffenstillstand nach und schloss am 28. April Frieden. Die Österreicher zogen sich nach Osten zurück, um Mailand zu sichern, wurden aber von Bonaparte umgangen, der den Po bei Piacenza überquerte.

Am 10. Mai 1796, nach einem Marsch entlang des Südufers des Po und einer Flussüberquerung bei Piacenza, überquerte Bonaparte den Fluss Adda, um die österreichische Nachhut bei Lodi anzugreifen. Während dieser Schlacht stieg Bonaparte ab, um einige der Geschütze zu richten, die die über die Brücke stürmende französische Angriffskolonne decken sollten. Diese Begebenheit regte die Fantasie seiner Soldaten an, die ihm den Spitznamen le petit caporal *gaben.*

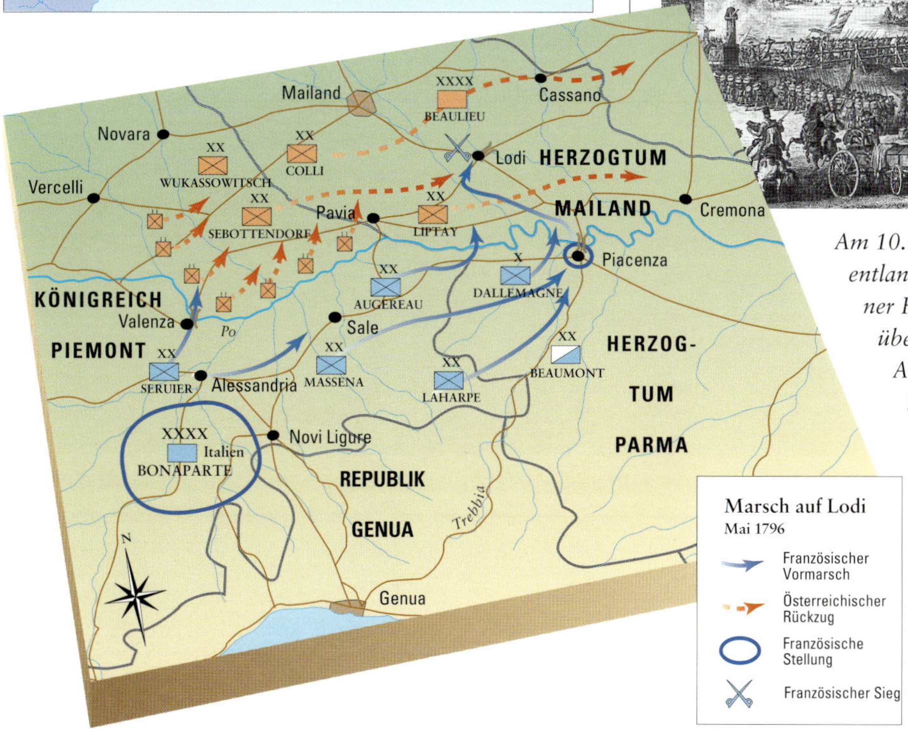

im Rücken bedrohte. Obwohl genau genommen der Angriff über die Brücke nicht notwendig gewesen wäre und die Mehrheit der Österreicher entkam, wurde Lodi ein Meilenstein in der napoleonischen Legende. „Diese Schlacht", so prahlte er am nächsten Tag, „ist die brillianteste des Krieges"; das Direktorium, das dringend gute Nachrichten brauchte, verkündete „unsterblichen Ruhm den Eroberern von Lodi". Fünf Tage später besetzte Napoleon Mailand, während Beaulieu sich nach Tirol und Venezien zurückzog und 15 000 Mann zur Verteidigung der wichtigen Festung Mantua zurückließ.

An diesem Punkt verlangte das Direktorium, das ständig Mittel benötigte, er solle seine Streitmacht nach Süden lenken, um die Toskana, Modena, Parma, den Kirchenstaat und Neapel in die Neutralität zu zwingen und, was wichtiger war, Reichtümer auszuheben. Die Expedition erbrachte über 30 Millionen Franc und viele Kunstschätze, aber sie gab den Österreichern auch Zeit, eine neue Armee ins

Nach der heftigen und immer noch umstrittenen Schlacht bei Castiglione am 5. August 1796 beobachtet hier Bonaparte, von seinem Stab umgeben, eine Kolonne österreichischer Gefangener, die ins Hinterland eskortiert werden, und grüßt französische Verwundete.

Feld zu stellen, mit 55 000 Mann, kommandiert von General Würmser, der zwar zweiundsiebzig Jahre alt, aber ein erfahrener Praktiker des Krieges alten Stils war. Von Ende Juli 1796 bis Mitte Januar 1797 wurde der Krieg von zwei strategischen Faktoren dominiert. Zum Ersten wurden die französischen Armeen in Deutschland aufgehalten und dann geschlagen und durch den fähigen Erzherzog Karl über den Rhein zurückgetrieben; zweitens wurde Mantua hartnäckig verteidigt, eine starke Position, die über den Zugang zur Lombardei und den Durchgang nach Tirol und Venezien wachte. Solange Mantua stand, konnte Bonaparte nicht vordringen. Mit etwa 45 000 Mann, von denen 10 000 rund um Mantua im Einsatz waren und der Rest über 130 Kilometer verstreut war, um die Alpenpässe zu sichern, musste er in der Defensive stehen und sich um die Konzentration von Truppen gegen vier österreichische Versuche bemühen, die Festung zu befreien. Seine Lage wurde noch mehr erschwert durch Volksaufstände, die in seinem Rücken aufflammten.

Das bergige Gelände zwang Würmser, verschiedene Achsen zu benutzen. Während des ersten Angriffs im Juli drangen zwei Kolonnen entlang gegenüberliegenden Ufern des Gardasees vor, die dritte kam durch das Brenta-Tal und sollte sich südlich des Sees mit ihnen vereinigen, um auf Mantua zu marschieren. Die Bedrohung zwang Bonaparte, die Belagerung zwecks Konzentration aufzuheben. Dann ging er an inneren Linien vor und griff die österreichischen Kolonnen an, während

sie noch geteilt waren, erst die eine, dann die andere. Massenas Abteilung bestritt bei erstaunlichen Marschleistungen zwei Gefechte und eine Schlacht innerhalb einer Woche, zwischen dem 29. Juli und dem 5. August, wobei sie 160 Kilometer zurücklegte. Er vernichtete eine Kolonne bei Lonato am 4. August, wodurch Bonaparte am nächsten Tag in Castiglione in der Übermacht war und Würmser mit 35 000 gegen 25 000 Mann schlug.

Der zweite österreichische Vormarsch folgte Anfang September. Würmser kam mit der Hauptmacht durch das Brenta-Tal, während eine zweite Streitmacht unter General Dawidowitsch östlich des Gardasees heranmarschierte. Wieder benutzte Bonaparte ein *manoeuvre sur les derriéres*. Am 8. September bei Bassano traf er in Würmsers Rücken und trieb ihn nach Mantua hinein, wodurch die ohnehin schon auf Sparration gesetzte Garnison noch 10 000 Mann zusätzlich zu versorgen hatte. Im Oktober gab es kaum Kampfhandlungen. Zermürbung reduzierte die Franzosen auf 24 000 diensttaugliche Männer, während die Österreicher, durch Truppen aus Deutschland verstärkt, zu ihrem dritten Befreiungsversuch rüsteten. Kommandiert von General Alvinczy bewegte sich die 30 000 Mann starke Hauptmacht gen Westen über die Venezianische Ebene auf Verona zu, während Dawidowitsch mit etwa 18 000 Mann durch das Adige-Tal kam. Alvinczys Vormarsch begann am 1. November und wurde, da ihm nur Massena und Augeraeu Wider-

Die Österreicher erneuerten Ende 1796 ihren Versuch, Mantua zu befreien, und drangen wieder auf zwei konvergierenden Achsen vor. Vom 15. bis 17. November errang Bonaparte einen seiner meistgerühmten Siege bei Arcola, einer Stadt nahe dem Zusammenfluss von Adige und Alpone. Der Ausgang der Schlacht war ungewiss, bis General Augeraeus Abteilung den Adige bei Albaredo auf einer Pontonbrücke überqueren konnte, um nahe Arcola in die österreichische Front einzubrechen.

stand boten, nach Caldiero 15 Kilometer westlich von Verona fortgesetzt. Am 12. November schlug er einen Frontalangriff von Bonaparte zurück, der das Kommando übernommen hatte. Inzwischen hatte Dawidowitsch die schwachen französischen Kräfte unter Vaubois den Adige hinunter getrieben, blieb aber vor dem Rivoli-Plateau stecken.

Bonaparte erkannte, dass seine Position aussichtslos wäre, wenn die Österreicher die Rivoli-Stellung bezwangen und in seinem Rücken durchbrächen, deshalb beschloss er, den Fluss Adige zu überqueren und die Österreicher an der linken Flanke und im Rücken anzugreifen. Es folgte die Schlacht von Arcola vom 15. bis 17. November, drei Tage harten und verworrenen Kampfes zwischen Sumpfland, Deichen und kleinen Flussläufen. Der Ausgang war noch ungewiss, als Alvinczy, da ein Viertel seiner Streitmacht außer Gefecht gesetzt war, die Nerven verlor und sich zurückzog. Auch die französischen Verluste waren hoch; neun gefallene Generäle bezeugten die Intensität des Kampfes. Am 17. November griff Dawidowitsch schließlich Rivoli an, aber nun konnte Bonaparte sich gegen ihn wenden, und am 19. November befanden sich die Österreicher auf dem geschlossenen Rückzug. Ende des Jahres 1796 hatten die Franzosen einen Großteil Italiens eingenommen, während die Österreicher Mantua und die Alpenpässe hielten, die in ihr Kernland führten. Alvinczy, auf 45 000 Mann verstärkt, bereitete den vierten Befreiungsversuch gegen die Italienarmee vor, die auseinandergezogen zwischen Legnago und dem westlichen Ufer des Gardasees stand.

Ein wichtiger Augenblick in der napoleonischen Legende. Am zweiten Tag der Schlacht bei Arcola, als die Kämpfe zum Stillstand gekommen waren, ergriff General Bonaparte die Regimentsfahne, um eine Angriffskolonne der Grenadiere über eine Brücke zu führen.

Am 14. Januar 1797 besiegt Bonaparte bei Rivoli General Alvinczy und die Hauptstreitmacht des letzten österreichischen Versuches, Mantua zu befreien. Im Norden des Schlachtfeldes zwischen dem Gardasee im Westen und dem Fluss Adige im Osten erhebt sich der Mount Baldo, und so waren die Österreicher gezwungen, sich zu teilen. Dennoch war Bonapartes Lage kritisch, da seine Armee zerstreut war und am frühen Morgen die Österreicher die Erhebungen im Norden, Westen und Süden inne hatten. Während Jouberts Abteilung aushielt, benutzte Bonaparte Massenas Abteilung, die nach einem Gewaltmarsch eintraf, um die Österreicher an der West- und Südseite zu zerschmettern. Zusätzliche Gegenangriffe im Norden schlugen die Österreicher in die Flucht und ließen Italien sicher in Bonapartes Hand zurück.

Nachdem er die Österreicher bei Rivoli geschlagen und den neu eingetroffenen Erzherzog Karl beiseite geschoben hatte, führte Bonaparte seine Armee Richtung Nordosten nach Österreich hinein, wobei seine Vorhut bis tief in die Steiermark gelangte, nur wenige Tagesmärsche von Wien entfernt. Den Österreichern sank der Mut; sie baten um Aussetzung der Feindseligkeiten und unterzeichneten am 18. April 1797 das Waffenstillstandsabkommen von Leoben, dem im Oktober der Frieden von Campo Formio folgte.

Er beschloss, in drei Kolonnen anzugreifen. Eine Streitmacht sollte von Padua um Legnago herum gegen Augereau ziehen, die zweite von Vicenza aus gegen Massena bei Verona, während er persönlich die Hauptkolonne von Trient durch das Adige-Tal gegen Jouberts Division führen wollte. Der Angriff auf Verona wurde am 13. Januar 1797 zurückgeschlagen, aber am gleichen Tag trieb Alvinczy Joubert zurück nach Rivoli. Bonaparte erkannte die Hauptgefahr, befahl Joubert, die Stellung um jeden Preis zu halten, und führte zusammengezogene Kräfte gegen Rivoli. Am nächsten Morgen erreichte er das Schlachtfeld und stellte fest, dass es Joubert gelungen war, mehrere Versuche der Österreicher abzuwehren, seine Flanken zu umfassen. Um 6 Uhr früh traf Massenas Abteilung ein, die über Nacht 40 Kilometer über vereiste Straßen marschiert war. Zusammen mit weiteren eintreffenden Abteilungen hatte Bonaparte nun 23 000 Mann und 40 Geschütze, um gegen 28 000 Österreicher mit 90 Geschützen zu kämpfen.

Nach erbittertem Kampf wurden die Österreicher zunächst abgewehrt, dann in die Flucht geschlagen. Alles in allem verloren die Österreicher 12 000 Mann und einen Großteil ihrer Artillerie. Es war eine klare Niederlage. Am gleichen Abend zog Massena mit seiner Division im Gewaltmarsch 60 Kilometer nach Süden, um einem österreichischen Verband den Weg abzuschneiden, der nach Mantua gelangen wollte. Dies gelang ihm, und er vernichtete die Truppe am 16. Februar direkt

Der siegreiche General Bonaparte überreicht in Begleitung seines Gefolges am 10. Dezember 1797 in Paris offiziell den festlich herausgeputzten Direktoren das Dokument des Friedens von Campo Formio.

vor der Festung. Da nun jede Hoffnung auf Befreiung zerschlagen war, kapitulierte die hungernde Garnison.

Wieder einmal verzögert durch Umwege in den Süden, um Satellitenrepubliken zu errichten und vom Kirchenstaat Geld, Schätze und Territorium zu gewinnen, nahm Bonaparte seine strategische Offensive nach Österreich hinein erneut auf, unterstützt von zwei neuen Divisionen. Er schickte Joubert zum Brennerpass, um seine linke Flanke zu decken, überquerte den Tagliamento und marschierte auf den Tarvis-Pass zu. Der österreichische Widerstand brach zusammen. Selbst der beste General der Habsburger, Erzherzog Karl, der eilends aus Deutschland herbeigerufen wurde, konnte die Truppen nicht wieder sammeln. Er unterrichtete Wien, dass „es keine Rettung gibt, wenn diese Armee geschlagen ist." Nur Frieden, so schrieb er, könne die Monarchie retten. Weder damals noch später setzte Karl alles auf eine entscheidende Schlacht. Ihm war stets hauptsächlich daran gelegen, die Armee zu erhalten, die er für den wichtigsten Garanten der Dynastie hielt.

In Wirklichkeit war Bonapartes Position leicht verwundbar. Joubert war in Tirol auf hartnäckigen örtlichen Widerstand gestoßen, in Venezien gab es einen Aufstand, und seine Verbindungslinie ins Hinterland war schwach. Dennoch stieß er weiter vor nach Leoben in der Steiermark, während Massena sich bei Bruck 160 Kilometer von Wien entfernt befand. Am 7. April suchten die Österreicher um eine fünftägige Einstellung der Feindseligkeiten nach – die zweimal verlängert wurde –, während Bonaparte im Alleingang einen Waffenstillstand aushandelte, der am 18. April unterzeichnet wurde. Die beiden Armeen setzten sich ab. Die Franzosen zogen sich über den Isonzo-Fluss zurück, die Österreicher gruppierten sich westlich von Wien neu.

Nach weiteren Verhandlungen wurde am 17. Oktober der Frieden von Campo Formio geschlossen. Österreich verzichtete auf Belgien und die Lombardei, akzeptierte französische Herrschaft auf der linksrheinischen Seite und erkannte die französischen Satellitenrepubliken in Italien sowie französische Kontrolle über die venezianischen Besitztümer in der Adria an – eine Basis im östlichen Mittelmeer. Dafür erhielt Österreich das venezianische Festland einschließlich Venedig sowie seine Flotte. Außerdem verlangte der Vertrag, dass in Rastatt ein Kongress abgehalten werden sollte, um über Entschädigungen an die deutschen Fürsten zu diskutieren, deren Verluste auf dem linken Rheinufer den Franzosen weiteren Einfluss in Deutschland gewährten.

In seiner ersten Führungsperiode hatte Bonaparte das Gesicht Europas verändert und war zu einem der führenden Generäle der Republik mit einer bedeutenden Gefolgschaft in der Armee geworden. Italien und der Italienarmee bewahrte er im Herzen stets einen besonderen Platz, und nie vergaß er seinen ersten Feldzug und die Offiziere und Mannschaften dieser kleinen, hochmotivierten Armee.

KAPITEL ZWEI

ÄGYPTEN, DIE ZWEITE KOALITION UND DIE GRANDE ARMÉE

NAPOLEON REORGANISIERTE SEINE KAVALLERIE, *die sich nach den Revolutionskriegen in schlechtem Zustand befand. Der berühmteste Bestandteil seiner „schweren" Kavallerie waren wahrscheinlich die Regimenter der Kürassiere, schwere Männer auf schweren Pferden, die stahlplattierte Kürasse über Brust und Rücken und stählerne Helme trugen und schwere gerade Schwerter schwangen. Sie wurden als Elitetruppen angesehen und erfüllten des Kaisers Erwartungen in vielen Schlachten, und ungeachtet der Kosten stellte er zusätzliche Kürassierregimenter auf. Dieses Bild zeigt Leutnant Charles Legrand, Leutnant des 12. Kürassierregiments, der am 2. Mai 1808 in Madrid fiel.*

Ägypten, die Zweite Koalition und die Grande Armée

Zwischenspiel in Ägypten

Nach Campo Formio stand England, abgesehen von Portugal, allein; es konnte Frankreich zu Lande nicht entgegentreten, erhielt aber seine Seeblockade aufrecht und suchte neue Verbündete auf dem Kontinent. Inzwischen erschreckte Bonapartes Rückkehr als umjubelter Eroberungsheld das geschwächte Direktorium. Er lehnte es Anfang 1798 ab, eine Armee zur Invasion Englands zu kommandieren, und schlug stattdessen vor, Ägypten als Basis einzunehmen, um von dort aus Großbritanniens Handel und seine Besitzungen in Indien anzugreifen. Der Augenblick schien günstig. Nachdem Spanien sich mit Frankreich verbündet hatte, war die britische Flotte im Dezember 1796 aus dem Mittelmeer zurückgezogen worden, während in Ägypten die Mamelucken, eine Kriegerkaste, die türkischen Machthaber abgelöst hatten. Könnte nun die Expedition als Versuch dargestellt werden, die Position des osmanischen Hofes in Konstantinopel – der Hohen Pforte – wiederherzustellen, dann

Auf seinem Weg nach Ägypten besetzte Bonaparte ohne großen Aufwand Malta, das seit 1530 vom Johanniterorden kontrolliert wurde. Zwar war der Hafen sehr gut befestigt, doch die meisten der etwa 300 Johanniter waren Franzosen, die nicht gewillt waren, gegen ihre Landsleute zu kämpfen, während das maltesische Militär den Machthabern nicht zugeneigt war. Bonaparte schloss die Insel an die Französische Republik an und stellte eine neue Verwaltung auf. Der Orden hatte jedoch unter der Protektion des Zaren Paul I. gestanden, und so wurde die Besetzung Maltas einer der Hauptgründe für Russland, im Jahr 1799 der Zweiten Koalition beizutreten.

würde der Sultan vielleicht der französischen Invasion zustimmen und Ägypten könnte eine französische Basis im östlichen Mittelmeerraum werden.

Das Direktorium fand, dass der zu erwartende Nutzen es wert war, eine kleine Armee zu riskieren, und war zweifellos froh, in einiger Distanz eine Beschäftigung für einen politisch ambitionierten General gefunden zu haben. Doch das Unterfangen basierte auf falschen Annahmen. Die Royal Navy war im Mai 1798 ins Mittelmeer zurückgekehrt, und ohne sichere Seeverbindung hatte das ägyptische Unternehmen keine Chance auf dauerhaften Erfolg. Dennoch stach noch im selben Monat die Orientarmee mit 35 000 Mann von Toulouse und anderen Häfen aus in See. Die Briten wussten von ihrem Aufbruch, waren aber über ihr Ziel im Ungewissen.

Unter Umgehung der englischen Flotte nahm die Expedition unterwegs dem Jo-

hanniterorden die Insel Malta ab und kam am 1. Juli vor Alexandria an. Nachdem Napoleon die Stadt eingenommen hatte, wandte er sich gegen Kairo; 15 000 Mann marschierten durch die Wüste, und weitere 10 000 wurden mit Kähnen flussaufwärts gebracht. Am 17. Juli fegte die wieder vereinigte Armee eine Streitmacht der Mamelucken bei Schubra Chit hinweg und traf am 21. Juli in der Schlacht bei den Pyramiden etwa 3 Kilometer nordwestlich Kairos auf den Hauptfeind, 6000 berittene Mamelucken und 54 000 Mann vor Ort ausgehobener Truppen. Die Schlacht war einseitig. Angriffe der Mamelucken auf die großen Abteilungsvierecke hatten keine Auswirkungen, und die einheimischen Truppen nahmen so gut wie überhaupt nicht an den Kampfhandlungen teil. Beeindruckt von der Tapferkeit der Mamelucken, rekrutierte Napoleon einige von ihnen für seine Leibwache.

Die Franzosen besetzten Kairo am 22. Juli, aber am 1. August vernichtete Nelson

Vor der Schlacht bei den Pyramiden am 21. Juli 1798 hatte Bonaparte seiner Orientarmee wiederholt gesagt: Vierzig Jahrhunderte der Geschichte sehen auf euch nieder.“ Als die Schlacht vorüber war, zählten die Franzosen Verluste von 29 Gefallenen und etwa 200 Verwundeten; die Mamelucken hatten Tausende verloren.

ihre Flotte in der Bucht von Abukir und schnitt die Armee dadurch von der Heimat ab. Bonaparte erwartete, dass die Regierung Verstärkung schicken und Diplomatie die Türkei neutral halten würde. Doch Zar Paul I., erzürnt wegen der Einnahme Maltas, erklärte Frankreich den Krieg, und Sultan Selim I. gab dem russischen und englischen Druck nach und rief zum Heiligen Krieg gegen die Ungläubigen auf. Während Bonaparte eine örtliche Verwaltung einrichtete, verfolgte General Desaix übrig gebliebene Mameluckenstreitkräfte und zerstreute sie am 7. Oktober bei Sediman, 80 Kilometer südwestlich von Kairo. Die Franzosen kontrollierten nur einige große Städte; das Land wurde nie befriedet, und selbst in Kairo gab es am 21. Oktober einen überraschenden Aufstand, der mit eiserner Hand unterdrückt wurde. Trotz der sich verschlechternden Lage, mitten unter einer feindlich gesinnten Bevölkerung, von Unterstützung abgeschnitten und mit täglich schwindender Kampfkraft beschloss Bonaparte, einem türkischen Angriff auf Ägypten zuvorzukommen und nach Syrien einzufallen. Vermutungen, dass er einen Marsch auf Konstantinopel oder gar Indien im Auge hatte, müssen mit Vorsicht

Neun Tage, nachdem Bonaparte Kairo eingenommen hatte, holte Admiral Nelson mit dreizehn Linienschiffen die gleichstarke französische Flotte, die von Admiral François Brueys kommandiert wurde, in der Bucht von Abukir im Nildelta ein. In der schweren Schlacht am Nil, die zwei Tage dauerte, löschte er am 1. August 1798 die Flotte des Gegners aus. Nelson wurde in der Schlacht verwundet, aber Brueys fiel im Kampf. Mit der Zerstörung der französischen Flotte hatten die Briten die Kontrolle über das Mittelmeer wieder erlangt, die Orientarmee von der Heimat abgeschnitten und einen Wendepunkt im Krieg der Zweiten Koalition herbeigeführt.

betrachtet werden – seine Streitmacht war kaum in der Lage, Ägypten unter Kontrolle zu halten und die anrückenden Türken abzuwehren.

5000 Mann blieben zurück, um Kairo weiter zu belagern, während Desaix mit 4000 Mann Oberägypten befriedete; so zog die 13 000 Mann starke Hauptarmee am 6. Februar 1799 los. Ihr Belagerungstross folgte auf dem Seeweg, und ihre Vorhut wurde aufgehalten, als das Fort bei El Arisch elf Tage lang Widerstand leistete. Bonaparte rückte die Küste entlang nach Jaffa vor, stürmte den Hafen am 7. März, tötete 2000 Verteidiger und ordnete die Erschießung von 2500 Gefangenen an. Dies wurde von der britischen Propaganda ausgeschlachtet und später von Historikern verurteilt; allein Bonaparte hatte kaum eine andere Wahl: Er konnte nicht auf Männer verzichten, um die Gefangenen zu bewachen. Die Tatsache, dass die Türken gefangene französische Soldaten gefoltert hatten, trug zu seiner Entscheidung bei.

Er erreichte sein nächstes Ziel Akko – ein uraltes Bollwerk der Kreuzfahrer – am 17. März. Verteidigt von Einheiten der osmanischen Armee neuen Typus, der Nizam I Dschedid, die von britischen Seeschützen unterstützt wurden, brachte

General Louis Charles Desaix, der 1793 zum Brigadegeneral befördert wurde, zeichnete sich am Rhein aus. 1797, inzwischen Divisionsgeneral, war er mit Bonaparte in Italien und segelte mit nach Ägypten, wo er, als Bonaparte nach Syrien aufbrach, einen erfolgreichen Eroberungsfeldzug gegen Oberägypten führte. Nachdem er 1800 nach Frankreich zurückgekehrt war, vereinte er sich mit Bonaparte vor der Schlacht bei Marengo. Ursprünglich mit zwei Divisionen abgestellt, hörte er am 14. Juni 1800 Kanonendonner, kehrte um und kam noch rechtzeitig, um die Lage zu retten. Er fiel im Kampf, als er den Gegenangriff führte.

Akko Bonaparte zum Stehen. Obwohl sein Belagerungstross von einem britischen Geschwader aufgebracht worden war, startete er sieben direkte Angriffe, die alle zurückgeschlagen wurden. Zwar gelang es General Kléber am 16. April mit viel Geschick einen türkischen Befreiungsversuch zurückzuschlagen, doch half dies der Belagerung nicht weiter. Während die Pest seine Reihen dezimierte und eine türkische Armee sich auf Rhodos nach Ägypten einschiffte, versuchte Bonaparte am 10. Mai einen letzten Angriff und zog sich zehn Tage später zurück mit der Behauptung, seine Ziele erreicht zu haben.

Zu diesem Zeitpunkt erkannte er, dass die Unternehmung verloren war, und wusste von den Niederlagen des Direktoriums gegen die Zweite Koalition – England, Russland, Türkei, Neapel, Portugal und vor allem Österreich, das im März 1799 wieder in den Krieg eingetreten war. Bonaparte beschloss, Ägypten zu verlassen. Bereits am 21. Juni hatte er heimlich zwei Fregatten bereitgemacht und einige wichtige Offiziere und Wissenschaftler informiert, dass sie ihn begleiten sollten. Aber ihm gelang noch ein weiterer Sieg. Am 11. Juli waren die Türken mit 18 000 Mann in Abukir gelandet. Bonaparte zog schnell 10 000 Mann zusammen und schlug sie am 25. Juli vernichtend.

Begleitet von nur drei ranghohen Generälen – Berthier, Lannes und Murat – und einer Handvoll weiterer Offiziere, darunter Andréossy, Marmont und Bessières, Angehörigen seiner Garde und 200 Mann der Guides segelte er nach Frankreich. Zurück blieb General Kléber mit einer schrumpfenden und desillusionierten Armee. Am 9. Oktober landete Bonaparte auf französischem Boden; eine Woche später kam er in Paris an. Da ihm die Meldung von seinem Sieg bei Abukir vorausgeeilt war, wurde er gefeiert und erregte die Aufmerksamkeit und Unterstüt-

Die Schlacht bei den Pyramiden und bei Abukir, 1798–1799

Nachdem er Unterägypten besetzt hatte, marschierte Bonaparte am 21. Juli 1798 gegen Kairo, wo seine Armee in fünf großen Rechtecken aufgestellt die Mameluckenkavallerie von Murad-Bei in der Schlacht bei den Pyramiden besiegte. Die einheimischen Aufgebote hatten sich hinter den Schutzwall von Imbaba zurückgezogen; sie beteiligten sich nicht am Kampf. Bei seiner Rückkehr von der abgebrochenen Expedition nach Palästina und Syrien sah sich Bonaparte der türkischen Armee von Rhodos gegenüber, die am 11. Juli bei Abukir gelandet war und Verteidigungspositionen eingenommen hatte. Am 25. Juli führte Murat einen Angriff über die Feldschanzen, und Bonaparte schlug die Türken.

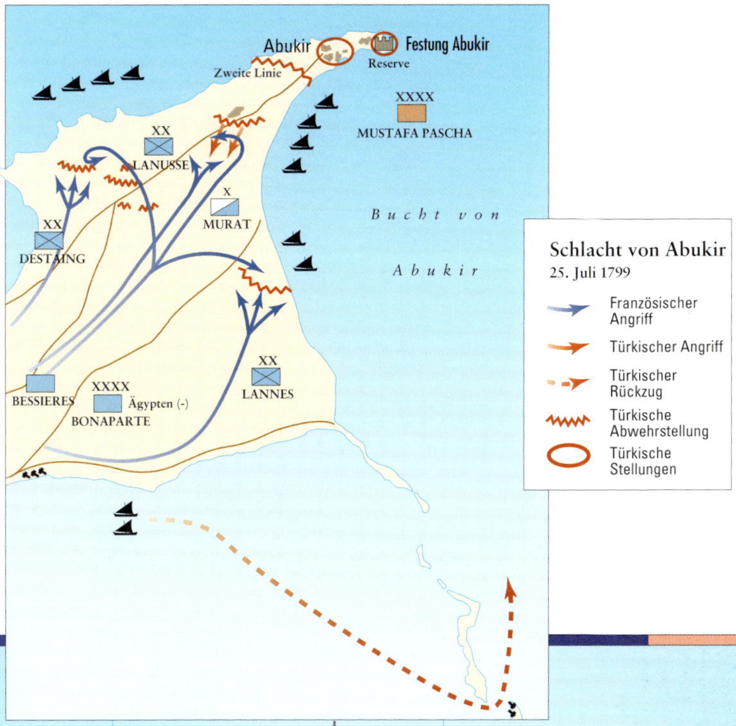

Da Bonaparte sich schon darauf vorbereitete, Ägypten zu verlassen, war die Schlacht bei Abukir am 25. Juli 1798 eine kurze, scharfe Frontalaktion, in der eine eilig versammelte französische Streitmacht eine türkische Expedition – die Armee von Rhodos – besiegte, die bei Alexandria gelandet war. Als Murats Kavallerie die türkischen Abwehrstellungen überrannte, flüchtete der Feind unter schweren Verlusten zurück zu den Schiffen. Ein anderer Teil der feindlichen Armee suchte in der Burg von Abukir Zuflucht, die er bis zum 2. August hielt.

Auf diesem Gemälde stellt sich Bonaparte am 10.11.1799, dem Tag des coup d'etat *vom 18. Brumaire, einem wütenden Rat der Fünfhundert entgegen. Er scheint die Nerven verloren zu haben, als einige ihn als Verräter bezeichneten. An diesem Abend wurde das Direktorium aufgelöst und das Konsulat proklamiert.*

zung einer politischen Splittergruppe, die gewillt war, das Direktorium zu stürzen. In Ägypten schafften es General Kléber und nach seiner Ermordung General Menou, bis 1801 auszuhalten. Dann folgte eine spektakuläre überfallartige Landung der Briten bei Abukir, und die Franzosen wurden im Feld geschlagen. Die verbliebenen Truppen kapitulierten im September und wurden in die Heimat zurückgeholt.

Das strategische Bild im Jahr 1799

Als Menou kapitulierte, gab es das Direktorium nicht mehr; es war im November 1799 durch ein neues Regime, das dreiköpfige Konsulat, ersetzt worden. Bonaparte, einer der Konsuln, gewann die Oberhand über die beiden anderen und wurde

am 25. Dezember mit erheblicher militärischer Unterstützung im Rücken Erster Konsul und Regierungsoberhaupt. Oberste Priorität hatte nun für ihn die Zurückgewinnung der an die Zweite Koalition verlorenen Territorien. 1799 hatten österreichische und russische Armeen Siege in Deutschland und Italien errungen. In Deutschland hatte Erzherzog Karl die Franzosen an den Rhein zurückgedrängt; in Italien hatten österreichisch-russische Kräfte den größten Teil der Halbinsel bereinigt. Gegen Ende des Jahres begann sich allerdings das Blatt zu wenden. Im September eroberte der Sieg General Soults bei Zürich die Kontrolle über die strategisch wichtigen Nord-Süd-Pässe zurück, während die Zweite Koalition, die sich nicht über Strategie und Ziele des Krieges einig wurde, zusammenbrach. Aus der Schweiz zogen sich die Russen nach Deutschland zurück, und eine gemeinsame englisch-russische Expedition ins nördliche Holland schlug ebenfalls fehl. Der schwankende Zar Paul I. beorderte seine Truppen zurück in die Heimat und verließ Anfang 1800 die Koalition.

Das Direktorium verfolgte eine aggressive und expansionistische Außenpolitik und schuf „Schwesterrepubliken", darunter auch die 1798 errichtete Römische Republik.

Im Dezember desselben Jahres fielen die Bourbonen von Neapel aus ein und wurden sofort von den Franzosen zurückgeschlagen, die daraufhin Neapel besetzten.

Als Bonaparte die Macht übernahm, hatte die Republik also die Schweiz zurückgewonnen, aber Italien war verloren und das besetzte Territorium im südlichen Deutschland bedroht. Außerdem flammten in jenem Winter in Westfrankreich wieder Aufstände auf, während die Verbündeten – Spanien, die Niederlande und die Schweiz – wenig Initiative zeigten. Der Erste Konsul übernahm die Kontrolle und führte eine beeindruckende Reihe von Verbesserungen ein, die die interne Verwaltung, die Verfassung und das Militär betrafen. Er gliederte die Artilleriefahrer ins Militär ein und reorganisierte die Konsulargarde, aber die wichtigste Maßnahme war die feste Einrichtung von Armeekorps – Formationen aus mehreren Abteilungen, die versuchsweise schon in den 1790er Jahren sowohl in Italien als auch am Rhein eingesetzt worden waren. Ihre formelle Einführung wird auf den 1. März 1800 datiert, als Bonaparte General Moreau anwies, seine Rheinarmee in vier Korps einzuteilen. Korps wurden zum operativen Großverband der napoleonischen Armeen. Sie bestanden aus zwei oder mehr Infanteriedivisionen, einer Division oder Brigade leichter Kavallerie, einer Anzahl Batterien, Sonderabteilungen der Pioniere und anderen Versorgungsdiensten, kommandiert von einem ranghohen General, später einem Marschall, waren sie zu unabhängigen Operationen fähig.

Der Marengo-Feldzug: Vorbereitungen

Wohl wissend, dass das französische Volk Frieden wünschte, unterbreitete Bonaparte England und Österreich entsprechende Vorschläge, bestand aber darauf, Belgien, Piemont und Genua als Teile Frankreichs und die Schweiz und Holland als Satellitenstaaten Frankreichs zu behalten. Die Zweite Koalition lehnte seine Bedingungen ab. Dies hatte der Erste Konsul erwartet und schon im Januar 1800 Berthier befohlen, eine Armee der Reserve – drei Infanteriedivisionen, eine Kavalleriebrigade und die Konsulargarde – rund um Dijon nahe den Alpenpässen zu versammeln. Die französische Kontrolle über die Schweiz bedeutete, dass die Armee der Reserve entweder Moreaus Rheinarmee oder Massenas Italienarmee verstärken konnte. Mit über 120 000 Mann war die Rheinarmee Frankreichs stärkste Armee; die Italienarmee, die in den Seealpen und über die ligurische Küste verteilt war, zählte nur 36 000 Mann.

Wie immer war Österreich der Hauptgegner. General Kray kommandierte 108 500 Mann an Oberrhein und Donau, während General Mélas etwa 93 000 Soldaten in Italien befehligte. Anfangs sah Bonaparte die österreichische Armee zwischen Oberrhein und Donau als wichtigstes strategisches Ziel an. Nach seiner Absicht sollte Moreau Kray mit einem Korps im Schwarzwald hinhalten, während die kombinierten Kräfte der Rheinarmee und der Reserve durch die Schweiz hindurch in den Rücken des Gegners schwenken sollten. Dies würde zur Vernichtung führen und den Weg nach Wien öffnen. Wenn nötig, konnte die Armee der Reserve durch die Schweiz in Mélas' Rücken schwenken, um die verbliebenen österreichischen Kräfte zu eliminieren.

Aber Moreau widersetzte sich Bonapartes Anweisungen und bestand darauf, die vorgeschlagene Strategie sei zu riskant. Dem Ersten Konsul fehlte die Macht, den widerspenstigen General abzulösen. Moreau war einer der größten Generäle der Republik, und seine Rheinarmee verhielt sich ihm gegenüber ebenso loyal wie die Italienarmee gegenüber Bonaparte. Jeder Versuch, ihn zu entlassen, hätte eine größere Meuterei heraufbeschwören können. Daher wies Bonaparte Moreau an, mit seiner Frontaloffensive fortzufahren, verlangte aber, dass er ein Korps zum St.-Gotthard-Pass abstellte, um den Schlag der Armee der Reserve in den Rücken der Österreicher in Italien zu verstärken.

Querschnitt durch Befestigungsanlagen

Querschnitt einer dauerhaften Befestigungsanlage, der eine Bastion zeigt, mit Glacis, Brustwehr, gedecktem Gang, Geschützstellung und gedeckten Magazinen. Ein kleiner Mörser ist auf dem Magazin links zu sehen. Da solche Befestigungsanlagen Flankenfeuer geben konnten und das Glacis ohne toten Winkel keine Deckungsmöglichkeit bot, war komplizierte und ausdauernde Belagerung notwendig, um sie einzunehmen.

Die Offensivpläne der Österreicher gingen davon aus, dass die Franzosen in Deutschland schwach wären, und vernachlässigten, wie Bonaparte gehofft hatte, die Armee der Reserve. Mélas sollte Massena vernichten, dann durch die Seealpen nach Südfrankreich vorstoßen, um dort mit einer britischen Expeditionsstreitmacht zusammen zu treffen, die sich auf Minorca sammelte. Dies würde französische Truppen von der Rheinfront abziehen, wodurch Kray durch das Elsass nach Frankreich eindringen könnte. Am 6. April stieß Mélas auf Massenas Kommando und zersplitterte es. Massena sah sich in Genua belagert, mit Rationen, die für seine 10 000 Mann nur vier Wochen reichen würden; General Suchet wurde mit 18 000 Mann nach Westen über den Fluss Var getrieben. In Deutschland zögerte Moreau und griff erst Ende April an. Am 3. und 6. Mai besiegte er Kray bei Stockach und Moskirch und trieb ihn in ein befestigtes Lager bei Ulm, wodurch eine potenzielle Bedrohung in Bonapartes Rücken ausgeschaltet war. Moreaus Säumigkeit hatte Napoleons Offensive verzögert, und statt des zugesagten Korps entsandte er nur eine Division zum St.-Gotthard-Pass. Doch schließlich konnte Bonaparte sein großes strategisches *manoeuvre sur les derrières* ausführen. Zeit war immens wichtig geworden, da Massena immer noch 21 000 Österreicher aufhielt, und Suchet weitere 30 000. Der Erste Konsul setzte auf Risiko. Der Sieg würde seine Stellung sichern, aber eine größere Niederlage könnte sein Amt kosten und das Konsularregime beenden.

Marschall Jean Lannes, „so mutig wie intelligent", war einer der fähigsten Schlachtenführer und persönlicher Freund des Generals und Kaisers. Er nahm an allen Feldzügen des Kaisers teil und starb an seinen Verwundungen aus der Schlacht von Aspern-Essling 1809. Hier ist er in seiner Marschallsuniform zu sehen.

Marengo und Hohenlinden

In der zweiten Maiwoche kam Napoleon, der in Paris geblieben war, um Moreau zur Aktion zu bewegen, im Hauptquartier der Armee der Reserve an, vorgeblich als Berater, denn die neue Verfassung gestattete dem Ersten Konsul keine Befehlsgewalt. Er plante, die Alpen über fünf verschiedene Pässe zu queren. Der leichteste Übergang von Genf aus war der Kleine St.-Bernhard-Pass, doch diesen Weg lehnte Bonaparte ab, denn es wäre ein größerer Versorgungstreck notwendig gewesen als bei der schwierigeren Route über den Großen St.-Bernhard-Pass, die näher an den Depots lag, die am Genfer See eingerichtet worden waren. Es wurden sorgfältige Vorbereitungen getroffen, um den Haupttruppenkörper über diesen 40 Kilometer langen Pass zu bewegen, während kleinere Sonderabteilungen über die vier übrigen Pässe kommen sollten, um Mélas zu verwirren. Am 14. Mai erteilte Bonaparte der Vorhut unter Lannes den Befehl zum Abmarsch, und am 16. Mai war sie bis Aosta hinabgestiegen. Sechs Tage später überquerte die Armee den Pass, obwohl Fort Aosta das Vorrücken der Artillerie aufgehalten hatte.

Bonaparte stellte eine Sonderabteilung zur Belagerung des Forts ab und zog mit nur 6 kleinen Geschützen weiter. Obwohl er von Massenas verzweifelter Lage in Genua wusste, kam er ihm nicht zu Hilfe. Stattdessen schwenkte er ostwärts, um österreichische Verbindungslinien zu unterbrechen und am 2. Juni Mailand samt

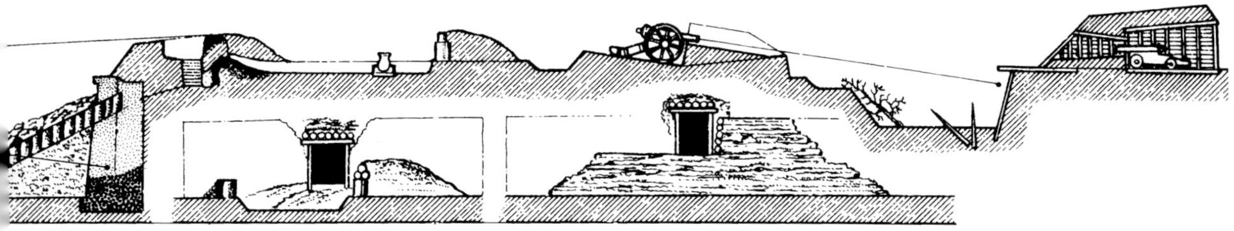

seinem Waffenlager einzunehmen. Hier wartete er auf die Ankunft des Korps, das von Moreau zugesagt worden war, der tatsächlich aber nur 11 000 Mann schickte. Inzwischen hatte Massena am 4. Juni kapituliert. Er hatte seine Mission ausgeführt, bis seine Männer fast verhungert waren, und dann die Kapitulation noch um weitere zwei Tage verzögert, während derer er ausgezeichnete Bedingungen aushandelte. Mélas besetzte Genua, bemerkte aber nun die Armee der Reserve in seinem Rücken und ordnete daher eine allgemeine Konzentration in Alessandria an, auf

OPERATIONEN IN NORDWEST-ITALIEN, APRIL BIS JUNI 1800

Während Massena und Suchet im Westen verbissen aushielten, gefährdete Bonapartes Alpenüberquerung, gefolgt von seiner unerwarteten Wendung gegen Mailand, die österreichischen Verbindungslinien. Das verwirrte ihre Führung, was zur Konzentration der Österreicher bei Alessandria führte. Die Schlacht von Marengo folgte am 14. Juni.

Alpenüberquerung über den Großen St.-Bernhard-Pass im Mai 1800 mit der Hauptkolonne der Armée de Réserve. *Da die Überquerung ungewöhnlich früh im Jahr stattfand, erforderte sie besondere Maßnahmen, um die Geschütze zur Höhe des Passes zu bringen. Dabei wurden Kanonen zerlegt und die Rohre auf Spezialschlitten von Soldaten gezogen.*

halbem Wege zwischen Turin und Genua. Bis zum 10. Juni hatte er 32 000 Mann und 100 Geschütze versammelt. Von Alessandria aus konnte er sich entweder nach Genua zurückziehen, wo er britische Unterstützung von See her finden würde, oder er konnte um Norditalien kämpfen.

Die österreichische Konzentration veranlasste Napoleon, durch Montobello nach Westen, wo Lannes am 9. Juni ein heftiges Gefecht gewann, vorzurücken und am Abend des 13. Juni überquerte er den Fluss Scrivia zur Ebene östlich von Ales-

sandria am anderen Ufer des Flusses Bormida. Seine Armee zählte etwa 31 500 Mann und 40 Geschütze. Unter den anwesenden Befehlshabern war Desaix, der auf eiligen Befehl des Ersten Konsuls aus Ägypten zurückgekommen war. Da er überzeugt war, dass Mélas zu entkommen suchte, teilte Bonaparte seine Armee und stellte drei Divisionen ab, zwei davon unter Desaix, um mögliche österreichische Fluchtwege zu blockieren.

Die Übrigen schlugen nichts ahnend für die Nacht ihr Lager rund um das kleine

Dorf Marengo auf. Als Mélas am 14. Juni angriff, sah sich ein überraschter Bonaparte mit nur 22 000 Mann und 20 Geschützen einem bei weitem überlegenen Feind mit 100 Kanonen gegenüber. Obwohl der Angriff sich nur schleppend entwickelte und es einige defensive Stellungen in der Ebene gab, zwangen gegen Mittag massive Angriffe der österreichischen Infanterie die Franzosen zurück. Bonaparte opferte seine letzte Reserve, die Konsulargarde, aber da er zahlenmäßig stark unterlegen und die Munition knapp war, schien die Schlacht verloren. Verzweifelte Botschaften wurden losgeschickt, um abgestellte Formationen zurückzuholen, während Mélas im guten Glauben, alles sei zu seinen Gunsten bereits entschieden, das Kommando einem rangniederen Offizier übergab. Aber die Franzosen kämpften verbissen weiter. Etwa um die Mittagszeit kam Desaix mit einer Abteilung zurück, und der Gegenangriff unter Beteiligung von Marmont, der 18 Geschütze auftrieb, um Unterstützung durch Nahfeuer zu geben, und mit einem Vorstoß der noch vorhandenen Kavallerie, schlug er den siegreichen, aber erschöpften Feind in die Flucht. Das unerwartete Zuschlagen unverbrauchter Truppen wandelte die Niederlage in einen Sieg um. Später bemerkte Napoleon dazu: „Der Ausgang einer Schlacht hängt von einem einzigen Augenblick ab ... der ent-

(1) In der Annahme, die Österreicher seien auf der Flucht, stellt Bonaparte drei Abteilungen ab, zwei davon unter Desaix, um ihre Bewegung aufzuhalten. In der Nacht vom 13. zum 14. Juni kampieren die Franzosen bei Marengo, sichern sich aber nicht gegen einen österreichischen Angriff ab.

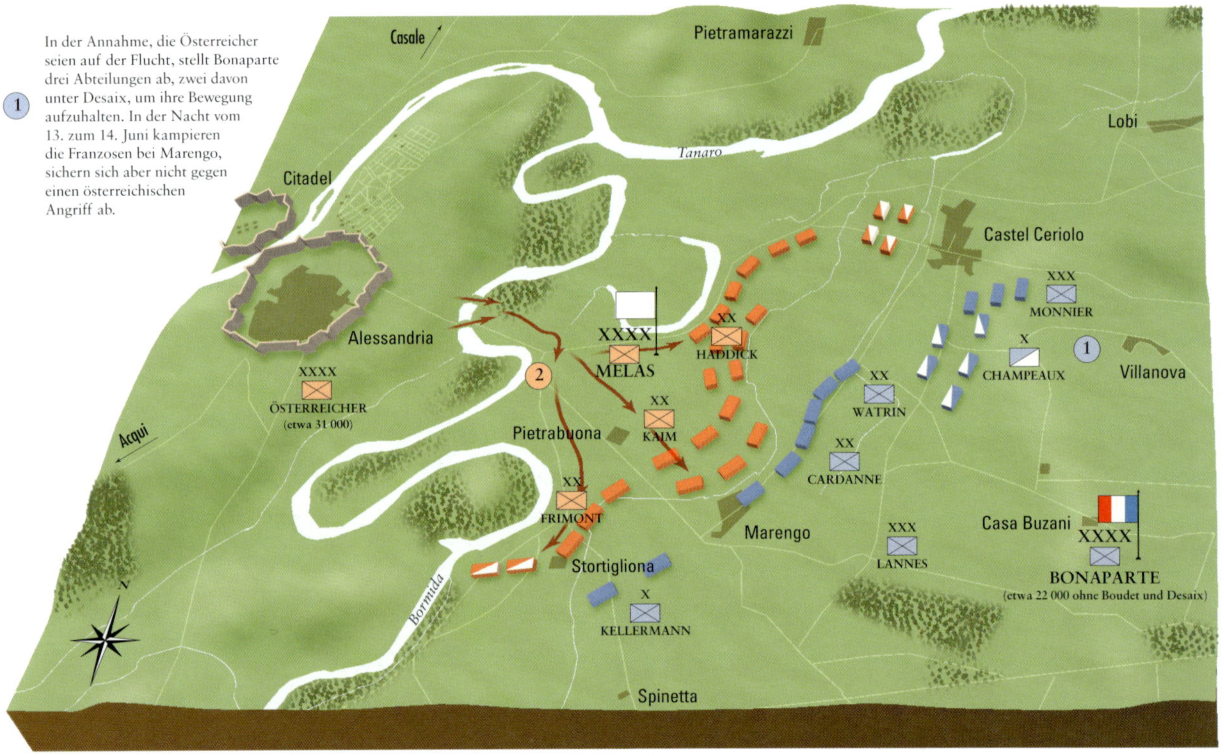

(2) Mélas, der sich einen kleinen Brückenkopf über die Bormida erhalten hatte, greift gegen 8 Uhr morgens an, aber bei nur zwei verfügbaren Brücken entwickelt sich der Angriff schleppend. Dennoch sind bis 10 Uhr die vorgerückten französischen Formationen zurückgeschlagen und die Österreicher haben eine starke Kampflinie aufgestellt, die von übermächtiger Artillerie unterstützt wird. Kurz darauf erkennt Bonaparte die Gefahr und ruft seine abgestellten Divisionen zurück. Die Franzosen verteidigen sich weiterhin hartnäckig und ziehen sich nach Osten zurück.

SCHLACHT VON MARENGO, 14. JUNI 1800

Im Jahr 1800 war Bonapartes Strategie in Norditalien brillant gewesen, doch seine Führung der Schlacht von Marengo wurde durch schlechte Aufklärung beeinträchtigt, die ihn dazu verleitete, seine Kräfte zu teilen. Am Morgen hatte er die Schlacht fast verloren, konnte aber dank der glücklichen Wiederkehr der abgestellten Divisionen am Nachmittag doch noch den Sieg erringen.

Während seine letzte Reserve, die Konsulargarde, kaum noch Widerstand leisten kann, wird Bonaparte vom zurückkehrenden General Desaix gerettet, der vorher mit zwei Abteilungen abgestellt worden war. Hier sind die beiden Generäle bei der Führung des Gegenangriffs zu sehen, der das Schlachtglück wendete. Links Bonaparte und sein Stab, im Vordergrund Desaix, der später in der Schlacht fiel. Man beachte auch Bonapartes Mamelucken Rustan unter den Stabsoffizieren.

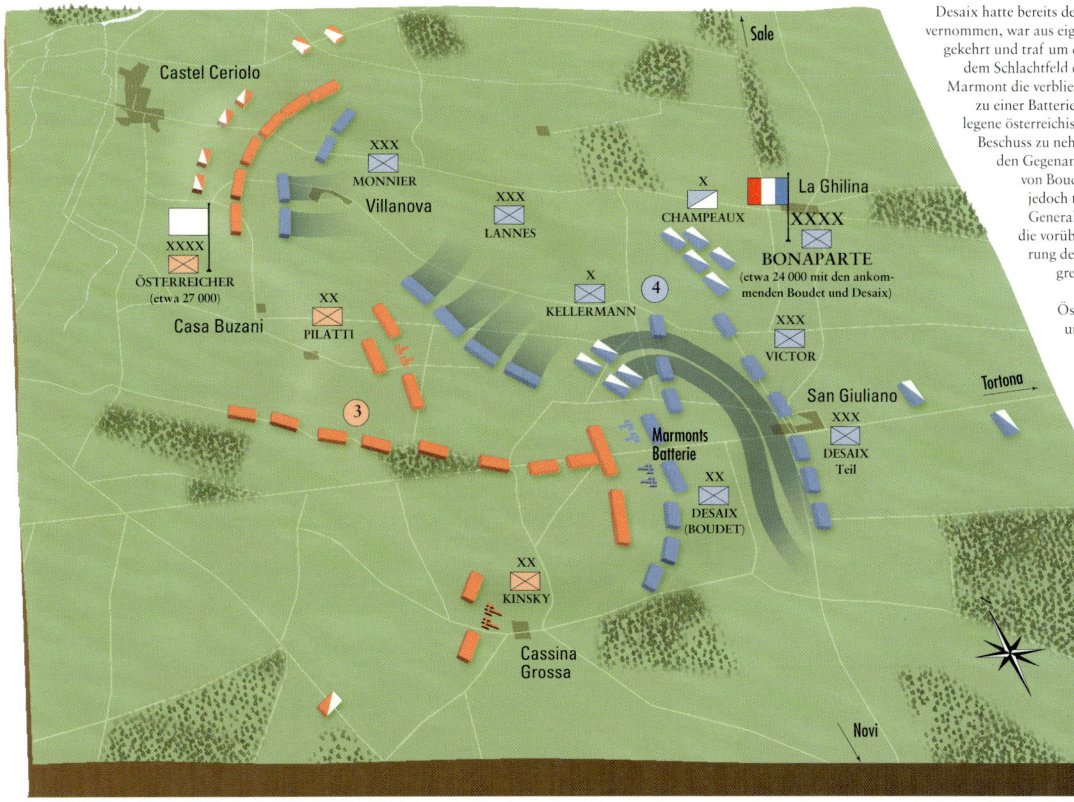

3 Nachmittags: Die Österreicher sehen sich schon als Sieger, bilden Marschformationen und rücken nach Osten vor. Mélas zieht sich zurück, übergibt das Kommando an Zach und verzögert damit den Vormarsch bis 4 Uhr nachmittags. Bonaparte setzt Reserven ein und versucht, den österreichischen Vormarsch bei San Guiliano aufzuhalten, aber seine Truppen sind erschöpft.

Desaix hatte bereits den Geschützdonner vernommen, war aus eigenem Antrieb umgekehrt und traf um die Mittagszeit auf dem Schlachtfeld ein. Nun formierte Marmont die verbliebenen 18 Kanonen zu einer Batterie, um die nächstgelegene österreichische Kolonne unter Beschuss zu nehmen. Desaix führt den Gegenangriff an der Spitze von Boudets Division, wird jedoch tödlich verwundet. General Kellermann nutzt die vorübergehende Verwirrung der Österreicher und greift mit 400 Reitern an. Der Kern der Österreicher bröckelt und bis 21 Uhr wird ihre Armee unter schweren Verlusten bis zum Brückenkopf zurückgetrieben. 4

scheidende Augenblick kommt, der Funke der Kampfmoral springt über, und die kleinste Reservekraft gibt den Ausschlag." Und er hatte aus seinem knappen Entkommen gelernt. Niemals wieder würde er im Angesicht des Feindes seine Hauptmacht teilen, und wann immer möglich würde er eine starke Reserve in der Rückhand behalten.

Der Marengo-Feldzug war strategisch eine Meisterleistung, aber die Führung der Schlacht war alles andere als brillant, und die offizielle Verlautbarung wurde mehrfach umgeschrieben, um Napoleons Ruf zu untermauern. Jedoch hatte der Erste Konsul seinen Sieg erreicht – auf Kosten von 6000 Menschenleben, darunter auch das von Desaix, der erschossen wurde, als er den Angriff befehligte. Die österreichischen Verluste kamen dem gleich, hinzu kamen jedoch noch 8000 Gefangene und 40 Kanonen. Mélas war wie betäubt und unterzeichnete am nächsten Tag ein Waffenstillstandsabkommen, dem zufolge die gesamte Lombardei bis hinauf zum Fluss Mincio zu räumen war und alle Kampfhandlungen eingestellt werden sollten, bis Wien sich zu einem Friedensangebot geäußert hatte. Dennoch war die österreichische Armee nicht vernichtet. Bei der Neuformation hinter dem Mincio zählte sie immerhin noch 55 000 Mann und 300 Geschütze. In Deutschland rückte Moreau auf München vor und schloss im Juli einen Waffenstillstand, der bis November andauerte.

Wenngleich die Niederlage bei Marengo die Österreicher gezwungen hatte, sich aus Italien zurückzuziehen, hielten sie weiterhin Deutschland. Als nach einem Waffenstillstand die Kampfhandlungen im Winter 1800 wieder begannen, wurde eine österreichische Armee unter dem unerfahrenen Erzherzog Johann am 3. Dezember im Wald von Hohenlinden östlich von München aus dem Hinterhalt überfallen. Daraufhin unterzeichnete Österreich einen Waffenstillstand, und Verhandlungen über ein Friedensabkommen wurden aufgenommen.

Es bedurfte eines weiteren Sieges, um die Zweite Koalition zu beenden. Diesen lieferte Moreau, als der Kampf wieder aufgenommen wurde. In Deutschland weigerte sich Erzherzog Karl nicht nur, das Kommando wieder zu übernehmen, sondern riet Österreich außerdem, Frieden zu schließen, solange es noch eine Armee gab. Aber Wien beschloss, es noch einmal zu versuchen. Mit dem unerfahrenen achtzehnjährigen Erzherzog Johann als Befehlshaber begannen die Kampfhandlungen am 22. November mit dem Versuch, Moreaus linke Flanke zu zerschmettern und seine Verbindungen abzuschneiden. Moreau überfiel die österreichischen Kolonnen aus dem Hinterhalt am 2. Dezember bei Hohenlinden, 33 Kilometer östlich von München, und schlug sie in die Flucht. Auf Grund dieser Katastrophe unterzeichnete Österreich am 25. Dezember ein Waffenstillstandsabkommen und am 9. Februar 1801 den Frieden von Lunéville, der die Bedingungen von Campo Formio bestätigte.

England führte den Konflikt allein fort, obwohl seine Lage komplizierter wurde, als Zar Paul I. eine Liga der nördlichen Staaten organisierte – Russland, Schweden, Dänemark und Preußen –, die seine Seeversorgung bedrohte. England antwortete mit einem Angriff auf Kopenhagen und zerstörte große Teile der dänischen Flotte. Bald darauf wurde Zar Paul I. bei einer Palastrevolte ermordet, und sein Nachfolger Alexander I. löste die Liga auf. Jedoch war England kriegsmüde, während Bonaparte seine Herrschaft konsolidieren wollte. Daher wurde nach langen und äußerst zähen Verhandlungen am 27. März 1802 der Frieden von Amiens unterzeichnet.

Im Dezember 1800 organisierte Zar Paul I. eine Zweite Bewaffnete Neutralität des Nordens, die Russland, Schweden, Preußen und Dänemark umfasste. Im März 1801 entsandte Großbritannien eine starke Schwadron unter Admiral Parker mit Nelson als stellvertretendem Kommandeur, um Druck auf Dänemark auszuüben, damit es dieses diplomatische Arrangement verließe. Als die Verhandlungen scheiterten, begann die Schwadron am 2. April 1801 mit Kampfhandlungen gegen die dänische Flotte, die von starken Batterien zu Lande unterstützt wurde. Dabei erlitten die Briten schwere Verluste, brachten den Dänen aber noch schwerere Verluste bei.

Napoleon und seine Grande Armée

Die Siege der Alliierten während des Zweiten Koalitionskrieges zeigten, dass sie immer noch mit den Franzosen mithalten konnten. Weder Marengo noch Hohenlinden waren Beweise für eine Systemunterlegenheit den Franzosen gegenüber, obgleich die durch die Revolution und Bonaparte eingeführten Veränderungen in Strategie, Operation und Organisation auf einen neuen Stil der Kriegsführung hinwiesen. Aber das neue Modell brauchte Zeit, um sich durchzusetzen, und Napoleon – wie er sich nach seiner Selbsternennung zum Kaiser der Franzosen und König von Italien zu nennen pflegte – brauchte Zeit, um endgültig die Kontrolle über das gesamte französische Militärwesen zu gewinnen.

Unter der Republik und dem Direktorium waren ernst zu nehmende Rivalitäten und Feindseligkeiten zwischen den verschiedenen Armeen entstanden, die jeweils unterschiedliche Stile und Kulturen entwickelt hatten. Besonders gefährlich war das böse Blut zwischen Moreaus alter Rheinarmee und den Truppen, die mit Bonaparte in Italien und Ägypten gedient hatten; diese Mißstimmung hielt sich unter den ranghöheren Offizieren über Jahre. 1811 stellte Napoleon fest, dass Marmont bestens geeignet sei, Ney zu ersetzen, der in Spanien mit Massena aneinander geraten war, weil „beide von derselben Familie stammen: sie sind von der Italienarmee, während Ney von einer fremden Armee [der Rheinarmee] kommt." Für den Ersten Konsul war die Festigung seiner Autorität das Wichtigste. Moreau blieb ein harter Rivale und seine Truppen widerspenstig. Deshalb wurden bald nach dem Frieden von Amiens wichtige Teile dieser Truppen nach Santo Domingo verschifft, während Moreau, in eine royalistische Intrige verwickelt, nach Errichtung des Kaiserreiches verhaftet und ins Exil geschickt wurde.

Im Jahr 1802 schuf Napoleon sich sein militärisches Instrument, die Grande Armée – die Große Armee – : die Hauptstreitmacht aller französischen und verbündeten Truppen, die unter dem Befehl des Kaisers standen. Als Großbritannien am 18. Mai 1803 Frankreich den Krieg erklärte, aktivierte er die entlang dem Kanal und an der Nordsee befindliche Armee. Zum ersten und einzigen Mal erhielten Truppen eine systematische Ausbildung, übten neue Taktiken ein und bekamen neue Ausrüstung. Unfähige Offiziere wurden entfernt, verdienstvolle Offiziere befördert und höhere Formationen organisiert. Dennoch blieben Probleme. Die Kavallerie war nur schlecht beritten, und Pferde waren so knapp, dass eine Dragonerabteilung zu Fuß kämpfen musste. Der Mangel an Pferden beeinträchtigte auch Transport und Artillerie. Der Transport blieb unbefriedigend und der Artilleriepark war schwach, trotz Napoleons Ausspruch „nur mit Kanonen macht man Krieg". Die ursprüngliche Grande Armée hatte je tausend Mann nur zwei Feldstücke, und das Ziel von fünf je tausend Mann wurde nie erreicht, selbst als erbeutete Geschütze in die Batterien eingegliedert wurden. Wenn Napoleons Artillerie der seiner Gegner also auch zahlenmäßig unterlegen war, so verwandelte er sie doch von einer unterstützenden in eine Angriffswaffe, indem er sie an entscheidenden Punkten konzentrierte.

Drei Jahre harter Ausbildung hatten das Erbe der Vernachlässigung durch das Direktorium wettgemacht, und als Napoleon 1805 in den Krieg zog, konnte er mit Fug und Recht behaupten, dass seine Grande Armée die beste Europas war. In diesem Jahr bestand seine Gefechtsordnung aus sieben Korps, denen ein verbündetes Korps angegliedert wurde. Außerdem gab es drei größere Formationen, die Napoleon unter eigener Kontrolle behielt: die Kavalleriereserve der Armee mit sechs

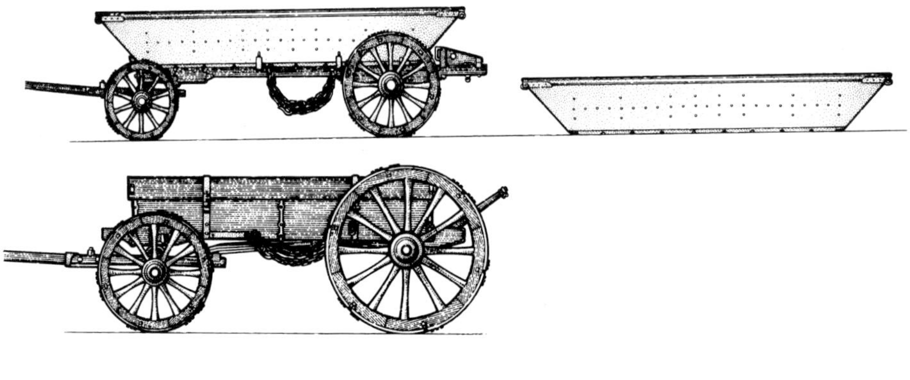

Versorgungswagen und Pontonwagen

Der Transport blieb für alle Armeen in Kriegszeiten ein Problem. Obwohl Napoleon schließlich eine Anzahl militärischer Transportgesellschaften organisierte, wurde der Hauptanteil seiner Versorgung weiterhin von zivilen Auftragnehmern realisiert. Außerdem waren Wagen wie die hier gezeigten für die schlechten Straßen in Ost-

Abteilungen schwerer Reiterei; die Artilleriereserve der Armee mit fast einem Viertel der verfügbaren Geschütze; und schließlich die elitäre Kaisergarde, die sich rasch vergrößerte.

1808 wurden beträchtliche Teile der Grande Armée nach Spanien verlegt, und Napoleon formierte 1809 eilends eine neue Hauptstreitmacht, die Deutschlandarmee. Diese fiel 1812, wieder unter der Bezeichnung Grande Armée, in Russland ein. Nach der russischen Katastrophe wurde die Grande Armée 1813 eiligst wiederhergestellt; ihr Ende kam, als Napoleon im April 1814 abdankte. Während seines letzten Feldzuges 1815 wurden die Einheiten unter seinem Kommando als Armée du Nord bezeichnet.

Befehlsgewalt, Kontrolle und Verwaltung der Grande Armée

Napoleon praktizierte eine extreme Zentralisierung der Autorität. Als Herrscher Frankreichs und Oberbefehlshaber benötigte er einen erheblichen Stabsapparat. Im Laufe der Zeit wurde das Kaiserliche Hauptquartier mit all seinen Hilfsstäben, Dienststellen, Eskorten und angeschlossenem Personal groß und unhandlich, aber sein persönlicher Stab – das *Maison* – blieb klein. Er umfasste Berthier, seinen Stabschef, Bacler d'Albe, seinen unverzichtbaren topografischen Offizier, sowie Offiziere, die für tägliche Rapports und Einweisungen, Schriftverkehr und Lagepläne zuständig waren. Zusätzlich gab es eine Gruppe vertrauter ranghöherer Adjutanten, die auf spezielle Dienstgänge geschickt wurden und „im Namen des Kaisers" handelten. Der Generalstab der Grande Armée, dem ebenfalls Berthier vorstand, war verantwortlich für die Weiterleitung von Routinebefehlen sowie für die Koordination von Bewegung, Aufklärung, Militärfinanzen, Rechtsprechung und medizinischen Diensten. Schließlich gab es den Stab des Generalkomissars, der nie ordentlich funktionierte.

Das *Maison* gestattete es Napoleon, eine große Streitmacht zu beherrschen, aber es wurde nie zum Gehirn der Armee. Der Kaiser war sein eigener Einsatzoffizier und traf alle Entscheidungen. Berthier formulierte es so: „Der Kaiser braucht weder Ratschläge noch Pläne für den Feldzug. Niemand kennt seine Gedanken, und unsere Pflicht ist es, zu gehorchen." Obwohl seine Rolle im Allgemeinen also eher passiv war, war Berthier doch mehr als nur dem Titel nach Stabschef, und nur wenige hätten die Planung für die Donau-Überquerung bei Wagram mit 150 000 Mann so gemeistert wie er.

Die kombinierte Macht eines Staatsoberhauptes und obersten Kommandeurs hatte deutliche Vorteile für die strategische Planung. Als Staatsoberhaupt konnte Napoleon Diplomatie und Strategie zu beiderseitigem Nutzen kombinieren und klare politische und militärische Ziele setzen. Dennoch hatte das System ernstzunehmende Grenzen. Die Streitkräfte unter seinem Kommando wuchsen von 50 000 auf weit über 400 000 Mann; trotzdem behielt Napoleon die persönliche Führung. Wenn seine Armeen jedoch an weit voneinander entfernten Kriegsschauplätzen oder über eine weit ausgedehnte Front im Einsatz waren, schlugen seine Versuche, die strategische Führung aufrechtzuerhalten, fehl.

Die miserable Logistik blieb ein Mangel. Trotz seiner Aussage, dass „eine Armee auf ihrem Magen marschiert", war er immer in erster Linie Improvisator. Es muss zwar angemerkt werden, dass er wiederholt gewaltige Magazine anlegte, wie zum Beispiel 1800, 1807 und auch 1812 wieder, aber es blieb ein Problem, diese Vorräte nach vorn zu bringen. Im Jahr 1807 formierte er neun Transportbataillone und führte ein Netzwerk militärischer Zwischenstationen ein, um die Transportleistungen zu verbessern, die immer noch von zivilen Auftragnehmern ausgeführt wurden. Doch setzte er für diese Zwecke nie ausreichend Personal ein, und bei seiner auf schnelle Bewegungen ausgerichteten Strategie hätten große Wagenzüge, wenn es sie denn gegeben hätte, ohnehin nicht Schritt halten können. So mussten die Truppen für sich selbst sorgen. Das war praktisch in reichen Gegenden und wenn die Einheiten zerstreut waren, aber bei Konzentration funktionierte es nicht gut, und in armen Ländern wie Polen, Spanien oder Russland konnte diese Praxis zu Ausfällen führen. Überdies erregten Plünderung und Requirierung den Widerstand der Bevölkerung und beeinträchtigten die Disziplin, wie man schon 1796 erfahren hatte; doch konnte Napoleon nicht mit dem System brechen und argumentierte sogar, dass „eine Armee von 20 000 Mann selbst in der Wüste überleben kann". Er irrte. Der Preis für rücksichtslose Requisition war Widerstand, der zu Rebellionen eskalierte, die zum Teil sofort unterdrückt wurden, zum Teil aber, wie der Guerillakrieg in Spanien, zu einer eiternden Wunde wurden.

Die napoleonische Strategie zielte darauf ab, überlegene Kräfte gegen den Feind zu konzentrieren, und in vielen seiner Schlachten, wenn auch bei weitem nicht in allen, war seine Streitmacht größer als die seiner Gegner. Das schmälert Napoleons Feldherrenkunst kaum. Zahlenmäßige Überlegenheit war nur zu erreichen durch die Fähigkeit, Zeit, Raum und Terrain genau zu berechnen, und durch haargenaue Stabsarbeit – einer der Hauptvorteile, die er gegenüber seinen Widersachern besaß –, ergänzt durch die außergewöhnlichen Marschleistungen seiner Truppen.

Napoleons Soldaten: Offiziere und Mannschaften

Korps wurden normalerweise von einem der Marschälle kommandiert – ein Rang, den Napoleon 1804 eingeführt hatte. Insgesamt ernannte er sechsundzwanzig Marschälle, achtzehn im Jahre 1814, die übrigen zwischen 1807 und 1815. Die ersten Ernennungen kamen einigen verdienstvollen Revolutionsgenerälen zugute: Sérurier, Perignon, Lefebvre und Kellermann; ein fünfter war Bruno, der ausgezeichnete Verbindungen unter den Republikanern besaß. Ney und Mortier vertraten die berühmte Armee von Sambre und Maas, aber die meisten der ersten Beförderungen gingen an Kameraden aus Italien und Ägypten – Augereau, Berthier, Bessières, Davout, Lannes, Marmont, Massena und Murat. Bernadotte mochte ernannt worden sein, weil er die Schwester der Ehefrau von Napoleons älterem Bruder geheiratet hatte, er war aber der am wenigsten zuverlässige.

Die Marschälle waren unterschiedlicher sozialer Herkunft, zehn hatten in den Reihen der königlichen Armee gedient, und alle waren tapfer und oft im aktiven Einsatz gewesen. Aber nur Davout, Massena und vielleicht Suchet hatten das größere Maß an einfallsreichem Verstand, das für unabhängiges Kommandieren auf der höheren Befehlsebene erforderlich ist. Der Kaiser versäumte es jedoch, die berufliche Kompetenz seiner ranghöheren Offiziere zu erhöhen, und legte auch keine wirksame Hierarchie unter ihnen fest, so dass sie oft nicht miteinander kooperierten.

Den Marschällen, Generälen und Offizieren im Einsatz war im Allgemeinen die absolute Verachtung der Gefahr gemein, die in der Armee kultiviert wurde. Die Verluste unter französischen Offizieren waren die höchsten von allen Kriegsteilnehmern. Insgesamt verlor die Kaiserliche Armee etwa 50 000 Offiziere, von denen 15 000 zwischen 1805 und 1815 fielen, darunter fast 900 Generäle. Die anteilmäßigen Verluste englischer, österreichischer, preußischer und russischer Offiziere höherer Ränge waren wesentlich geringer. Dieser Mir-nach-Führungsstil, den französische Mannschaften erwarteten, trug zur Wirksamkeit der Armeen Napoleons im Kampf bei.

Auf den mittleren und niederen Ebenen gab es in den napoleonischen Offizierskorps einen harten Kern von Veteranen aus den königlichen und den Revolutionsarmeen, und von den 5000 Offizieren der ersten Grande Armée hatten fast alle Gefechtserfahrung. Im Durchschnitt waren die Regimentsoffiziere älter als die Generäle und hatten bereits in der Armee des Königs gedient. Als Oberste, Majore und Unteroffiziere blieben sie die Hauptstütze von Napoleons Offizierskorps. Der Zugang zu diesen Korps war über verschiedene Wege möglich: durch sofortige Beförderung im Feld, über die Militärschulen und durch Transfer aus ausländischen Regimentern, die in französischem Dienst standen. Die Militärschulen, besonders die *École speciale militaire* in Saint Cyr, bildeten 5000 Offiziere aus, während zwischen einem Viertel und einem Fünftel aller napoleonischen Offiziere aus der Beförderung im Feld hervorgingen, besonders nach 1809, als die Verluste schwerer wurden. Obwohl nur wenige Soldaten, die im Feld befördert wurden, über den Rang eines Hauptmanns aufstiegen, waren ihre Chancen weitaus größer als in jeder anderen Armee jener Zeit, und dies verbesserte die Moral ganz erheblich.

Unter Napoleon folgte die Rekrutierung weiter dem Gesetz von Jourdan aus dem Jahr 1798. In der Praxis war die Zahl der tatsächlich Eingezogenen nicht übermäßig hoch – anderthalb Millionen zwischen 1800 und 1815. Das waren weniger als sieben Prozent der Bevölkerung Frankreichs; da aber das Empire sich ständig ausdehnte und auch die annektierten Gebiete der Konskription unterworfen waren, war der Prozentsatz noch niedriger. Die Dienstzeit betrug fünf Jahre; man konnte sich auch loskaufen, aber die ständigen Kriege nach 1805 blockierten Entlassungen. Im Jahr 1804 hatte die Armee in ihren Reihen noch etwa 170 000 Män-

OBEN: *Marschall Louis Nicholas Davout, oft als Napoleons fähigster und treuester Oberbefehlshaber angesehen. Unter den wenigen Marschällen, die zu eigenständigen Entscheidungen fähig waren, wurde er vor allem durch seinen Sieg bei Auerstedt 1806 berühmt.*

UNTEN: *Marschall Joachim Murat, König von Neapel, war mit Caroline Bonaparte verheiratet. Er war ein mitreißender Kavallerieführer; wegen seiner Unbesonnenheit konnte er jedoch nie ein großer Stratege werden. Er wandte sich 1814 gegen seinen Schwager, konnte aber Neapel 1815 nicht zurückerobern.*

OBEN: *Marschall Michel Ney, „der Tapferste aller Tapferen", war im Kampf ein hervorragender Befehlshaber, jedoch mangelte es ihm an strategischem und taktischem Verständnis. Er versagte bei Waterloo und wurde im Dezember 1815 verurteilt und hingerichtet.*

ner, die zwischen 1793 und 1799 angeworben oder eingezogen worden waren und deren Dienstzeit längst abgelaufen war.

Die Moral wurde aufrechterhalten durch positive Motivation, die Möglichkeit der Beförderung und vor allem den zunehmenden Zusammenhalt der Einheiten durch die Entwicklung eines gemeinschaftlichen Stolzes der Regimenter. Zwischen 1806 und 1810 – in den glorreichen Jahren – fiel der Prozentsatz der Desertionen unter drei Prozent. Napoleons Infanterie genoss kaum eine offizielle Ausbildung; es wurde von einem Soldaten erwartet, dass er alles Notwendige auf dem Marsch zu seiner Einheit und von seinen erfahreneren Kameraden lernte. Dieses System funktionierte recht gut, solange entsprechende erfahrene Vorbilder vorhanden waren, aber es verlor nach 1809 an Wirkung und war für Kavallerie und Artillerie nie gut geeignet.

Innerhalb der Grande Armée nahm die Kaisergarde – das *corps d'élite*, 1804 offiziell aufgestellt – einen besonderen Platz ein. Ihr Ursprung ging auf die Guides

Die Uniformen zur Zeit der Napoleonischen Kriege waren kunstvoll gearbeitet, auffällig und teuer, obwohl es Hinweise darauf gibt, dass nach einigen Wochen im Feld die schmucken Uniformen nur noch in den Vorschriften existierten und kein Land in der Lage war, die vorgeschriebenen Kleidungslieferungen auszuführen. Hier ist jedoch ein Leutnant der Chasseurs à Cheval de la Garde *beim Angriff in Paradeuniform zu sehen. Er trägt den für die leichte Reiterei typischen schweren Krummsäbel.*

Die 1804 formierte Kaisergarde war das corps d'élite *der Grande Armée. Sein hervorragendster Bestandteil war die Alte Garde mit den Grenadieren als ranghöchstem Infanterieregiment. Es waren ausgewählte Männer. Um in die Garde aufgenommen zu werden, musste man mindestens 1,67 m groß sein, wenigstens vier Jahre gedient und an mindestens zwei Schlachten teilgenommen haben. Die Garde erfreute sich wichtiger Privilegien: höherer Sold, bessere Kleidung und Rationen und medizinische Versorgung als die übrige Armee. Sie trug im Einsatz Paradeuniform und gehörte zu Napoleons persönlicher Eskorte, aber er betrachtete sie stets als seine letzte Reserve und zögerte ihren Einsatz im Kampf lange hinaus. Dieses Bild zeigt einen Korporal der Grenadiere – ein Rang, der dem des Sergeanten im Linienregiment entsprach – bei der Bewachung von Napoleons Kommandostab.*

zurück, die Bonaparte in Italien und Ägypten begleitet hatten, die Garde des Direktoriums und die Konsulargarde. Anfangs bestand die Kaisergarde aus 5000 Mann Infanterie, 2000 Kavalleristen und 24 Geschützen – insgesamt etwa 8000 Mann –, aber Napoleon fügte ständig neue Einheiten hinzu, erweiterte die Garde auf ein Korps und schließlich auf eine ganze Armee mit eigenen Versorgungsdiensten. Mit vielen Nationalitäten in ihren Reihen – Franzosen, Belgier, Holländer, Polen, Mamelucken und anderen – verkörperte sie Napoleons Ambitionen und war Ausdruck seines Kontinentalreiches. Bis 1805 war ihre Stärke auf über 12 000 Mann angewachsen, und 1812 zählte sie 56 000. Danach wurde ihr Charakter verschwommener, sodass die Zahl von 112 482 Mann im Jahr 1814 nicht mehr die reinen Eliteeinheiten darstellte.

Die Garde setzte sich aus drei ausgeprägten Hauptbestandteilen zusammen. Da waren zum einen die Regimenter der Alten Garde, ausgewählte Altgediente mit Erfahrung aus mindestens vier Dienstjahren und zwei Feldzügen. Der zweite Bestandteil – die Mittlere Garde – war ebenfalls äußerst selektiv und schloss einige gute fremdländische Truppen ein. Die Junge Garde schließlich, die niemals das Niveau oder Prestige der älteren Regimenter erreichte, stellte jährlich die besten Rekruten der Konskriptionsjahrgänge ein.

Napoleon trennte die Kaisergarde von der übrigen Armee. Sie erhielt höheren Sold, bessere Quartiere, Rationen, Ausrüstung und einen eigenen medizinischen Dienst, während jeder einzelne Gardist einen Rang über Gleichrangigen in einem Linienregiment stand. Der Kaiser war vor allem von ihren Kernelementen angetan, besonders den Grenadieren der Alten Garde, genannt *les grognards* – die Haudegen –, und zeigte persönliches Interesse an ihrem Wohlergehen. Aber er zögerte auch, sie im Kampf einzusetzen, und hielt sie lieber als letzte Reserve zurück; der Anblick von tausenden von Grenadieren in ihren hohen Bärenfellmützen – die Garde kämpfte stets in Paradeuniform – beeindruckte die Gegner mit Sicherheit. In einigen großen Schlachten, zum Beispiel Austerlitz und Borodino, wurden die Grenadiere gar nicht eingesetzt, manchmal erst zu spät. Wenn jedoch die Alte Garde vorrückte, hatte die Schlacht ihren Höhepunkt erreicht, und es wurde dann immer angenommen, dass der Sieg gewiss war. Dennoch ist der eigentliche Wert der Garde umstritten. Sie entzog der Linie viele potenzielle junge Führer und erzeugte ein moralisches Problem: Da sie der übrigen Armee stets als Beispiel vorgehalten wurde, musste jeder Fehler im Kampf schwerwiegende Auswirkungen haben.

Bewaffnung der revolutionären und kaiserlichen Armeen

Die vergrößerten Armeen und die fortgesetzten Kriege wären kaum möglich gewesen ohne eine deutliche Steigerung im Ausstoß von Waffen und Munition, Ausrüstungen und Versorgung. Natürlich war der Bedarf an Waffen am kritischsten, wenn auch die Beibehaltung bereits existierender Basismodelle half, das Problem zu mindern. Zu Beginn der Kriege fiel die französische Waffenherstellung 1792–93 auf nur 42 000 Musketen, wuchs jedoch in den folgenden Jahren beträchtlich an. Der Wohlfahrtsausschuss richtete zusätzliche Betriebsstätten ein, und für kurze Zeit stellte man Waffen in „nationalen Werkstätten“ in Paris und anderswo her. Massenproduktion wurde erreicht, indem so viele Arbeiter wie nur möglich beschäftigt wurden; während Maschinen zwar verwendet wurden, um Kanonenteile zu bohren und Metallteile zu schleifen, mussten Passarbeiten und Montage von Hand erfolgen. Als ab 1795 zusätzliche Waffenfabriken produzierten, waren die

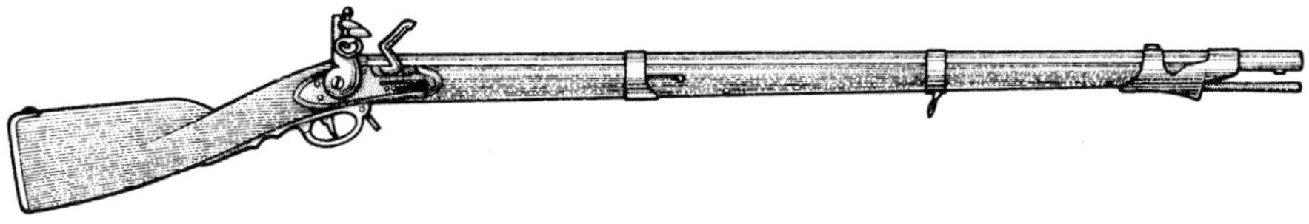

Muskete, französisches Modell 1777

Die Muskete des französischen Modells 1777 mit verstärktem Hahn, Messingpfanne und Laufbändern wurde während der Revolution nur leicht verändert und blieb während der Napoleonischen Kriege die Standardwaffe. Sie wurde in vielen Varianten mit unterschiedlichen Lauflängen an Kavallerieeinheiten ausgegeben; alle hatten aber das Schloss und das Standardkaliber von 0.69 englischen Zoll gemein.

meisten französischen Armeen ausreichend mit Musketen versorgt. Außerdem wurden weithin erbeutete Waffen eingesetzt, da fast alle europäischen Musketen die gleichen Kugelkaliber aufnahmen und die Kugeln außerdem meist nur lose passten, da Verschmutzung durch Pulver einkalkuliert wurde.

Unter dem Konsulat und im Kaiserreich waren Handfeuerwaffen erneut Mangelware und Bonaparte beschleunigte die Produktion. Ohne die Satellitenstaaten stellte das Reich schließlich insgesamt 3 926 257 Handfeuerwaffen her, aber die Produktion konnte dennoch nicht mit dem Bedarf Schritt halten. Bis 1803 betrug der Jahresausstoß 125 000 Waffen. Hannover lieferte im Jahr 1804 40 000 Musketen, kleinere Stückzahlen wurden in Turin und im bayerischen Arsenal in Amberg produziert. Viele Waffen gingen im Kampf verloren; selbst ein Sieg wie Austerlitz kostete 12 000 Musketen. Eroberte österreichische und preußische Arsenale halfen, den Mangel zu beenden, doch ab 1808 schluckte Spanien ständig Waffen. Der Feldzug von 1812 hatte eine fast kritische Lage zur Folge, die nur durch ausländische Waffen verbessert werden konnte, erbeutet oder zur Verfügung gestellt von deutschen Verbündeten.

Mit der Artillerie stand es ähnlich. Im Jahr 1793 schätzte Gaspard Monge, der ausgezeichnete Mathematiker und Wissenschaftler, der für Artilleriebeschaffung zuständig war, dass Frankreich 6000 Stücke zu wenig in seinem Artilleriepark hatte. Um die Produktion zu beschleunigen, erfand er eine vereinfachte Gussmethode, errichtete Schmelzöfen in umgenutzten Kirchen und bildete zusätzliche Arbeitskräfte aus. Kupfer für die Bronzerohre wurde durch Requisition von Kirchenglocken und durch inoffiziellen Handel mit dem Feind gewonnen. Die Produktion erweiterte sich während des Konsulats und des Kaiserreiches, und siebzehn neue Gießereien warfen eine erstaunliche Menge aus, doch das Angebot konnte nie die Nachfrage decken, obgleich viel erbeutetes Material dienstbar gemacht wurde. Obwohl die österreichischen Geschütze von ihren französischen Gegenstücken übertroffen wurden, war Napoleon doch beeindruckt und setzte sie in großem Umfang ein. Bei Wagram war etwa ein Drittel seines Artillerieparks österreichischen Urprungs, während leichte preußische Kanonen in großem Umfang in Spanien eingesetzt wurden.

Schließlich war da noch die Treibladung, Schwarzpulver, das in immer größeren Mengen benötigt wurde. Die Musketen waren sehr ungenau und unzuverlässig, und der Munitionsverbrauch war riesig, vielleicht eine halbe Million Schuss pro Schlacht. Doch, wie ein amerikanischer Beobachter anmerkt, in Anbetracht der abgefeuerten Schüsse „übersteigt die geringe Todeswirkung der Musketen fast unsere Vorstellung.“ Fehlende Ausbildung gepaart mit dem dicken Qualm, der durch das Schwarzpulver hervorgerufen wurde, nachlässige Ladung und verschiedene Fehlfunktionen verminderten die Auswirkungen des Infanteriefeuers. Die Artillerie benötigte natürlich immense Mengen an Treibladung, gewöhnlich ein Drittel des Gewichtes der Kugel, die vom jeweiligen Geschütz abgefeuert wurde.

Zwölfpfünderkanone von Gribeauval

Napoleons bevorzugtes Feldgeschütz mit einem Gewicht von 1200 Pfund. Es war relativ beweglich, hatte zwei Zapfenstellungen – nach vorn zum Feuern, nach hinten, der besseren Balance wegen, für die Fortbewegung. Die Gribeauvalsche Artillerie hatte eine Richtschraubenmechanik und kalibrierte rückwärtige Zielaufsätze, was als wichtigste Neuerung in der Konstruktion von Geschützen während der letzten zweihundert Jahre der Feuerwaffen mit glattem Rohr angesehen wurde.

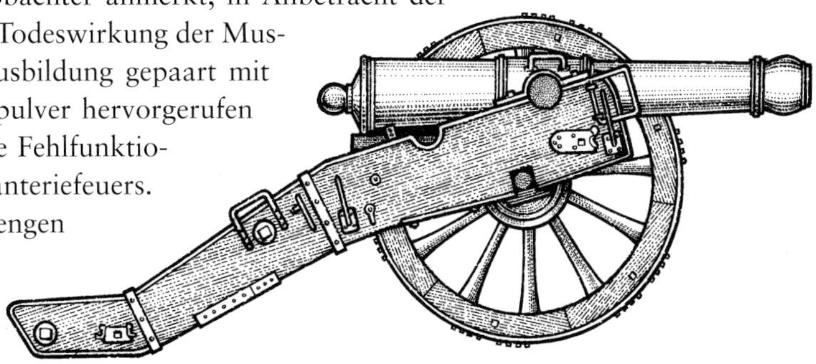

Großbritannien erhöhte die Waffenproduktion noch deutlicher. Im Jahr 1793 waren abgesehen von den ausgegebenen Waffen nur 60 000 Musketen in Reserve, und die Regierung musste die umfangreichen Lager der Ostindien-Kompanie nutzen. Eine geringe Verbesserung trat 1804 ein, als das Board of Ordnance (Waffenamt) seine eigenen Montagefabriken errichtete, und nach 1808 kam die Waffenproduktion richtig in Gang. Es war in jenem Jahr schwierig gewesen, 200 000 Handfeuerwaffen für die Iberische Halbinsel aufzutreiben, aber bis 1813 rüstete Großbritannien seine eigenen Streitkräfte aus und lieferte darüber hinaus noch über eine Million Musketen an seine vielen Verbündeten.

Kaiser Franz I. von Österreich – ein Titel, den er annahm, um die Heilige Römische Kaiserschaft zu ersetzen. Seine lange Regierungszeit von 1792 bis 1835 war gekennzeichnet von fast ununterbrochenen Kriegen gegen Frankreich, während derer er die militärischen Angelegenheiten oft seinem jüngeren Bruder, dem Erzherzog Karl, überließ, obwohl er ihm nie ganz traute und das Verhältnis zwischen den Brüdern gespannt war.

Erneuter Krieg: die Dritte Koalition

Der Friede war von kurzer Dauer. Während Napoleon zu Hause seine Macht festigte, 1802 Konsul auf Lebenszeit wurde und sich am 2. Dezember 1804 zum Kaiser der Franzosen krönte, brüskierten und bedrohten seine Auslandsaktivitäten Europa. Der unsichere Frieden mit England brach im Frühjahr 1803 zusammen. Die Royal Navy errichtete eine Blockade vor der französischen Küste, während Napoleon seine Vorbereitungen für eine Invasion Englands fortsetzte. In Deutschland besetzte Napoleon Hannover im Norden und machte Bayern und Württemberg zu Vasallenstaaten. Er erweiterte seine Herrschaft in Italien, als sich die Cisalpine Republik 1805 als Königreich von Italien konstituierte, das von einem Vizekönig – seinem Stiefsohn Eugène de Beauharnais – regiert wurde. Selbst Russland, das von dem schwankenden Zaren Alexander I. regiert wurde, der eine gütliche Einigung mit Napoleon befürwortet hatte, wandte sich nach der Entführung und Hinrichtung des Duc d'Enghien im Jahr 1804 gegen ihn. Wohl trugen britische Diplomatie und britisches Gold dazu bei, die Dritte Koalition zu schmieden, doch gaben Napoleons Handlungen den wesentlichen Anstoß dazu.

Wie immer sollte Österreich den Hauptteil der Landstreitkräfte zur Verfügung stellen, aber in Wien stand man dem mit gemischten Gefühlen gegenüber. Kaiser Franz I., der die Kaiserwürde nach dem Ende des Heiligen Römischen Reiches angenommen hatte, und Erzherzog Karl, der gerade versuchte, die österreichische Armee zu reformieren, waren gegen den Krieg. Dies änderte sich, als Napoleon die italienische Krone annahm. Österreich konnte diese Herausforderung nicht ignorieren und trat am 9. August 1805 der Koalition bei, in seinem Beschluss bestärkt durch Versprechungen gewaltiger britischer Subventionen und Unterstützung durch russische Armeen. Schweden und Neapel schlossen sich ebenfalls an, während Preußen seinen Beitritt in Aussicht stellte.

Napoleons Pläne, die britische Flotte aus dem Ärmelkanal zu locken, waren gescheitert, und damit auch seine Pläne, England zu besetzen. Auf jeden Fall stellte die österreichische Mobilmachung entlang der bayerischen Grenze und in Venezien eine Bedrohung dar. Wenngleich das Scheitern des Seeplanes noch nicht fest stand, beschloss Napoleon, gegen Österreich zu marschieren, bevor die Russen ankamen. Am 27. August 1805 verließ die Grande Armée ihre Quartiere, um für zwei Jahre fast ohne Unterbrechung ins Feld zu ziehen.

Erzherzog Karl war für Wellington der fähigste aller Generäle, die gegen Napoleon kämpften. Von Hause aus ein Soldat des achtzehnten Jahrhunderts, errang er 1796 den Sieg in Deutschland und schlug Napoleon 1809 bei Aspern-Essling.

KAPITEL DREI

Die Jahre des Sieges 1805–1807

Ein Oberst der Grenadiers à Cheval der Kaisergarde gibt Befehl zum Vormarsch. Diese gut ausgebildeten Elitesoldaten kämpften in den meisten wichtigen Schlachten und ließen bis zum Ende bei Waterloo nicht in ihrer Leistung nach. Kräftige Männer auf großen schwarzen Pferden, ihre Körpergröße noch verstärkt durch die hohen Bärenfellmützen, neigten sie dazu, auf andere Soldaten herabzusehen – eine Haltung, die ihnen den Spitznamen „die Götter“ einbrachte.

DIE JAHRE DES SIEGES

Die Koalitionsstrategie sah eine Offensive von der Ostsee bis zur Adria vor. Im Norden sollte eine russisch-schwedische Streitmacht aus Schwedisch-Pommern nach Westen angreifen. Zu ihrer Linken sollten 40 000 Russen unter General Bennigsen die preußische Armee unterstützen, die sich auf Hannover und Holland zu bewegte. Eine österreichische Armee mit 89 000 Mann, offiziell von Erzherzog Ferdinand kommandiert, sollte nach Bayern einmarschieren und dort auf eine russische Armee von 55 000 Mann unter General Kutusow warten, die am 20. Oktober in Ostbayern eintreffen würde, gefolgt von General Buxhöwdens Armee in Böhmen. Schließlich sollten multinationale Kräfte in Süditalien Ablenkungsoperationen durchführen.

Österreich sah die Rückeroberung der Lombardei als wichtigstes Ziel an. Daher wurde die größte österreichische Armee, etwa 100 000 Mann unter Erzherzog Karl, dorthin beordert. Erzherzog Johann, der mit 22 000 Mann Tirol hielt, sollte als Bindeglied zwischen Ferdinand und Karl dienen, und man setzte große Hoffnungen auf die versprochene strategische Ablenkung. Kurz gesagt fehlte den Plänen der Verbündeten, insbesondere der Österreicher, die entscheidende Konzentration an einem Hauptschauplatz. Getrennte Armeen an verschiedenen Schauplätzen sollten parallele Feldzüge durchführen.

Überdies zog der König von Preußen es vor, Hannover als Unterpfand zu betrachten, statt einen Krieg zu riskieren. Inzwischen gab es Unstimmigkeiten auf der obersten Befehlsebene der Österreicher. General Mack, der Liebling der Ministerialverwaltung und Befehlshaber an der Donau, drängte auf baldigen Einmarsch nach Bayern. Ein Schritt, dem sich Karl entgegen stellte; er war zwar bereit, in Italien vorzustoßen, meinte jedoch, die Kräfte in Deutschland sollten das Eintreffen der Russen abwarten. Anfangs stimmte Kaiser Franz dem Vorschlag Karls zu, ließ sich dann aber dazu verleiten, Mack zu unterstützen, der mit Gewissheit berechnet haben wollte, dass Napoleon nicht vor Ablauf von neunundsechzig Tagen mit ausreichender Gefechtsstärke in Bayern eintreffen konnte, während die Russen fünf Tage eher ankommen würden. Es war eine tödliche Fehlkalkulation.

NAPOLEONS GEGNER: DIE ARMEE DER HABSBURGER

Die österreichische Armee, die größte Landstreitmacht in ununterbrochenem Einsatz gegen die Französische Revolution und Napoleon, war eine typische dynastische Organisation des achtzehnten Jahrhunderts geblieben. Erzkonservative Herrscher und die multinationalen Institutionen des Habsburger Reiches verhinderten radikale Veränderungen. Doch trotz wiederholter Niederlagen gelang es dieser veralteten Organisation immer wieder, auf die Beine zu kommen und weiterzukämpfen.

Die Armee war das Produkt von Reformen nach dem Siebenjährigen Krieg, als ihre Gefechtsmethoden nach preußischem Vorbild umgestaltet wurden. 1792 betrug ihre offizielle Stärke etwa 430 000 Mann, 57 Regimenter Linieninfanterie, 17 Grenzerregimenter (Bauernsoldaten von der südöstlichen Grenze), 32 berittene Regimenter und 3 Regimenter Feldartillerie. Da aber die Finanzen sich in ständiger Unordnung befanden, lag die tatsächliche Stärke der Armee unter der Sollstärke. Höchstes Befehlsorgan war der Hofkriegsrat in Wien, eine militärisch-zivile

Körperschaft, die alle Angelegenheiten hochgradig bürokratisierte. Das Offizierskorps bestand aus Aristokraten und war international besetzt; die höchsten Stellen waren für Mitglieder der Dynastie und der großen Adelsfamilien reserviert. In den unteren Rängen zählten verwandtschaftliche Beziehungen und Geburt wenig, und die Offiziere kamen aus dem niederen Adel, ja sogar aus dem Bürgertum. Beförderungen waren möglich, wenngleich selten; General Mack, der als perfekter Soldat galt, war eine solche Ausnahme.

Umseitig: Soldaten der Napoleonischen Kriege

Die Soldaten, Rekruten oder auch Freiwillige, gehörten den unteren Klassen an. Die verhasste Wehrpflicht war auf die Erbländer Österreich, Böhmen und Mähren beschränkt; in Ungarn, Tirol, Galizien und im österreichischen Italien – entweder privilegiert oder für unzuverlässig befunden – gab es keine Wehrpflicht. Wenn möglich, warben die Regimenter Freiwillige in den kleineren deutschen Staaten, in Ungarn oder Tirol. Außer für Ausländer war der Dienst auf Lebenszeit bestimmt, und kompetente Subalterne und Unteroffiziere brachten höchst disziplinierte Soldaten hervor.

Die Unzulänglichkeiten waren in früheren Feldzügen klar hervorgetreten. Der Armee fehlten Divisionen und Korps; ihre höheren Verbände waren zeitlich begrenzte Gruppierungen, und das Fehlen von ständigem Personal trug zu diesen Problemen bei. Die Befehlshaber waren kompetent, aber ihre Erfahrung und ihre Ansichten waren veraltet. Sie blieben weiterhin an ihre Nachschublinien gebunden und maßen linearen Taktiken, die von bestens gedrillten Regimentern ausgeführt wurden, übermäßigen Wert bei. Die österreichische Kavallerie galt als eine der besten der Welt. Pferde und Reiter waren ausgezeichnet, aber die Kavallerie war nicht für den Kampf in großen Verbänden ausgebildet worden. Gleiches galt für die Artillerie: Gut ausgerüstet, gut ausgebildet, zahlenmäßig stark, aber ohne Struktur oder theoretische Grundlagen für konzentriertes Feuer.

Wenngleich Österreich zwei Kriege gegen die Franzosen verloren hatte, waren die Niederlagen nicht endgültig gewesen, und wo es verlorene Schlachten gab, gab es auch Siege. Wien war nicht bereit, die Notwendigkeit einer Systemveränderung einzusehen, obgleich der Kaiser gewillt war, einige gemäßigte Reformen zu versuchen. Im Jahr 1801 wurde Erzherzog Karl, der Sieger von 1796, zum Präsidenten des Hofkriegsrates ernannt, verwandte aber zu große Anstrengungen auf Veränderungen in der Verwaltung und zu wenige auf die Erhöhung der Kampfeffektivität. Er schuf eine feste Stabsorganisation, den Quartiermeister-Generalstab, verkürzte den Wehrdienst auf zehn bis vierzehn Jahre, konnte aber Ungarn nicht zur Annahme der Wehrpflicht bewegen. Eigenartigerweise schwand sein Einfluss, als nach 1803 der Krieg immer wahrscheinlicher wurde, zu Gunsten der Kriegsfaktion ziviler Minister mit Mack als ihrem Hauptmilitärsprecher. 1805 schwächte der Kaiser Karls Einfluss und ernannte Mack zum Chef des Quartiermeister-Generalstabs und de facto zum Oberbefehlshaber der Armee in Deutschland. Während Mack alles in Bewegung setzte, um in letzter Minute organisatorische Veränderungen votzunehmen, fand Karl seine Armee unterbesetzt und schlecht ausgerüstet vor und beschloss, keine Offensive in Italien zu riskieren. Damals wie später fehlte es ihm an entschlossenem Siegerwillen, und er zögerte, das Schicksal der Armee, des Garanten der Dynastie, in einer Schlacht aufs Spiel zu setzen.

Die Österreicher besetzten Bayern am 9. September; die bayerische Armee, etwa 22 000 Mann stark, wich nach Norden aus und vereinigte sich schließlich mit den Franzosen. Eilige Mobilmachung und ein schneller Vorstoß nach Westen über München hinaus nach Ulm an der Iller reduzierten Macks effektive Streitkraft auf etwa 50 000 – kaum eine Zahl, die Napoleon beeindrucken konnte.

Infanterist. Husar. Kürassier. Artill.-Offizier.
Oesterreich-Ungarn. 1800.
Infant.-Unteroffiz. Reit. Artill. Kürassier.
Kurpfalz-Bayern. 1802.
Artillerist. Reiter. Infanterist.
Württemberg. 1802.
Linien-Infant. Leichte Infanterie. Kürassier. Jäger z. Pf. Husar. Artillerist. Offiz. d. Garde-Grenad.
Frankreich. 1808.
Ehrengarde. Linien-Inf. Leichte Inf
Italien unter Eugen Napoleon.
R. Knötel
Inf.-Offizier. Infanterist. Kürassier. Kosak.
Russland. 1812.
Husar. Musketier. Landwehr. Jäger.
Preussen. 1813.
Artill. Infanterist. Ulan. Chevauleger.
Oesterreich-Ungarn. 1813.
Leibgarde
Schwede

er-Trommler. Garde du Corps.
Baden. 1802.
Musketier. Grenad.-Offiz. Chevauleger.
Kursachsen. 1806.
Artillerist. Füsilier. Dragoner. Musketier. Grenadier. Kürassier-Offiz. Husar.
Preussen. 1806.
sier. 1809. Linien-Inf.
nd unter Louis Napoleon.
Linien-Inf. 1812. Garde du Corps.
Westfalen unt. Jérôme Napol.
Garde-Husar. 1812. Linien-Inf.
Neapel unt. Joachim Napoleon.
Inf.-Offiz. 1812. Lancier.
Spanien unter Joseph Napol.
Grenadier. Dragoner.
Dänemark. 1812.
rilla. Linien-Infant.
ien (Nationalheer). 1813.
Reit. Artill. Linien-Infanterist. Dragoner. Leichter Dragoner.
England. 1815.
Grenadier.
Nassau. 1815.
Linien-Infant.
Niederl. 1815.
Husaren-Offizier.
Braunschw. 1815.

1 Am 2. September: Der österreichische General Mack dringt nach Bayern ein und rückt mit seiner Armee entlang der Donau nach Ulm vor, da er russische Unterstützung erwartet.

2 23. September: Napoleon befiehlt seinen Korps, über den Rhein zu setzen und in weitem Bogen zu einem Punkt östlich von Ulm zu schwenken, um Mack von der erwarteten russischen Unterstützung abzuschneiden. Inzwischen dringt französische Kavallerie durch den Schwarzwald vor, um Mack abzulenken.

3 Ende September: Eine österreichische Streitmacht unter Erzherzog Johann konzentriert sich rund um Innsbruck. Eine große österreichische Armee unter Erzherzog Karl sammelt sich entlang des Flusses Adige, um ins Königreich Italien einzudringen.

4 20. Oktober: Als er eingeschlossen ist und eine russische Armee unter Kutusow an der österreichisch-bayerischen Grenze aufgehalten wird, ergibt sich Mack mit seiner 23 500 Mann starken Armee.

5 Die österreichische Niederlage an der Donau hat zur Folge, dass sowohl Erzherzog Johann seine Truppen aus Tirol als auch Erzherzog Karl die seinen aus Nordostitalien in östliche Richtung nach Innsbruck verlegen. Sie beabsichtigen, ihre Kräfte zu vereinen, um Wien zu verteidigen, werden jedoch durch Napoleons blitzartigen Vormarsch daran gehindert.

6 20. Oktober bis 13. November: Napoleon rückt entlang der Donau nach Osten vor und treibt Kutusow vor sich her. Es gelingt Kutusow, ein kleines französisches Korps zu schlagen; dann marschiert er in Richtung Norden nach Mähren, um sich mit Buxhöwdens nachfolgender Armee zu vereinigen. Napoleon rückt am 13. November in Wien ein, lässt Garnisonen an seiner Verbindungslinie zurück und wendet sich nach Norden, um die österreichisch-russischen Kräfte nach Mähren zu verfolgen.

Feldzug von 1805

Dies war Napoleons ruhmvollster Feldzug. Die Karte zeigt die Bewegungen der Grande Armée mit dem Ziel, die Österreicher bei Ulm zu isolieren, sowie die darauf folgende Bewegung nach Wien und dann nördlich nach Austerlitz. Im Süden ist zu erkennen, wie die Italienarmee Erzherzog Karls starke Streitmacht nach Ungarn hineintreibt.

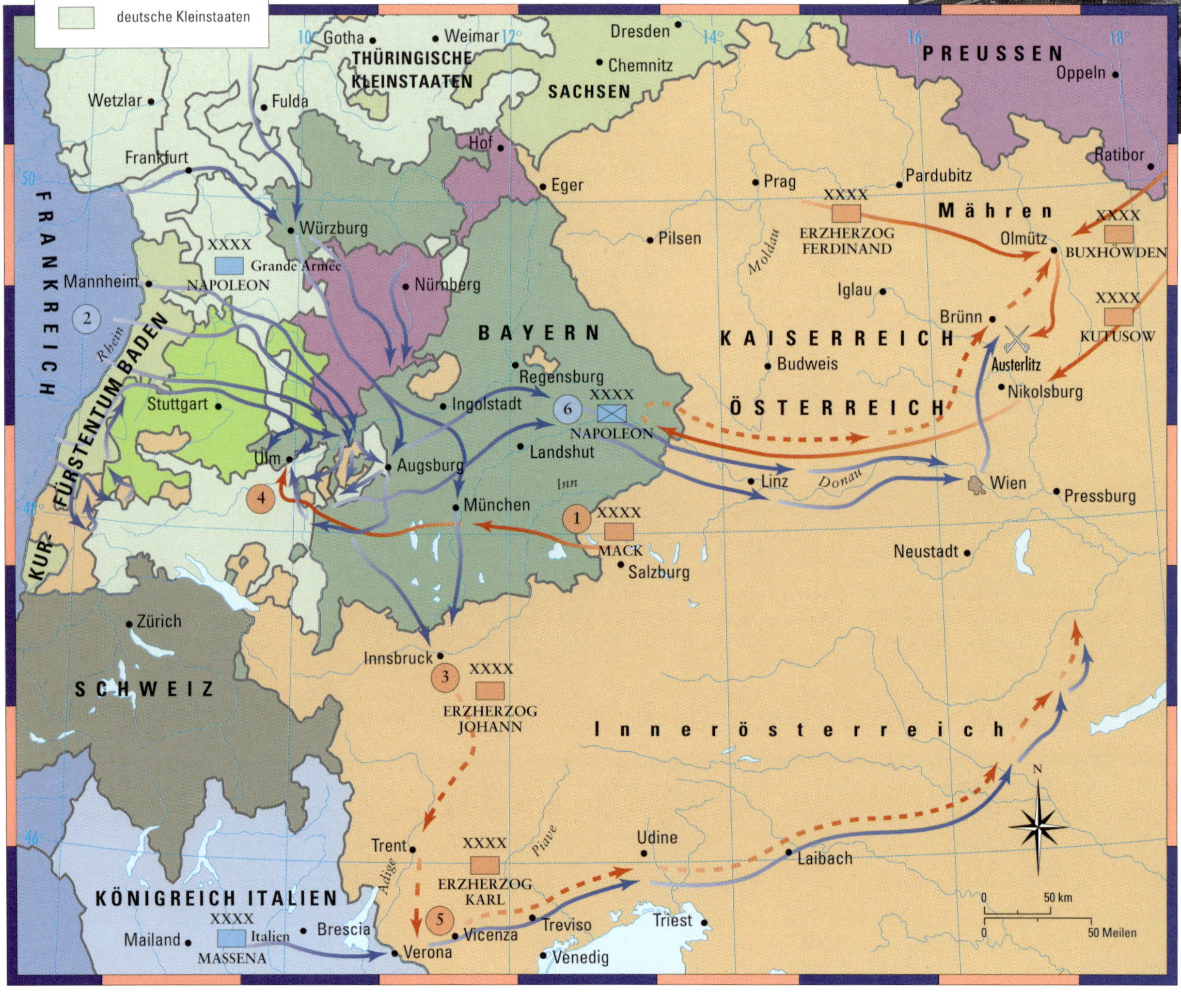

Das Manöver zu Ulm

Am 26. August gab Napoleon seine Befehle aus. Er setzte insgesamt sieben Korps, die Kavalleriereserve und die Kaisergarde mit einer Gesamtzahl von 200 000 Mann für den Feldzug in Deutschland ein. Sein Basisplan bestand darin, seine Kräfte am Mittelrhein und unteren Main zu versammeln. Von hier aus würde er nach Schwaben vorstoßen, sich mit den Kräften seiner süddeutschen Verbündeten vereinigen und hinter die österreichische Truppenansammlung einschwenken, die er zwischen Iller und Lech vermutete; damit könnte er seine Armee zwischen den Österreichern und den anrückenden Russen positionieren, um beide nacheinander zu vernichten.

Die Bewegung einer derart großen Armee war bisher beispiellos gewesen. Die Korps marschierten auf festgelegten Straßen und erreichten die Startlinie nach Überquerung des Rheins zwischen dem 27. September und 2. Oktober. Ihre Konzentration und Marschrichtung wurden durch sechs berittene Divisionen Murats abgeschirmt, die zusammen mit Lannes V. Korps Mack zu der Überzeugung brachten, die Franzosen würden die traditionelle Einfallsroute durch den Schwarzwald wählen. Nachdem er Ferdinand eröffnet hatte, dass eigentlich er die Befehlsgewalt innehabe, begann Mack, seine Kräfte am 6. Oktober um Ulm herum am Zusammenfluss von Donau und Lech zusammenzuziehen. Am selben Tag überquerten die Franzosen die Donau weiter östlich, fegten schwachen Widerstand beiseite und schnitten die Österreicher von den Russen ab. Als sich die Umklammerung schloss, versuchte Mack, nach Böhmen auszubrechen, aber da es ihm an Entschlossenheit fehlte, versäumte er es, am 11. Oktober einen leichten Vorteil am Nordufer des Flusses auszunutzen. Während der nächsten Tage floh eine kleine Abteilung nach Osten und eine andere nach Süden, aber beide wurden eingeholt und ausgelöscht.

Im Oktober 1805 hatte die Grande Armée die österreichische Armee in Deutschland bei Ulm eingeschlossen. Am 20. Oktober ergab sich der „glücklose Mack“ mit seiner Armee. Auf diesem idealisierten Bild befinden sich Napoleon und sein Stab einschließlich des Mamelucken Rustan und der Grenadiere der Alten Garde auf dem Michelsberg, um Mack und seinen Stab zu empfangen, während am Fuße des Berges österreichische Soldaten in die Gefangenschaft geführt werden.

Eine bayerische Division unter dem Kommando von General Deroy, die sich im Oktober in die Grande Armée eingliederte, unterstützte Neys Korps bei der Eroberung Tirols. Dieses Bild zeigt die erfolgreiche Aktion der Bayern am 1. November 1805, als der Bodenmühlpass eingenommen wurde. Im Vordergrund greifen bayerische Chevaux Légers (Leichte Reiterei) und Infanterie österreichische Artilleristen an, die zu entkommen versuchen.

Der letzte Ausbruch kam am 14. Oktober: Erzherzog Ferdinand und 12 berittene Schwadronen verließen die zum Untergang verdammte Festung in Richtung Böhmen. Vom nächsten Tag an war Mack völlig eingeschlossen, und die Russen standen noch immer 180 Kilometer entfernt im Osten. Am 20. Oktober kapitulierte er mit den Resten seiner Armee, etwa 23 500 Mann. Das Manöver von Ulm vom 25. September bis 20. Oktober war ein klassisches Beispiel eines napoleonischen Schlages gegen die rückwärtige Front des Gegners – eine Wiederholung des Marsches auf Piacenza 1796, nur in viel größerem Ausmaß. Im Zeitraum von vier Wochen hatte eine Serie gut koordinierter, harter Märsche den schnellen und vollständigen Sieg erbracht. Soldaten bemerkten dazu: „der Kaiser führt nicht mit unseren Armen Krieg, sondern mit unseren Beinen.“ In diesem Feldzug erreichte Napoleon sein Hauptziel – die Vernichtung der Feindarmee – ohne eine größere Schlacht.

Der Krieg in Italien

In Italien war Massena befohlen worden, in der Defensive zu bleiben, während der Erzherzog beschlossen hatte, dasselbe zu tun. Karl überschätzte Massenas Kräfte gewaltig und war überzeugt davon, dass er nach der erwarteten Katastrophe in Deutschland die oberste Pflicht hatte, eine Armee zu bewahren, die sich leicht als die letzte Feldstreitmacht der Habsburger erweisen konnte. Beide Seiten vereinbarten einen Waffenstillstand bis zum 11. Oktober, mit sechs Tagen Aufkündigungsfrist. Als er erfahren hatte, dass die Grande Armée an ihrer Rhein-Main-Startlinie angekommen war, entschloss sich Massena zum Angriff und konnte am 18. Oktober den Fluss Adige überqueren. Doch Karl hatte sich bereits um einige Kilometer nach Osten nach Caldiero zurückgezogen, wo er hoffte, Massena genügend Schaden zufügen zu können, um ihn von der Verfolgung seines Rückzuges nach Norden abzuhalten. Drei Tage lang, vom 29. bis zum 31. Oktober, griffen die Franzosen die zahlenmäßig leicht überlegenen Österreicher in ihren Schützengräben an. Am dritten Tag, nachdem beide Seiten schwere Verluste erlitten hatten, zog sich Karl zurück und wurde von Massena in die Julischen Alpen verfolgt.

Der Marsch auf Wien

Nachdem er mit dem glücklosen General Mack fertig war, wandte sich Napoleon gegen Kutusow, der etwa 27 000 Soldaten – nur die Hälfte der versprochenen Anzahl – am Inn versammelt hatte, wo 16 000 Österreicher zu ihm stießen. Obwohl Kaiser Franz ihn drängte, Wien zu verteidigen, zog sich Kutusow, der sich unbedingt mit Buxhöwden in Mähren vereinen wollte, am rechten Donauufer entlang nach Osten zurück und setzte am 9. November bei Mautern zum linken Ufer über, wo er zwei Tage später Marschall Mortiers eilig formiertem, nur 7500 Mann starken VIII. Korps, schwere Schläge zufügte. Napoleon verlagerte Bernadottes Korps zu Mortiers Unterstützung auf das andere Ufer der Donau, während der größere Teil der französischen Armee sich unter der Führung von Murats Kavallerie weiter auf Wien zu bewegte.

Die Österreicher machten keine Anstalten, ihre Hauptstadt zu verteidigen oder den Eroberern ihre Vorratslager vorzuenthalten. Man verwendete viel Sorgfalt darauf, die Archive zu räumen, aber Zehntausende von Musketen, Hunderte von Kanonen sowie Munition und Depots wurden zurückgelassen. Am 12. November rückten Teile von Lannes' Korps und Murats Kavallerie nach Wien ein, und am nächsten Tag eroberten die beiden Marschälle die Hauptbrücke über die Donau, ohne einen Schuss abzufeuern, indem sie den anwesenden höheren Offizier davon überzeugten, dass ein Waffenstillstand in Kraft getreten sei. Die nicht erfolgte Ver-

Die französische Vorhut marschiert am Nordufer der Donau entlang gegen Wien. Über der Straße erheben sich die imposanten Bauten der Abtei von Klosterneuburg.

teidigung der Brücke zeigte den Mangel an Willen und Intellekt, der 1805 auf der höheren österreichischen Befehlsebene vorherrschte.

Kutusow jedoch erkannte die Gefahr, die von der Hauptstreitmacht der Franzosen auf der anderen Seite der Donau ausging, und beschleunigte seine Bewegung nach Norden in Richtung Brünn, wobei er Fürst Bagration mit 8000 Mann als Rückendeckung in Schöngrabern postierte. Am 15. November verleitete Bagration seinerseits Murat zu Haltemanövern, und als er am nächsten Tag angegriffen wurde, verschaffte er Kutusow durch seinen hartnäckigen Widerstand Zeit, sich drei Tage später nahe Olmütz mit Buxhöwden zu vereinigen. Die vereinigten Armeen zählten nun 71 000 Mann, und als 15 000 Österreicher hinzukamen, verfügten die Verbündeten über 86 000 Kämpfer. Zu diesem Zeitpunkt übernahm Zar Alexander, der sich selbst als General sah, persönlich das Kommando.

Zar Alexander, seit 1801 Nachfolger seines Vaters Paul I., verhielt sich zunächst neutral, trat dann jedoch der Dritten Koalition bei und war bei Austerlitz zugegen. Mitte 1807 auf dem Tilsiter Treffen änderte er seine Außenpolitik und verbündete sich mit Napoleon. Doch nach 1809 verschlechterten sich die Beziehungen rasch. Als Russland sich weigerte, weiterhin an der Kontinentalsperre teilzunehmen, fiel Napoleon 1812 in das Land ein.

Die russische Armee und der Weg nach Austerlitz

Der Halt bei Schöngrabern zeigte deutlich einen der wichtigsten Vorzüge der russischen Armee, nämlich die unerschütterliche Tapferkeit ihrer eingezogenen leibeigenen Soldaten. Die Russen waren furchtlos beim Angriff und womöglich noch besser in der Verteidigung. Auf Lebenszeit eingezogen, durften die Soldaten heiraten; ihre Kinder wurden schon in jungen Jahren eingezogen, gedrillt und unterwiesen. Die Disziplin war brutal und Religion eine mächtige motivierende Kraft, die die Soldaten inspirierte, wenn sie in den Kampf gingen – ob gegen Ungläubige, Moslems, Ketzer oder Atheisten.

Das Offizierskorps hatte ernsthafte Mängel. Grundsätzlich setzte es sich aus den russischen Oberschichten, Hochadel, und niederem Adel, zusammen, enthielt aber auch ausländische Elemente. Die überwiegende Mehrheit der Regimentsoffiziere kam aus dem niederen Adel und begann ihre Laufbahn als Offizier ohne Patent. Wenig gebildet, oft kaum des Lesens und Schreibens kundig, verbrachten sie normalerweise ihr Leben als unbedeutende Infanterie- oder Artillerieoffiziere. Sie waren zäh und loyal, doch ebenso nachlässig und unfähig, eigene Entscheidungen zu treffen. Der Hochadel trat über eine Anzahl von Kadettenschulen in die Armee ein und erhielt Posten in der Garde oder in berittenen Eliteregimentern. Als Gruppe waren sie kultiviert, jedoch nicht gebildet, und es fehlte ihnen an Kompetenz für Verwaltungs- und Stabsaufgaben. Dennoch gelang es ihnen häufig, Zugang zu den höheren Hauptquartieren zu erlangen. Napoleon soll einmal gesagt haben, ein einfacher französischer Soldat nähme mehr Anteil an Planung und Verlauf einer Schlacht, als höhere russische Offiziere. Bezogen auf Suworow oder Kutusow war dies natürlich eine ungerechtfertigte Verunglimpfung, aber es passte auf viele junge Aristokraten, die das Gefolge des Zaren bevölkerten. Unter diesen Umständen fielen Verwaltungs- und Stabsarbeiten oft Offizieren ausländischer Herkunft zu, denen viel Unwille entgegenschlug, oder sogar ausländischen Staatsangehörigen. Österreichische Stabsoffiziere wurden den russischen Einsatzarmeen zugeordnet, oft als Stabschefs der Armeekommandeure. Bei Austerlitz diente General Weyrother, ein Österreicher, Kutusow als Stabschef.

Russland hatte Schwierigkeiten, seine Mannschaftspotenziale zu mobilisieren und Streitkräfte über seine Grenzen hinaus zu schicken. Den Armeen, die den Österreichern und Briten zu Hilfe geschickt wurden, fehlte es an Ausrüstung und logistischer Unterstützung. Die Armee war in zwölf territoriale Distrikte oder Inspektionen gegliedert – neun in Europa, drei in Asien – und teilte sich in drei Hauptbestandteile: die Garde, die Linienregimenter und die Kosaken. Es gab keine höheren taktischen Verbände; die Einheiten wurden nach Regiment, Schwadron oder Batterie den Feldkommandeuren zugeteilt. Die Russen waren der Grande Armée in Bezug auf Gefechtsverbände in Korpsstärke und die zugehörige Feldherrenkunst, Befehlsführung, Kontrolle, Koordination, Aufklärung und taktische Flexibilität weit unterlegen.

Marschall Kutusow war ein fähiger und gewiefter Stratege und wurde als Führer im Kampf bewundert. 1805 zu spät gekommen, um die Österreicher bei Ulm zu retten, konnte er sich nach Mähren zurückziehen, wo er unter Druck die Schlacht von Austerlitz ausfocht. 1812 kommandierte er die russischen Kräfte bei Borodino, schaffte es, seine geschlagene Armee aufrechtzuerhalten und sicherte dadurch schließlich die Vernichtung der Invasoren.

Die Schlacht bei Austerlitz

Ende November sah sich Napoleon, dessen Hauptverband 97 Kilometer nördlich von Wien bei Brünn stand, mit ernsthaften Problemen konfrontiert. Nachdem er Truppen abgestellt hatte, um Flanken und Rückfront seines weiten Vormarsches entlang der Donau bis nach Mähren hinein zu decken, betrug seine Gefechtsstärke nur noch 70 000 Mann, die sich einem bei weitem stärkeren Gegner gegenübersahen, der drauf und dran schien, außer Reichweite zu gelangen. Im Süden, nur vierzehn Marschtage entfernt, versammelte Erzherzog Karl eine Armee von 85 000 Mann, und es gab Anzeichen dafür, dass Preußen der Koalition beitreten könnte. Napoleon brauchte einen großen Sieg, der die Koalition erschüttern würde, und zu diesem Zweck war er fest entschlossen, den Feind zu einem Angriff zu verleiten, und zwar in einer für hinhaltende Verteidigung geeigneten Umgebung, wo ein plötzlicher Gegenschlag ihn vernichten würde. Er hatte sein Schlachtfeld schon gewählt, eine natürlich starke Stellung etwa 20 Kilometer östlich von Brünn, parallel zur Straße Wien-Brünn. Hier war das Terrain bewaldet, von sanften Tälern durchbrochen, mit verstreuten Sümpfen und Teichen und dem Goldbach, hinter dem sein rechter Flügel den Feind aufhalten konnte, während seine *masse de rupture* im Verborgenen auf das Zeichen für den Gegenschlag im Zentrum wartete. Um den Feind zum Angriff zu verleiten, täuschte Napoleon Schwäche vor, indem er am 27. November um einen Waffenstillstand nachsuchte, sich von seinen vorgelagerten Stellungen scheinbar ungeordnet zurückzog und das Dorf Austerlitz sowie die Pratzer Höhen verließ. Zar Alexander überging Kutusow, entschied sich dafür, den Kampf aufzunehmen, und verfolgte einen Plan, der Napoleons Verbindungen nach Wien bedrohen sollte: In ihrer Bewegung nach Westen von Olmütz aus würde die alliierte Hauptmacht nach Südwesten abbiegen, um die rechte Flanke der Franzosen zu zerschlagen. Dann würde sie schwenken, um die Überreste von Napoleons Armee aufzurollen und ineinanderzutreiben.

Als Napoleon gewahr wurde, dass der Feind seinen Köder geschluckt hatte, befahl er den entfernt stehenden Korps von Bernadotte und Davout, sich in Gewaltmärschen mit ihm zu vereinen. Am 1. Dezember verfügte er über 66 000 Mann und 139 Geschütze. Lannes' Korps mit Murats Kavallerie befestigte seine linke Flanke genau über der Hauptstraße zwischen Olmütz und Brünn. Soults Korps sicherte schwach das Zentrum und die rechte Flanke der französischen Linie. Die Streitkräfte für den Gegenschlag lagen nordwestlich des Pratzer Plateaus versteckt. In der Nacht vor der Schlacht verlegte Napoleon Soults Korps nach Nordwesten und überließ damit die Verteidigung der äußersten rechten Flanke Davout, dessen Ankunft am frühen Morgen erwartet wurde.

Inzwischen vermutete man im Hauptquartier der Verbündeten, dass Napoleon plante, sich zurückzuziehen. Weyrother, ein Schüler Friedrichs des Großen, erklärte den russischen und österreichischen Generälen seinen Plan eines indirekten Angriffs mit mehreren Kolonnen, obwohl er aus den ausgezeichneten österreichischen Übersichtskarten, die zur Verfügung standen, eigentlich hätte erkennen müssen, dass die Kolonnen in dem schwierigen Gelände Gefahr liefen, steckenzubleiben. Kutusow, der gegen den Plan war, verschlief den größten Teil der Sitzung.

Im dichten Morgennebel des 2. Dezember griffen die Verbündeten an. Im Wesentlichen gab es drei verschiedene, gleichzeitig stattfindende Kampfhandlungen. Die kritischste fand im Süden statt, wo die alliierte Infanterie mit 40 000 Mann, meist Russen, vom Pratzen aus mit indirektem Beschuss vordrangen, allerdings durch das Gelände behindert, in dem zahlenmäßig starke Kräfte nicht effektiv kämpfen konnten. Davout, eben noch rechtzeitig eingetroffen, konnte sie westlich des Goldbaches festhalten. Es gab schwere Kämpfe, und die Stellungen wechselten mehrfach.

Inzwischen beobachtete Napoleon von seinem Standplatz gegenüber dem Pratzer Plateau, wie Buxhöwdens Kolonnen sich von der Höhe herunter gen Süden bewegten und damit das Zentrum der Russen schwächten. Dies war der Augenblick, auf den der Kaiser gewartet hatte. Etwa um 9.30 Uhr, als die Sonne – die Sonne von Austerlitz – durch die Wolken brach, befahl er Soult, die Pratzer Höhen mit zwei Divisionen wieder einzunehmen. Um 11 Uhr befand sich das Plateau in französischer Hand. Kurz nach Mittag gewann ein Gegenangriff der russischen Zarengarde etwas an Boden, wurde aber zurückgeworfen, als Napoleon seine Gardekavallerie und Teile von Bernadottes Korps einsetzte. Das Zentrum der Alliierten löste sich auf, während Soult weiter vom Pratzen aus nach Süden gegen Flanke und Rücken der nunmehr isolierten russisch-österreichischen Hauptstreitmacht vorging, die im Goldbach-Tal in der Falle saß. Als sie über Sümpfe und halb gefrorene Teiche floh, war der Nebenangriff der Verbündeten im Norden ebenfalls fehlgeschlagen. Obgleich Nacht und Erschöpfung eine Verfolgung verhinderten, war es eine vernichtende Niederlage. Die Alliierten verloren fast ein Drittel ihrer Mannschaften – 11 000 Russen und 4000 Österreicher waren gefallen, weitere 12 000 in Gefangenschaft, dazu 180 Geschütze und etwa 50 Fahnen, während die Franzosen Verluste von 9000 Mann hatten. Die Armee der Verbündeten hatte als Kampfkraft aufgehört zu existieren.

Von seinem Kommandoposten aus beobachtet Napoleon die Entwicklung der Hauptschlacht gegen Mittag des 2. Dezember 1805. Ein kleiner Feldstab begleitet ihn, und hinter ihm sieht man Schwadronen der Chasseurs à cheval *der Kaisergarde, einer Einheit, die für die berittene Leibwache des Kaisers sorgte.*

Austerlitz war Napoleons perfekte Schlacht – kein „gewöhnlicher“ Sieg, sondern die Auslöschung eines mächtigen Gegners. Ihr Ausgang veränderte alles. Preußen, bis dahin zur Intervention bereit, akzeptierte eilends Napoleons Angebot, Hannover gegen seine wohlwollende Neutralität einzutauschen. Die Russen zogen sich nach Polen zurück, während Österreich am 6. Dezember einer Waffenruhe zustimmte, der am 26. der Friede von Pressburg folgte. Dieser Vertrag schrieb Venezien, Dalmazien und Istrien Napoleons Königreich Italien zu und gewährte Napoleons deutschen Verbündeten, den Herrschern Württembergs, Badens und Bayerns, königlichen Status, wobei Bayern Vorarlberg und Tirol erhielt; damit wurde der Weg zum Rheinbund im folgenden Jahr geebnet.

Inzwischen waren auch kleinere Operationen der Verbündeten gescheitert. Briten und Schweden hatten in Hannover wenig erreicht, während die von den Briten unterstützten Neapolitaner vom Festland nach Sizilien vertrieben worden waren. Am 27. Dezember 1805 wurde Napoleons Bruder Joseph zum König von Neapel ernannt; im Mai 1806 wurde die Republik Batavia zum Königreich Holland unter Napoleons älterem Bruder Louis. Der vielleicht einzige Lichtblick für England war der Zusammenstoß bei Maida in Kalabrien am 6. Juli 1806, wo eine kleine britische Expedition, die in Linie kämpfte, eine stärkere französische Streitmacht besiegte, die in Kolonne angriff. Und wie als böses Vorzeichen für Künftiges setzten in ganz Kalabrien aufgebrachte Bauern ihren erbitterten Kleinkrieg gegen die Franzosen fort.

Die Schlacht bei Austerlitz, 2. Dezember 1805

Die Schlacht bei Austerlitz war vielleicht Napoleons entscheidendste Schlacht. Sie zerstörte praktisch die russisch-österreichische Armee, wodurch Österreich gezwungen war, einen kostspieligen Frieden zu akzeptieren, während die Russen sich nach Osten zurückziehen mussten.

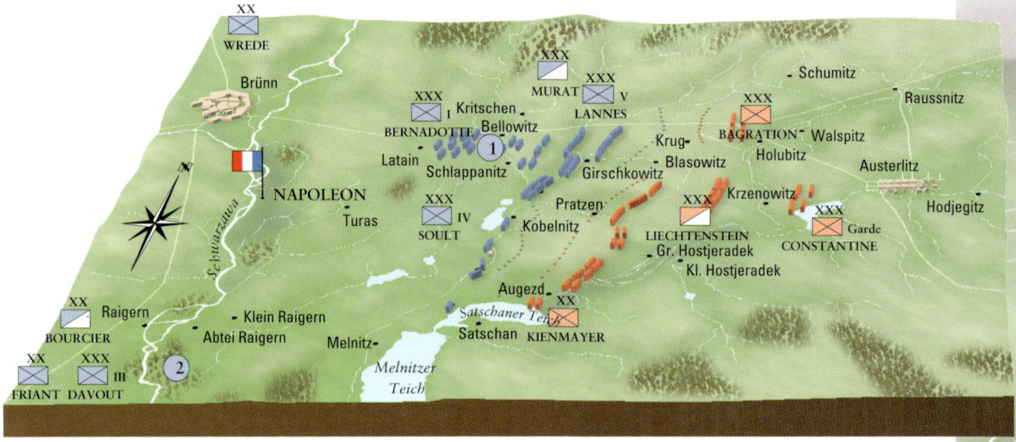

1. 1. Dezember: Um den Feind (71 000 Russen und 15 000 Österreicher) dazu zu verleiten, ihn an dem von ihm vorgesehenen Ort anzugreifen, zeigt Napoleon seine Armee mit ungeschützter rechter Flanke und zieht sich sogar von den Pratzer Höhen zurück.
2. Verstärkung ist schon unterwegs, vor allem Davouts Korps, das aus Wien anrückt und am nächsten Tag um 6 Uhr morgens erwartet wird.
3. Am 2. Dezember greifen die Russen über die Pratzer Höhen an, schwenken dann nördlich des Satschaner Teiches, um Davout anzugreifen.
4. Inzwischen fesselt an der linken Flanke die Kavallerie von Lannes und Murat eine russische Streitmacht unter Bagration und bringt sie zum Stehen.
5. Die russische Bewegung über die Pratzer Höhen hat ihre Schlachtordnung durcheinander gebracht, und um 9.30 Uhr, während Davout den Feind in Schach hält, befiehlt Napoleon Soult, die Höhen zurückzuerobern und anschließend den Russen in den Rücken zu fallen.
6. Versuche der russischen Garde, einen Gegenangriff auf Soult zu starten, schlagen fehl. Etwa gegen 11 Uhr beginnt Soult, sich gegen die Rückfront der Russen zu bewegen.
7. Als sie fast völlig umschlossen sind und Davout gegen 13 Uhr zum Angriff übergeht, fliehen die Russen ostwärts über die Sümpfe und gefrorenen Teiche. Inzwischen rückt Lannes vor, während Bernadotte in Richtung Austerlitz vorstößt. Als die Dämmerung hereinbricht, enden die Kämpfe, da die Armee der Verbündeten nicht mehr kampffähig ist.

Eine annähernd zeitgenössische Karte der Schlacht von Austerlitz.

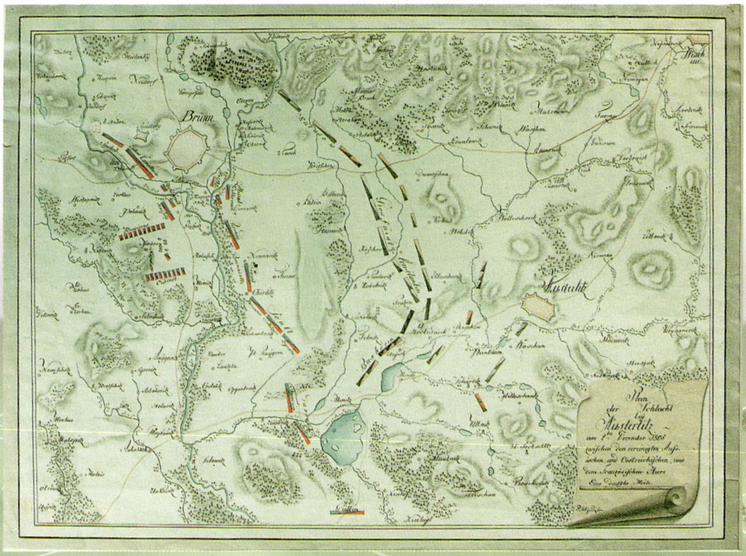

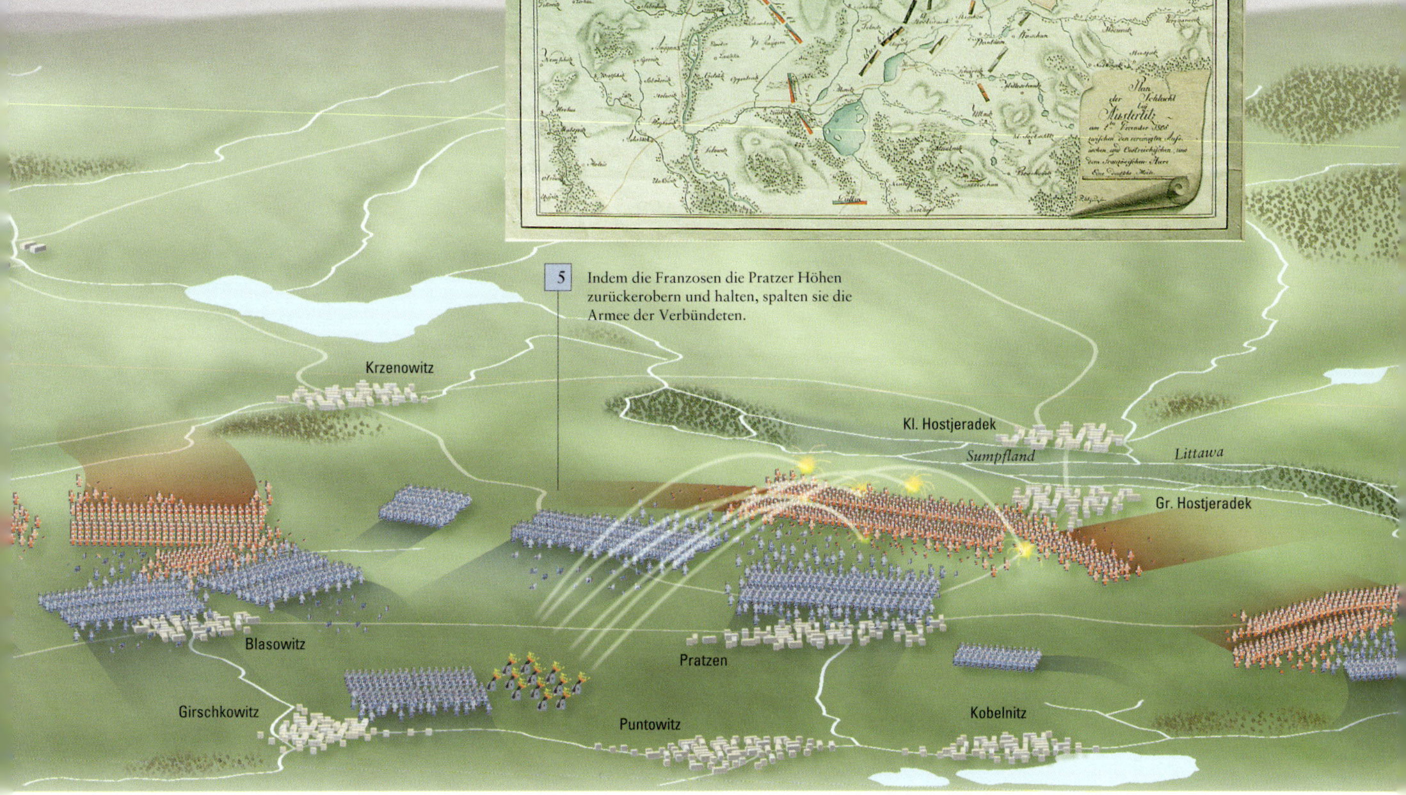

Die Preussische Armee und der Jena-Feldzug

Preußen hatte Hannover als Unterpfand für seine Neutralität erhalten, doch Anfang 1806 verlangte Napoleon, dass Preußen ihm Neuchâtel in der Schweiz abtreten solle, ebenso wie einige Ländereien in Deutschland. Schließlich erfuhr man in Preußen, dass Napoleon gewillt war, als Gegenleistung für einen Friedensschluss Hannover an Großbritannien zurückzugeben. Das war mehr, als König Friedrich Wilhelm III. akzeptieren konnte, der schon durch eine Kriegspartei bei Hofe und durch ein Offizierskorps, das sich an die Tage Friedrichs des Großen erinnerte, unter Druck geraten war. Im Juli schloss er eine Geheimallianz mit Zar Alexander und begann mit Kriegsvorbereitungen. Doch er war allein. Die Russen waren weit weg, sie formierten zwei Feldarmeen um Brest-Litowsk; die unwilligen hannoverschen Rekruten und die kleinen Kontingente von Braunschweig und Hessen-Kassel zählten kaum. Um mehr Mannschaftsstärke zu erlangen, beorderte Friedrich Wilhelm seine Truppen nach Sachsen, um das Königreich zu zwingen, ihm beizustehen. Bisher gab es noch keine Kriegserklärung. Die Preußen, in einem 150 Kilometer breiten Bogen an Sachsens südwestlicher Grenze eingesetzt, überschätzten ihre Stärke erheblich. Am 26. September stellten sie ein Ultimatum mit der Forderung, dass Napoleon seine Truppen aus Deutschland abziehen sollte. So begann der Krieg der Vierten Koalition, in dem Schweden und Großbritannien sich schließlich mit Preußen und Russland vereinigten.

Die Schlacht von Maida in Kalabrien am 6. Juli 1806 hatte beträchtliche taktische Bedeutung. Eine kleine britische Streitmacht unter General Sir John Stuart traf auf eine französische Division, die von General Reynier befehligt wurde. Eine Salve, gefolgt von einem geordneten Bajonettangriff, traf die französischen Angriffskolonnen und besiegte sie. Die Begegnung wurde als Beweis für die Überlegenheit der britischen Lineartaktik angesehen.

Die folgende Katastrophe war vorauszusehen. Preußen war isoliert – das Heraufbeschwören der glorreichen Vergangenheit konnte nicht darüber hinwegtäuschen, dass die Armee inzwischen museumsreif war. Trotz der Erfahrungen aus dem Krieg mit Frankreich blieben Kampfdoktrin und Methoden friderizianisch. Die Infanterie beharrte auf der Linienformation in drei Gliedern, kontrollierten Salven und ständigem Vormarsch. Die Kavallerie konnte zwar angreifen, jedoch nicht in größeren Formationen. Die Feldartillerie war veraltet, zu schwer für taktische Mobilität, doch Preußen konnte es sich weder leisten, die Artillerie noch die ausgedienten Musketen des Modells 1754 zu ersetzen, da der Unterhalt der Armee die Mittel überstieg.

Es wäre möglich gewesen, die höchsten Befehlsstellen zu reorganisieren, wo zivile Minister und Generäle im Streit lagen, oder einige der Lehren aus den Revolutions- und Napoleonischen Kriegen in das taktische System aufzunehmen. Das wurde durchaus versucht. Im Jahr 1795 wurde das Oberkriegskollegium als eine neue Befehlsstelle geschaffen, um die Verwaltung zu rationalisieren; aber da es die

König Friedrich Wilhelm III. war ein eher unentschlossener Regent, der von seiner willensstarken Frau, Königin Louise, dominiert wurde. 1806 forderte er Napoleon übereilt heraus, wurde aber geschlagen. Nachdem Russland ihn in Tilsit in Stich gelassen hatte, wurde er Herrscher eines Vasallenstaates, bis die katastrophale französische Niederlage in Russland ihm ermöglichte, der Sechsten Koalition beizutreten.

unterschiedlichen Organisationen repräsentierte, brachte es natürlich keine Verbesserung. Was die Taktik betraf, speziell offene Ordnung oder Vorpostengefechte, so stellte man zwar einige leichte Bataillone auf, integrierte sie aber nicht in die taktischen Pläne. Zum Schluss, als die Armee bereits auf dem Marsch war, wurden in aller Eile Divisionsverbände mit allen Waffengattungen eingeführt, was aber nur noch mehr zur Verwirrung beitrug.

Widerstand gegen Veränderungen lag zum einen im Charakter des Königs, eines leidenschaftlichen Bewunderers alles Militärischen, der pedantisch mit Kleinigkeiten beschäftigt war, und zum anderen in der Halsstarrigkeit des überheblichen und fast durchgehend adligen und überalterten Offizierskorps. 1806 waren von den 142 Generälen der preußischen Armee vier über achtzig Jahre alt, darunter auch der oberste militärische Berater des Königs, Feldmarschall von Möllendorf,

ein zweiundachtzigjähriger Veteran von Leuthen. Weitere dreizehn waren über siebzig und sechzig über sechzig Jahre alt, während ein gutes Viertel der Regiments- und Bataillonskommandeure derselben Altersgruppe angehörten – Überlebende aus der Ära des begrenzten Krieges. Der oberste preußische Befehlshaber im Felde war der einundsiebzigjährige Herzog von Braunschweig, der bei Valmy geschlagen worden war.

Die preußische Armee basierte auf Wehrpflicht. Offiziell war jedermann zum Kriegsdienst verpflichtet, doch gab es unzählige Ausnahmen. Noch immer machten Ausländer gut über die Hälfte der Armeestärke aus, die 1806 insgesamt bei etwa 245 000 Mann stand. Zog man Garnisons- und Depottruppen ab, sowie General Lestocqs Division, die in Ostpreußen stand, so betrug die Feldstärke nur etwa 140 000 Mann. Obwohl mangelhaft geführt, schlugen sich die Mannschaften erstaunlich gut, jedenfalls in vielen Fällen besser als ihre vorgesetzten Offiziere.

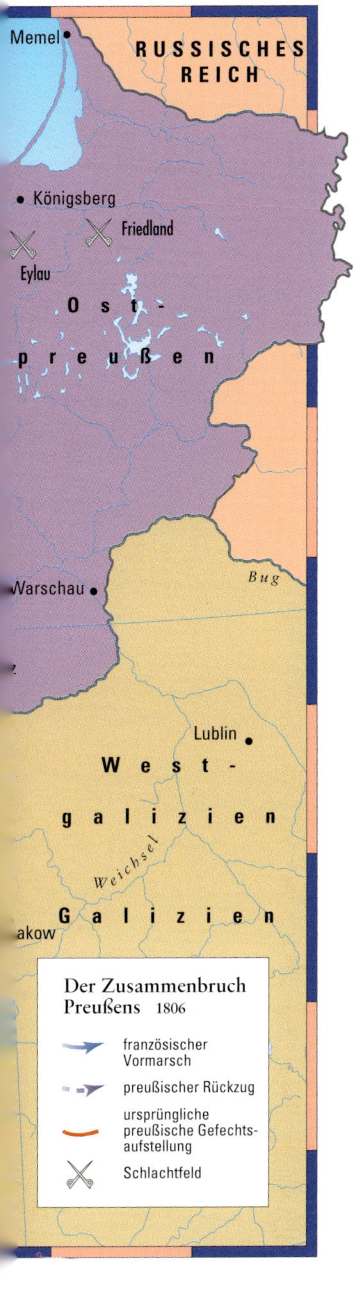

Der Zusammenbruch Preussens 1806

Nachdem Preußen 1805 von einer Unterstützung Österreichs und Russlands Abstand genommen hatte, forderte es Napoleon im darauf folgenden Jahr heraus. Doch die preußische Strategie war unentschlossen und teilte die Armee in zwei große Sektionen. Die Grande Armée rückte aus Quartieren in Süddeutschland aus und vernichtete das preußische Heer am 14. Oktober bei Jena und Auerstedt. Sofortige und unnachgiebige Verfolgung durch die Kavallerie zerstörte die übrig gebliebenen Feldstreitkräfte, während der preußische Staat zusammenbrach. Im November existierten nur noch ein kleines preußisches Korps in Ostpreußen sowie einige isolierte Festungsgarnisonen in Schlesien und Ostpreußen.

Die Schlacht bei Jena und Auerstedt

Nach dem Feldzug von 1805 war die Grande Armée nicht nach Frankreich zurückgekehrt, sondern blieb in Süddeutschland und entlang des Rheins einquartiert. Nur die Kaisergarde hatte Napoleon nach Paris begleitet. Als der Krieg unvermeidlich schien, wurden 3700 Mann der Gardeinfanterie eilig in rollenden Schüben zum Rhein transportiert, wo sie am 28. September ankamen. Napoleon plante, in die Offensive zu gehen und in einfachster Weise das Manöver von Ulm zu wiederholen, indem er sich zwischen die Preußen und ihre Hauptstadt schieben und sie schlagen wollte, bevor die Russen eingreifen konnten. Er ließ nur seine Streitkräfte in Holland zurück sowie ein Korps, das sich unter Mortier entlang des Rheins formierte, und versammelte seine Korps zwischen Bamberg und Würzburg, bevor er sich in nordöstlicher Richtung nach Sachsen hinein und auf Berlin zu in Bewegung setzte. Die Armee formierte sich als Bataillonskarree mit breiter Front, drei massive Kolonnen von je zwei Korps, die auf parallelen Wegen marschierten, immer in einer Entfernung, die gegenseitige Unterstützung zuließ, und bereit, nach links oder rechts zu schwenken. Am 8. Oktober verschwand die Armee, von leichter Kavallerie abgeschirmt, in den Thüringer Wald.

Die Preußen hatten zwei Armeen aufgestellt, die Hauptarmee unter Braunschweig, die zweite unter dem Prinzen von Hohenlohe-Ingelfingen. Sie wollten sich in der Gegend um Weimar-Jena konzentrieren, waren jedoch noch auf dem Wege, als die Spitze von Lannes' V. Korps bei Saalfeld auf die Vorhut von Hohenlohes Armee traf. Unter Verlust von weniger als 200 Mann löschte Lannes fast die Hälfte der preußi-

EDOUARD DETAILLE
1888

schen Streitmacht aus, erbeutete dreiunddreißig Geschütze und machte 1800 Gefangene. Diese örtlich begrenzte Niederlage demoralisierte Braunschweig, der anordnete, dass sich beide Armeen hinter die Elbe und Berlin zurückziehen sollten. Doch dieser Befehl kam zu spät. Am 12. Oktober hatte sich das Bataillonskarree um die linke Flanke der im Rückzug begriffenen Preußen bewegt. Am nächsten Tag schwenkte Napoleon das Gros seiner Streitmacht gegen das, was er für die preußische Hauptmacht bei Jena hielt, und schickte Davout 18 Kilometer nach Norden, um den Feind im Rücken anzugreifen. Bernadotte sollte Davout folgen; ihm wurde es in hastiger Unterweisung freigestellt, sich entweder mit Davout zu vereinigen oder weiter vorzudringen zu einer zentralen Stellung bei Dornburg. Am 14. Oktober wurden zwei Schlachten mit vertauschten Fronten geschlagen: Bei Jena kämpfte Napoleon nur gegen die Armee von Hohenlohe, während im Norden bei Auerstedt Davouts einziges Korps auf die Hauptmasse der preußischen Armee unter dem Herzog von Braunschweig traf. Während dieses Unglückstages unternahm Bernadotte gar nichts, entgegen Napoleons Grundsatz, „immer dem Donner der Geschütze nach zu marschieren".

Französische leichte Kavallerie rückt in offener Ordnung vor. Eine Kompanie französischer Elite-Husaren bewegt sich durch einen Wald; im Hintergrund Vorposten des Feindes.

Napoleon, der annahm, er stehe der preußischen Hauptarmee gegenüber, beorderte Soult, Augerau und Ney nach vorn zur Verstärkung von Lannes' Korps und behielt die Garde in Reserve. Als die Schlacht gegen 6.30 Uhr morgens eröffnet wurde, verfügte Napoleon über 55 000 Mann, zu denen gegen Mittag weitere 40 000 kommen sollten. Die Preußen hatten nur 38 000 und weitere 15 000 Mann 12 Kilometer entfernt bei Weimar; diese schafften es aber gerade noch, am Nachmittag rechtzeitig einzutreffen, um an Hohenlohes Niederlage teilzunehmen. Bei diesem Verhältnis gab es zu keinem Zeitpunkt Zweifel am Ausgang der Schlacht. Die Preußen kämpften tapfer, die Artillerie führte Gegenangriffe fast in Paradeordnung durch, und sie hielten sich bis zum Mittag. Dann zogen sie sich kämpfend zurück, doch am frühen Nachmittag verwandelte sich der Rückzug in Flucht, und Murats Kavallerie verfolgte die Flüchtenden. Als die Verluste gezählt wurden, betrugen die der Franzosen 5000; die Preußen verloren 25 000 Mann, 200 Geschütze und 30 Fahnen.

Während Napoleon gegen die vermutete Hauptmacht der Preußen kämpfte, stieß Davouts III. Korps – 26 000 Mann, 44 Geschütze – genau nördlich von Auerstedt mit der Hauptmasse der feindlichen Armee – 64 000 Mann, 230 Geschütze – zusammen, die von Braunschweig geführt und vom König begleitet wurde. Davout ließ Vierecke bilden, wo immer die preußische Kavallerie angriff, wurde durch dichten Nebel ein wenig vor schwerem Artilleriefeuer geschützt und setzte so nach und nach seine drei Divisionen in Aktion. Im Laufe des Vormittags begann sich der Druck auf das französische Zentrum zu erhöhen, aber zu diesem Zeitpunkt wurde Braunschweig tödlich verwundet, und der König war nicht in der Lage, effektiv das Kommando zu übernehmen. Davout erlangte wieder die Initiative, stieß mit seinen flankierenden Divisionen nach vorn und schwenkte gegen die preußischen Flanken zu einer doppelten Umklammerung wie aus dem Lehrbuch. Obwohl die preußische Reserve noch nicht eingesetzt worden war, begann die Armee sich aufzulösen, floh, ohne zu wissen, dass der Kampf dort verloren war, nach Jena und begegnete unterwegs den Tausenden von Flüchtenden, die gen Norden strömten. Jeglicher Zusammenhalt ging verloren, als die preußische Feldarmee quasi zu existieren aufhörte.

Dies war Davouts brillanteste Schlacht, ausgefochten gegen eine Übermacht, die sogar noch größer war als bei Austerlitz. Der Preis war hoch. Er verlor fast ein Viertel seiner kampftüchtigen Männer, brachte aber dem Gegner Verluste von 12 000 Mann bei, nahm 3000 Gefangene und eroberte 115 Geschütze. Napoleon wollte

Ein romantisches Bild, das Napoleon und seine Gefolgschaft während der Schlacht bei Jena am 14. Oktober 1806 beim Passieren seiner Grenadiere der Alten Garde zeigt, die die Waffe präsentieren. Napoleon ließ seinen Mannschaften beachtlichen Freiraum und zeigt sich allenfalls erstaunt, als ein grognard *in der zweiten Reihe seine Bärenfellmütze abnimmt, um ihm einen Gruß zuzurufen.*

zunächst nicht glauben, was geschehen war, und erkannte dann nur zögernd die Leistung des Marschalls an. Seltsamerweise wurde Bernadotte dafür, dass er bei keiner der beiden Schlachten aufgetaucht war, nur gerügt. Die zwei Schlachten mit ihrer unzulänglichen Aufklärung und gelegentlichem Mangel an Zusammenarbeit oder gar Kompetenz ihrer untergeordneten Befehlshaber wurden gerettet durch die Kampfleistungen der Truppen und die alles vorantreibende enorme Energie und Zielstrebigkeit ganz an der Spitze, die so charakteristisch für die napoleonische Kriegsführung war. Im Gegensatz zu Austerlitz folgte diesmal dem Sieg eine unnachgiebige Verfolgung, während derer Murats Kavallerie 600 Kilometer in dreiundzwanzig Tagen zurücklegte, und am 26. Oktober Davouts Korps die Ehre hatte, als erstes in Berlin einzuziehen.

Jena und Auerstedt gereichten den Preußen nicht zur Schande, da sie in der ersten Schlacht fast im Verhältnis eins zu zwei unterlegen gewesen waren und in der zweiten tapfer gekämpft hatten. Die eigentliche Schande bestand im Zusammenbruch der Armee und des Staates in den Tagen nach der Niederlage. Jeglicher Versuch, Truppen zusammenzuziehen, schlug fehl, als panische Kommandeure sich kampflos ergaben und Festungen sofort nach Aufforderung kapitulierten. Einige Gebiete an der Ostseeküste und in Schlesien hielten aus, und General Blüchers Heer zog sich kämpfend nach Lübeck zurück, wo er am 7. November gezwungen war, sich zu ergeben. Hinter der Oder entgingen einige Truppen dem verderblichen Einfluss, doch der Staat Friedrichs II. war ausgelöscht. Und dennoch beendete die Zerstörung der preußischen Streitkräfte – der größte Triumph für Napoleons Vernichtungsstrategie – nicht den Krieg. Von Königsberg in Ostpreußen aus lehnte Friedrich Wilhelm Napoleons Bedingungen ab, und sein Entschluss wurde von seiner willensstarken Königin und durch das Versprechen russischer Unterstützung noch gestärkt.

Der Winterfeldzug in Ostpreussen und Polen

Großbritannien hatte seine Kriegstätigkeit auf Randoperationen im Mittelmeerraum und in Lateinamerika beschränkt, während es die übrigen Mitglieder der Koalition finanziell unterstützte. Um diese Funktion als Zahlmeister in Zukunft zu untergraben, verlegte sich Napoleon auf wirtschaftliche Kriegsführung. Von Berlin aus verfügte er im November 1806 die Kontinentalsperre mit der Blockade der Britischen Inseln und der Schließung aller Häfen unter französischer Herrschaft für den britischen Handel. Wenn die Sperre auch meistenteils uneffektiv blieb, so führten doch die Versuche, sie zu verstärken und zu erweitern, Napoleon zu weiteren und immer kostspieligeren Kriegen. Gleichzeitig konnte er auch die russischen Kräfte nicht ignorieren, die sich massiert bei Grodno sammelten.

Die Organisation der russischen Armee hatte sich verbessert. Es gab nunmehr 18 große Divisionen mit allen Waffengattungen, jede mit 6 Fußregimentern, 20 berittenen Schwadronen und 82 Geschützen – ein Schritt in Richtung Korpssystem mit verbesserter Befehlsführung und Kontrolle. Russland mobilisierte zwei Armeen: eine unter General Graf Bennigsen, geboren in Braunschweig, der ein kompetenter Kavallerieführer war, jedoch keine Erfahrung aus Kämpfen gegen Napoleon besaß; die zweite kommandiert von Buxhöwden. Gemeinsam zwangen diese Armeen mit 90 000 Mann und 452 Geschützen Napoleon zu acht weiteren Monaten des Kampfes.

Im November drang Bennigsen nach Mittelpolen vor, doch bei Annäherung von Davout, gefolgt von Lannes, Soult und Murat, zog er sich über die Weichsel zurück, um seine Kräfte um Pultusk zu konzentrieren, von wo aus er Napoleons Verbin-

dungslinien bedrohte. Ende Dezember versuchte Napoleon, Bennigsen mit einem weiteren *manoeuvre sur les derrières* zu vernichten, doch Wetter und Straßenverhältnisse verhinderten die Durchführung des Planes, und Bennigsen konnte sich nach Norden zurückziehen. Napoleon erkannte, dass er sich der äußersten Grenze seiner Handlungsreichweite näherte und die Moral in der Truppe schlecht war. In Polen konnte man sich unmöglich vom Land selbst ernähren. Es gab gut gefüllte Magazine in Preußen, doch schlechte Straßen und ungünstiges Wetter behinderten das Vorankommen des Nachschubs. Da Bennigsen nun aber nach Norden abgedrängt war, konnte Napoelon seine Armee in Winterquartiere legen, die über ein riesiges Gebiet nördlich von Warschau verteilt waren.

Am 28. November rückten die französischen Truppenteile unter Marschall Joachim Murat unter dem Beifall der Bevölkerung in Warschau ein. Napoleon sollte am 18. Dezember fol gen. Es war seine Absicht gewesen, seine Armee ins Winterquartier ziehen zu lassen; jedoch zwangen ihn russische Aktionen zu einem kurzen, aber blutigen Winterfeldzug.

Dort hielt er Hof, machte Andeutungen über eine zukünftige Unabhängigkeit Polens und warb polnische Truppen an. Zwei polnische und zwei italienische Divisionen zusammen mit einem badischen Kontingent – Beweis dafür, dass die Grande Armée zu einer internationalen Organisation anwuchs – wurden als provisorisches Korps unter Marschall Lefebvre formiert, um das preußische Danzig einzuschließen, obwohl zu diesem Zeitpunkt eine enge Belagerung nicht möglich war. Napoleon brauchte den Hafen, um sein Versorgungsproblem zu mildern. Außerdem erwog er immer noch Möglichkeiten im Nahen Osten, und es gelang ihm, den Sultan zum Krieg gegen Russland anzustacheln, wodurch etwa 20 000 Mann anderweitig gebunden wurden.

Die Kämpfe flammten Ende Januar 1807 erneut auf, als Bennigsen gegen Ney und Bernadotte im linken Abschnitt der französischen Linie vorging. Napoleon sah dies als weitere Gelegenheit, Bennigsen eine Falle zu stellen, indem er sich zwischen ihn und Königsberg drängte, doch seine Befehle fielen in russische Hände, und Ben-

Preussen nach dem Vertrag von Tilsit

Durch den Vertrag von Tilsit im Juli 1807 verlor Preußen fast ein Drittel seines Territoriums; es gab alle Ländereien auf, die es durch die Teilungen Polens gewonnen hatte, sowie alle Gebiete zwischen Elbe und Rhein. Seine Armee bestand nur noch aus 42 000 Mann.

nigsen zog sich in nördlicher Richtung nach Eylau zurück, 33 Kilometer südlich von Königsberg. Hier entschloss er sich zum Kampf, da Lestocqs Preußen in Reichweite standen und er wußte, dass die französischen Korps noch immer getrennt waren. Murat und Soult kamen am späten Nachmittag des 7. Februar vor Eylau an, gefolgt von Augereau und schließlich Napoleon und der Garde. Die Franzosen besetzten die Stadt, die Russen kampierten auf den gefrorenen Feldern. Am nächsten Morgen, dem 8. Februar, fand Napoleon 70 000 Russen vor mit einer Artillerie, die der seinen mehr als doppelt überlegen war, gegen seine 45 000 Mann, und erst da schickte er nach Davout und Ney. Er beabsichtigte eine doppelte Umklammerung – Ney sollte rechts und Davout links angreifen, während Soult und Augereau frontal agieren sollten. Soult wurde zurückgeschlagen, und Augereau, der in einem plötzlichen Schneesturm die Orientierung verloren hatte, marschierte direkt in das Feuer von 70 Geschützen. Sein Korps fiel auseinander und öffnete eine Lücke in der französischen Linie, in die hinein Bennigsen einen Gegenangriff startete, der bis nach Eylau selbst führte.

Bennigsen hätte die Schlacht gewinnen können, doch er verpasste seine Chance. In einem der großartigsten Kavallerieangriffe der Geschichte brachen Murats 10 700 Mann durch die russischen Linien. Um den Preis von etwa 1500 Gefallenen brachte dieser Angriff das russische Zentrum aus dem Gleichgewicht und ermöglichte es Davouts Vorhut die linke Flanke der Russen anzugreifen. Am Spätnachmittag begannen die Russen zu schwanken, wurden aber durch Lestocqs Ankunft gerettet. Sie rückten gegen Davouts offene rechte Flanke vor, doch um 7 Uhr abends traf Ney ein, der seine Order erst spät erhalten hatte, und schlug gegen die russische Linke los. Bennigsen brach daraufhin den Kampf ab und zog sich geordnet zurück. Die Verluste auf beiden Seiten waren schwer. Die Franzosen hatten zwischen 20 000 und 25 000 Mann verloren, während die Russen 11 000 Mann verloren und 2500 als Gefangene zurücklassen mussten. An eine Verfolgung war nicht zu denken, und Napoleon konnte nur deshalb den Sieg für sich beanspruchen, weil er im Besitz des Schlachtfeldes war. In Wirklichkeit war es bestenfalls unentschieden ausgegangen. Als Ney am nächsten Morgen über den Kampfplatz ritt, rief er aus: „Was für ein Massaker! Und ganz ohne Ergebnis."

Nach Eylau war Napoleon gezwungen, ins Winterquartier zurückzukehren, um seine erschöpften Kräfte ausruhen zu lassen, neu auszurüsten und wieder aufzubauen. Französische Rekruten und eine wachsende Zahl ausländischer Truppen füllten seine Armeen, die über ganz Europa zerstreut waren, zu fast 600 000 Mann auf. Eine Beobachtungsarmee in Deutschland stärkte der Grande Armée in Polen den Rücken, in einer Gesamtstärke von fast 400 000 Mann, obwohl nur 100 000 an der Sommeroffensive teilnehmen würden. Um diese Operation zu unterstützen, holte der Kaiser Massena von Italien nach Polen und befahl Lefebvre, der nach Süden zum Schutz der Verbindungslinien abgestellt worden war, die Eroberung Danzigs erneut und beschleunigt zu betreiben. Nach einer dreimonatigen Belagerung im alten Stil ergab sich die Festung am 27. Mai, wodurch Napoleons Versorgungsproblem gemindert und 20 000 Mann für den Kampf gegen Bennigsen frei wurden, der seine Streitkräfte wieder auf etwa 90 000 Mann reguläre Truppe und ungefähr 8000 Kosaken gebracht hatte.

Wieder plante Napoleon, Bennigsen zu vernichten, indem er ihn von seiner Basis bei Königsberg abschnitt. Nachdem er eine russische Offensive zurückgeschlagen und Bennigsen aus seinem befestigten Lager bei Heilsberg getrieben hatte, teilte er seine Kräfte. Er schickte Murat und Soult mit Davout zur Unterstützung aus, um Königsberg einzunehmen, während Lannes entlang der Westseite des Flusses Alle

NAPOLEONS FELDZUG IN POLEN UND OSTPREUSSEN 1807

Dieser Feldzug mit den blutigen Schlachten von Preußisch-Eylau und Friedland fand hauptsächlich rund um Königsberg statt, einen Hafen, der in preußischer Hand und die Hauptversorgungsbasis für die russischen Armeen in Polen war. Da seine Nachschublinien in Polen extrem schwach waren, brauchte Napoleon Danzig, das ebenfalls von Preußen gehalten wurde, als Versorgungshafen. Danzig fiel jedoch erst am 27. Mai, zwei Wochen vor seinem entscheidenden Sieg bei Friedland.

vordrang. Am 13. Juni entdeckte Bennigsen Lannes und beorderte mehrere Divisionen über den Fluss, um die vermeintlich abgeschnittene Division zu vernichten. Teile der Vorhut trafen im Laufe des Abends nahe Friedland, einer kleinen Stadt 43 Kilometer südlich von Königsberg, aufeinander, und über Nacht wuchsen die russischen Kräfte auf 60 000 Mann an. Lannes kämpfte von gut gewählten Stellungen aus und hielt durch, bis am Morgen des 14. Juni die ersten Verstärkungen von Mortiers Korps erschienen. Bald waren 35 000 Franzosen am Kampf beteiligt. Napoleon traf kurz nach Mittag mit 50 000 Mann ein. Er erkannte sofort, dass sich die Russen in einer aussichtslosen Lage befanden – in der Minderheit, auf der falschen Seite eines nicht überquerbaren Flusses und mit dem Hinterland nur durch drei Pontonbrücken verbunden.

Die Belagerung von Danzig, 18. März bis 27. Mai 1807

Dieser gut verteidigte wichtige Hafen wurde vom X. Korps – in der Hauptsache Truppen des Rheinbundes unter Marschall Lefebvre – eingeschlossen und belagert. Wie die Darstellung zeigt, handelte es sich um eine vorschriftsmäßige Aktion, in der Verbindungsgräben gegraben und Belagerungsbatterien aufgestellt wurden, einschließlich der schweren Mörser, die man in der Mitte im Vordergrund sieht. Nachdem mehrere Befreiungsversuche fehlgeschlagen waren, handelte die Garnison gute Kapitulationsbedingungen aus.

Bis vier Uhr nachmittags hatte Napoleon 80 000 Mann zur Verfügung, und eine Stunde später gab er den Befehl zum Angriff. Der erste Stoß ging in die rechte Flanke entlang der Alle, gefolgt von einem Frontalangriff ins Zentrum, der die Russen in die Biegung des Flusses trieb. General Sénarmont, Artilleriechef des I. Korps, brachte in Etappen eine Batterie mit 30 Geschützen bis auf Kartätschenreichweite nach vorn, um das Feuer auf die zusammengedrängten Russen zu eröffnen. Die Kämpfe in Friedland und Umgebung dauerten bis in die Nacht. Die russischen Verluste erreichten mindestens 30 000, aber auch die französischen waren nicht leicht: insgesamt 10 000 Mann, davon 1400 Gefallene.

Friedland war kein leichter Sieg, trug aber viel zur Hebung der Moral der Armee bei, die durch Eylau und die Miseren des Winters in Polen erschüttert war. Hier

Die Schlacht bei Friedland, 13.–14. Juni 1807

Beim Versuch, Lannes' Korps zu zerschlagen, bewegte *Bennigsen während des Abends und der Nacht des 13. Juni mehrere Korps über den Fluss Alle. Doch Lannes hielt stand, wurde verstärkt, und als am Nachmittag Napoleon mit weiteren Kräften nachmittags ankam, saßen die Russen mit dem Rücken zum Fluss in der Falle und erlitten sehr schwere Verluste.*

wurde ein neuer Stil der Gefechtstaktik eingeführt, indem geballte Artillerie den Weg für den Infanterieangriff bahnte. Auch war Friedland die erste Schlacht, in der ein erheblicher Teil seiner Armee nicht aus Franzosen bestanden hatte, was des Kaisers zunehmendes Problem hinsichtlich einer ausreichenden Mannschaftsstärke verdeutlichte. Doch für den Moment konnte die Grande Armée ausruhen und voller Stolz auf die Heldentaten zurückblicken, die sie seit dem Verlassen ihrer Feldlager am Kanal vor zwei langen Jahren vollbracht hatte.

Die Schlacht beendete auch die Dritte Koalition. Am 7. Juli trafen sich die beiden Kaiser auf einem Floß auf der Memel bei Tilsit, um die Zukunft Europas zu vereinbaren.

Preußen, das etwa ein Drittel seines Territoriums verlor, eine hohe Abfindung zahlen musste, seine Armee auf 42 000 reduziert und französische Garnisonen in seinen Städten sah, wurde zu einem regelrechten Satellitenstaat Frankreichs. Der Zar, der sich mit Frankreich zusammengeschlossen hatte, erklärte seine Bereitschaft, sich der Kontinentalsperre anzuschließen – Napoleons Versuch eines Wirtschaftskrieges, der britischen Handel mit Gebieten unter französischer Kontrolle verbot. Mit Tilsit hatte Napoleon den Höhepunkt seiner Macht erreicht.

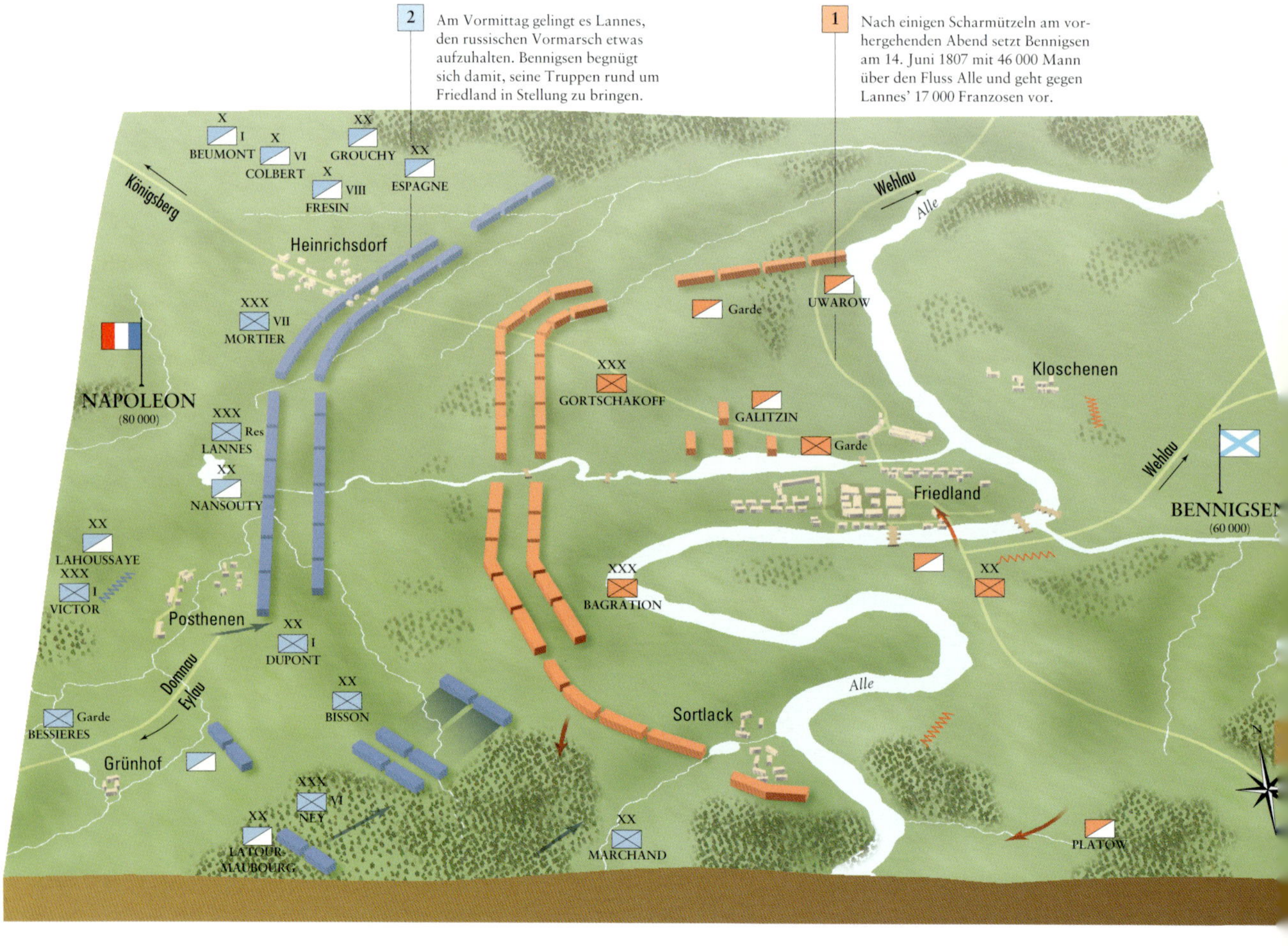

Am 7. Juli 1807 schlossen Napoleon und Alexander auf einem im Fluss Memel verankerten Floß eine Übereinkunft, die häufig als der Moment angesehen wird, in dem das (Kriegs)glück des Kaisers seinen Zenit erreichte. Die Preußen durften an den Verhandlungen nicht teilnehmen, doch König Friedrich Wilhelm traf am 8. Juli mit dem Kaiser und dem Zaren zusammen, um die harten Bedingungen entgegenzunehmen, die Preußen auferlegt worden waren.

3 Kurz nach Mittag: Napoleon kommt an und übernimmt von Lannes das Kommando. Ihm folgen etwa 80 000 Soldaten.

5 Nach einer Serie erfolgloser Gegenangriffe zieht sich Bennigsens Armee nördlich von Kloschenen über den Fluss zurück.

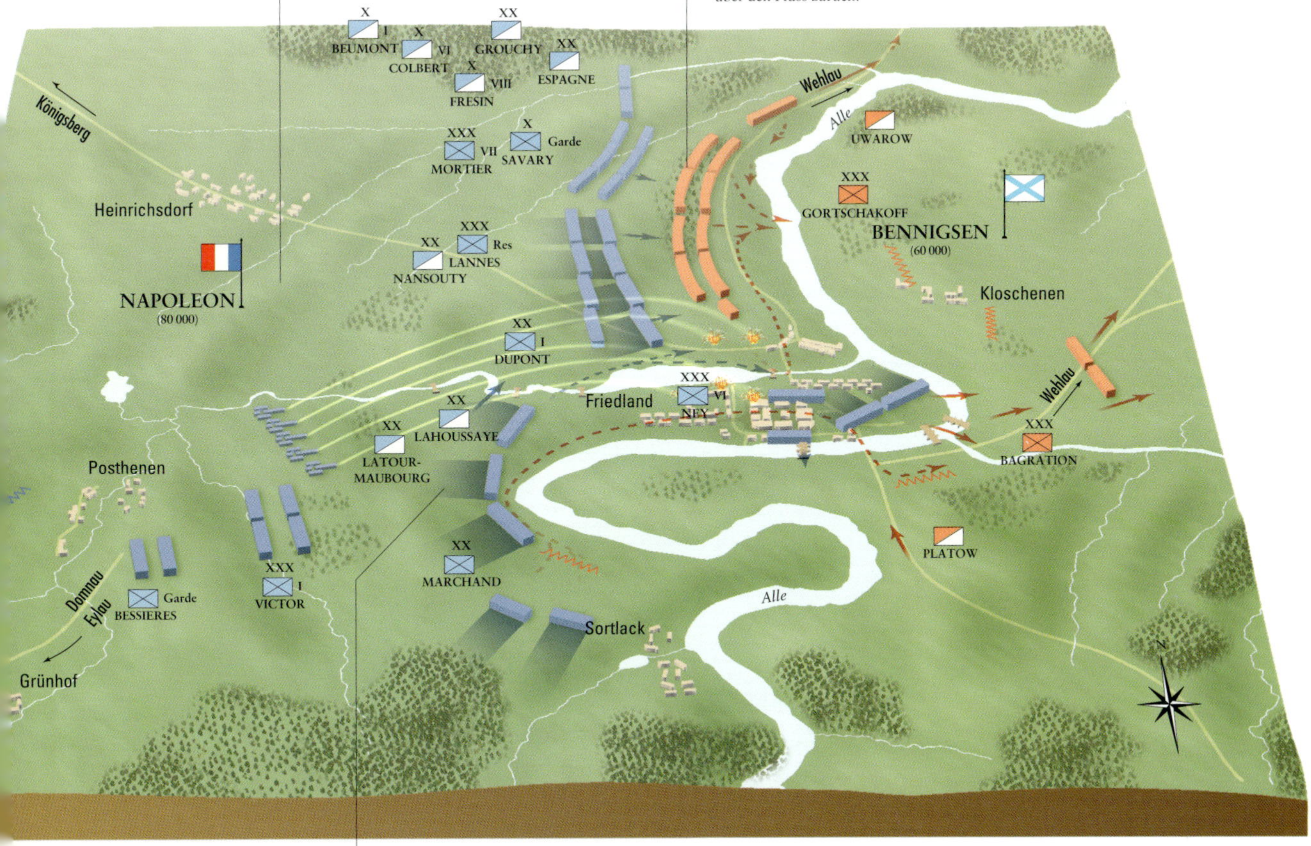

4 Gegen 17 Uhr beginnt der französische Hauptangriff. Nach mehreren Gegenangriffsversuchen bricht der linke Flügel der Russen zusammen, und ein Abzug nach Friedland hinein wird zum blutigen Rückzug unter schwerem Artilleriebeschuss.

KAPITEL VIER

Die Grande Armée, Spanien und das Wiedererstarken der Habsburger 1807–1809

Napoleon war stets darauf bedacht, den Verlauf seiner Schlachten möglichst aus nächster Nähe zu kontrollieren. Hier sieht man ihn am 6. Juli 1809, dem 2. Tag von Wagram, kurz nach Mittag an einem kritischen Punkt des Kampfgeschehens, wie er Davouts Umfassungsangriff gegen den äußeren linken Flügel der Österreicher bei Markgrafensiedl verfolgt.

DIE GRANDE ARMÉE, SPANIEN UND DAS WIEDERERSTARKEN DER HABSBURGER

Die napoleonische Konskription beruhte auf einem Gesetz, das vom Direktorium eingeführt worden war. Die jährliche Rekrutenaushebung basierte auf Quoten, die jedem Departement auferlegt wurden. Wie viele Männer tatsächlich einberufen wurden, hing von den Anforderungen der Armee ab. Rekruten erhielten wenig offizielle Anleitung und wurden normalerweise direkt ihren Regimentern zugewiesen, marschierten in kurzen Etappen zum Einsatzort und erhielten unterwegs Uniformen, Ausrüstung, Waffen und Ausbildung.

In der Folge von Tilsit beherrschte Napoleon Europa von den Pyrenäen bis zur russischen Grenze. Einzig Großbritannien blieb widerspenstig, obwohl selbst hier Kriegsmüdigkeit und Finanzprobleme die Regierung hätten dazu bringen können, eine Einigung herbeizuführen, wenn nur der französische Kaiser gewillt gewesen wäre, eine gewisses Gleichgewicht der Kräfte in Europa wieder einzuführen. Doch Napoleons Streben nach Dominanz ließ keinen Raum für Kompromisse. Er setzte seinen Wirtschaftskrieg gegen den britischen Handel fort, und als Portugal seine Forderungen missachtete, beschloss er, das Land zu besetzen, und wurde so in die Geschehnisse auf der Iberischen Halbinsel verwickelt, wo selbst eine kleine britische Streitmacht siegreich sein konnte. Die französischen Rückschläge dort ermutigten Österreich, eine erneute Kampfansage vorzubereiten.

DIE GRANDE ARMÉE: AUSLÄNDISCHE UND VERBÜNDETE TRUPPEN

Napoleon schenkte Verlusten kaum Beachtung und brüstete sich, er könne 30 000 Mann in einem Monat ersetzen. Dennoch konnte er Verluste im Ausmaß von Eylau oder Friedland nicht einfach kompensieren. Um seine Reihen aufzufüllen, musste er auf Männer zurückgreifen, deren Einberufung vorher verschoben worden war, und ab 1806 berief er auch Jahrgänge vorfristig ein. Zudem wurde die Wehrpflicht auf die angeschlossenen Gebiete ausgedehnt. Bis 1803 gehörten dazu Belgien, die linksrheinischen Gebiete, Savoyen, Nizza und Piemont. Hinzu kamen verschiedene Ge-

biete in Italien, Deutschland, Holland und Katalonien. Hier galt die Wehrpflicht, und die einheimischen Rekruten dienten in einer Anzahl französischer Einheiten; neue Regimenter, die nach 1805 gebildet wurden, waren ausschließlich mit Ausländern besetzt. Bei Gelegenheit wurden auch ganze militärische Organisationen in die französische Armee eingegliedert. Als Österreich im Rahmen des Schönbrunner Frieden 1809 Teile von Kroatien abgab, erhielt Napoleon die Institution der Militärischen Grenze aufrecht, und 1811 füllten die sechs Grenzerregimenter drei Regimenter auf, die als *Chasseurs d'Illyrie* gegen Russland im Einsatz waren. Im Unterschied zu diesen „französischen Einheiten" gab es fremdländische Kontingente. Napoleon neigte nicht dazu, Ausländer zurückzuweisen, die willens waren, für Frankreich zu kämpfen und zu sterben. Zu Zeiten der Republik hatte Bonaparte polnische und italienische Freiwillige eingesetzt, und das Kaiserreich warb ganz unterschiedliche fremdländische Einheiten an: irische, hannoversche, portugiesische, preußische, spanische, Freiwillige und Kriegsgefangenengruppen, die sich häufig formierten und später wieder auflösten.

Nach 1805 lieferten die Satellitenstaaten – Italien, Neapel, Westfalen und das Großherzogtum Polen – und die im Rheinbund zusammengeschlossenen Staaten zusätzliche Mannschaften. Den Rheinbundstaaten wurden abhängig von der Bevölkerungszahl Quoten zugewiesen; Bayern stellte die größte Anzahl – 30 000 Mann, und 110 000, die insgesamt in den Feldzügen zwischen 1805 und 1813 dienten. Westfalen, ein künstlicher Staat aus hessischen, hannoverschen und preußischen Gebieten, der von Napoleons Bruder Jérôme regiert wurde, rekrutierte 70 000 Soldaten aus einer Bevölkerung von zwei Millionen. Sachsen, Württemberg und Baden stellten jeweils beachtliche Kontingente. Das Königreich Italien mit Napoleons fähigem Stiefsohn Eugène de Beauharnais als Vizekönig stellte eine Gesamtzahl von 121 000 Mann, und das Großherzogtum Warschau brachte 89 000

Beauharnais, Napoleons Stiefsohn, wurde 1805 Vizekönig von Italien. Als fähiger Verwalter baute er eine italienische Armee auf und versah mit Auszeichnung seinen Dienst bei Wagram, Borodino und während des Rückzuges aus Moskau. 1813 verteidigte er sein Königreich wirkungsvoll gegen die Österreicher.

Jérôme Bonaparte, Napoleons jüngerer Bruder, wurde 1807 König von Westfalen. Von seinen Untergebenen geachtet, kommandierte er 1809 ein Korps und den rechten Flügel der Grande Armée in Russland. Er eilte 1815 seinem Bruder zu Hilfe und führte eine Division bei Waterloo – ins Unglück, wie mancher sagen würde.

Mann auf. Die größeren Kontingente bildeten eigene Korps mit französischen Befehlshabern, während andere in zusammengesetzten Verbänden dienten. Im Allgemeinen arbeiteten sie gut mit ihren französischen Kameraden zusammen und waren mit Ausnahme der Neapolitaner besser als durchschnittliche Soldaten. Im Herbst 1813 wurden die Deutschen unzuverlässig, jedoch blieben die Polen und die Soldaten des Königreiches Italien loyal. Die Gesamtzahl aller fremdländischen Kontingente, die irgendwann einmal in Napoleons Armeen dienten, belief sich auf 720 000 Mann. Im Jahre 1812 stellten sie einschließlich eines österreichischen und eines preußischen Hilfskorps mehr als die Hälfte der 614 000 Mann, die zur Invasion Russlands zusammengezogen wurden.

Veränderungen innerhalb der Grande Armée

Von 1807 an veränderte sich die französische Armee. Nie wieder war sie in der Lage, Soldaten gemäß den Richtlinien der ursprünglichen Grande Armée auszubilden. Erfahrene und fähige Offiziere waren immer schwerer zu finden, die Marschälle waren allzusehr mit Belohnungen und Liebesgaben beschäftigt, und selbst der Kaiser war nicht mehr auf der Höhe seiner Macht. Wenn die Veränderung auch eine negative war, sollte sie jedoch nicht überbetont werden. Ganz sicher war sie bei Wagram nicht augenfällig, noch fand sie innerhalb der gesamten Armee einheitlich statt, besonders was die Kaisergarde betraf, der Napoleon weiterhin neue Einheiten hinzufügte. Die Mittlere Garde wurde 1806 formiert, die Junge Garde

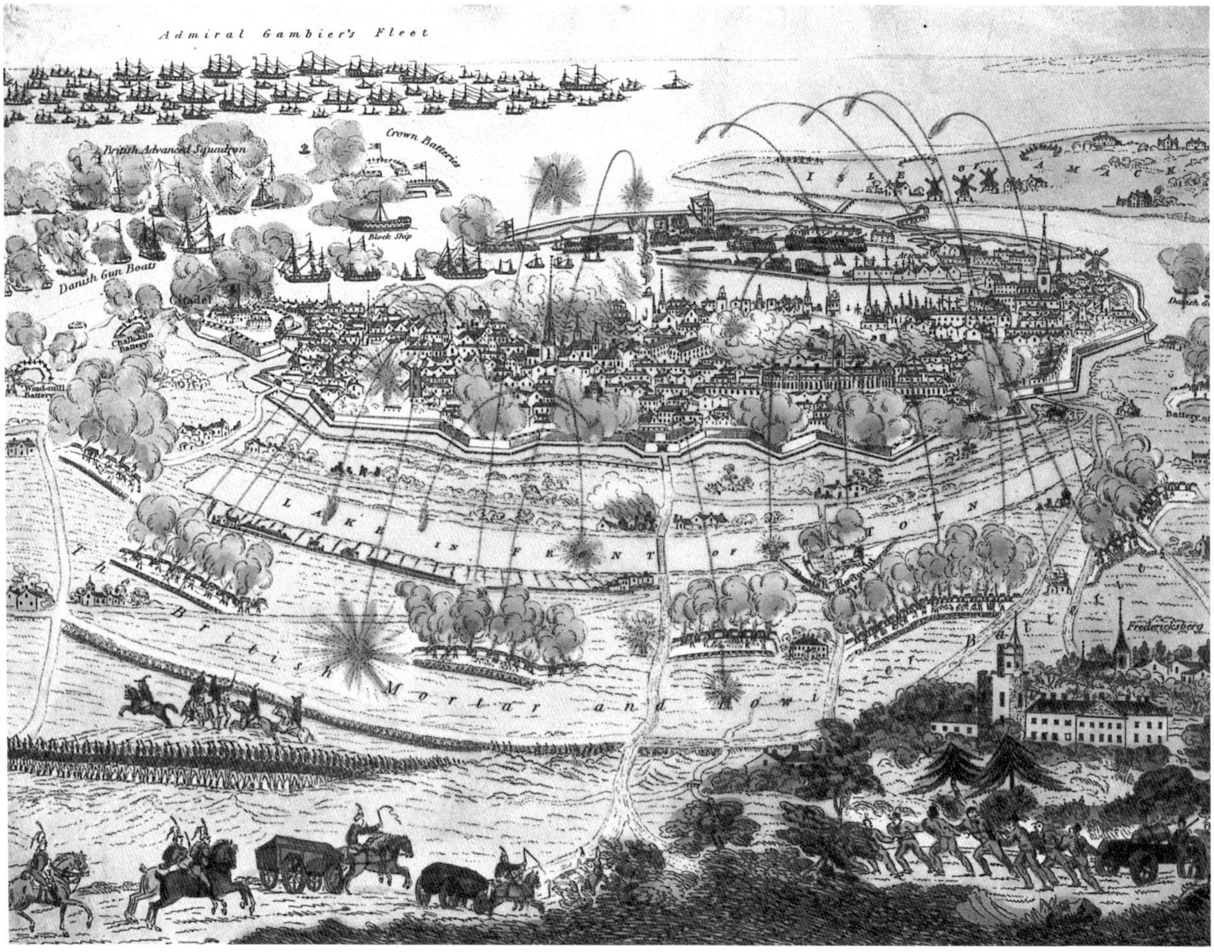

Da sie die Information erhalten hatte, dass Napoleon vorhabe, sich des wichtigsten Teils der dänischen Flotte zu bemächtigen, schickte die britische Regierung eine starke Abordnung, 20 Linienschiffe und 18 000 Mann, um dem französischen Vorhaben zuvorzukommen. Truppen landeten am 16. August, um Kopenhagen zu belagern, die Flotte bombardierte die Stadt vom 2. bis 5. September, und am 7. September willigten die Dänen in die Auslieferung ihrer Flotte ein.

mit den besten der jährlich eingezogenen Rekruten 1809 aufgestellt.

Zweifellos war die französische Infanterie immer weniger zu komplexen Manövern fähig. Um dies auszugleichen, verlegte sich der Kaiser mehr und mehr auf schwere Formationen, die schwerer Abschirmung durch Plänkler bedurften. Offiziell wurden die Bezeichnungen für Linie und Leicht beibehalten, doch bis 1808 waren bis auf leicht verschiedene Uniformen die Unterschiede zwischen den beiden Typen in Folge einer Tendenz zur universell einsetzbaren Waffengattung verschwunden. Artillerie wurde immer wichtiger. „Allein mit Artillerie," so teilte er 1806 Bernadotte mit, „werden Schlachten gewonnen", und in etwa dasselbe wiederholte er 1809: „Feuer ist alles, der Rest ist nicht wichtig." Trotz aller Anstrengungen, die Artillerie zu vergrößern, wuchs das Verhältnis der Geschütze in der Armee nur langsam auf 3,5 je 1000 Mann in den Jahren 1807–1809. Teilweise war dies darauf zurückzuführen, dass man versuchte, die Vierpfünder auszurangieren und das Wurfgewicht der Feldartillerie wegen der größeren Einschlagkraft schwerer Kugeln zu erhöhen. Der entscheidende Engpass war der Mangel an ausgebildeten Offizieren. Normalerweise brauchte es zwei Jahre, um einen Geschützoffizier auszubilden, doch im Jahre 1807 ordnete Napoleon an, dass Nachwuchsoffiziere nach sechs Monaten zur Verfügung stehen sollten. „Es ist nicht notwendig, dass sie alles über Ballistik wissen; alles, was von ihnen verlangt wird, ist, dass sie im Feld dienen können."

General Jean Andoche Junot hatte seit Toulon Napoleon gedient. 1807 erhielt er den Befehl, Portugal einzunehmen. Er wurde bei Vimiero von Wellesley geschlagen, sicherte aber die Rückführung seiner Mannschaften in die Heimat. Er diente unter Massena in Spanien und unter Eugène in Russland. Nachdem er 1813 nach Frankreich zurückgekehrt war, nahm er sich im Juli das Leben.

Die ersten Iberischen Feldzüge

Ende 1807 hatten alle Nationen auf dem europäischen Kontinent mit Ausnahme von Dänemark, Schweden und Portugal ihre Häfen für den britischen Handel geschlossen. Großbritannien hatte jedoch weiterhin Zugang nach Europa über die Iberische Halbinsel, wo Spanien, das seit 1796 mit Frankreich verbündet war, die Blockade nur lose einhielt und nach Trafalgar in geheime Verhandlungen mit London eingetreten war, während das neutrale Portugal regen Handel mit den Engländern trieb. Im Juni 1807 forderte Napoleon von Dänemark und Portugal, dass sie britischen Schiffen den Zugang zu ihren Häfen verweigerten. Großbritannien antwortete, indem es Kopenhagen bombardierte und die dänische Flotte in Besitz nahm; damit wurde ein Exempel statuiert, das Portugal davon abhielt, Napoleons Forderungen zu erfüllen.

Im Oktober 1807 drängte er die schwache spanische Regierung dazu, eine 25 000 Mann starke französische Armee unter General Junot bei ihrem Angriff auf Portugal zu unterstützen. Das doppelte Ziel dieser Expedition war einmal, Portugal unter französische Kontrolle zu bringen, und zum anderen, französische Truppen nach Spanien hineinzuführen. Wenn Spanien auch in dieser Operation kooperierte, die auf keinerlei Widerstand stieß, so war der Marsch dennoch schwierig. Junot erreichte Lissabon am 1. Dezember. Da die Verbindungslinie nach Frankreich 644 Kilometer betrug, konnte die Besetzung nur durchgeführt werden, solange Spanien friedlich blieb. Doch Napoleon, der der Versuchung nicht widerstehen konnte, sich in die verwickelten Angelegenheiten der königlichen Familie Spaniens einzumischen, machte dieses Abkommen zunichte. Unter dem Vorwand, Junot verstärken zu wollen, be-

Am 2. Mai 1808, voller Entsetzen über die französische Okkupation, erhob sich das Volk von Madrid gegen die Besatzer, doch innerhalb eines Tages wurde die Revolte grausam unterdrückt. Der Widerstand gegen die Franzosen breitete sich jedoch bald im ganzen Land aus und eskalierte.

setzte Murat Anfang 1808 mit 82 000 Soldaten, Einheiten der zweiten Linie nur für Garnisons- und Polizeidienste, wichtige Festungen in Nord- und Mittelspanien und marschierte am 14. März in Madrid ein. Napoleon zwang nun die königliche Familie zur Abdankung und setzte seinen Bruder Joseph, bis dahin König von Neapel, als König von Spanien ein. Murat erhielt dafür die neapolitanische Krone.

Anfangs gab es wenig Widerstand, aber französische Aktionen erregten den Groll des Volkes, der am 2. Mai in Madrid zum Ausbruch kam und von Murat blutig erstickt wurde. Doch der Aufstand breitete sich über das Land aus. Provinzielle Räte – *Juntas* – organisierten Widerstandskräfte, die spanischen Truppen marschierten aus Portugal zurück in die Heimat und es gab Rufe nach britischer Unterstützung. Napoleon mehrte seine Probleme, indem er seine Kräfte über Spanien verteilte; eine Kolonne wurde aus Valencia vertrieben, eine zweite kam durch anhaltende Belagerung Saragossas zum Stehen. Es wurde noch schlimmer, als am 20. Juli 1808 eine Streitmacht von etwa 18000 Mann, die Cádiz einnehmen wollte, geschlagen und bei Bailen zur Kapitulation gezwungen wurde. Die Nachrichten aus Bailen ließen Europa aufhorchen und beendeten Napoleons Ruf der Unbesiegbarkeit. König Joseph, der im Juni in Madrid eingetroffen war, verließ eilends seine Hauptstadt und zog sich über den Ebro nach Norden zurück.

Der spanische Aufstand gab England Gelegenheit, auf dem Landweg zu intervenieren. Am 1. August landete eine Streitmacht von 15000 Mann unter Sir Arthur Wellesley, einem jungen General, der sich in Indien einen Namen gemacht hatte, in Portugal und bezwang Junot am 21. August bei Vimeiro; ein Sieg, der dadurch zunichte gemacht wurde, dass zwei höhere Offiziere ihre Zustimmung gaben, die Franzosen nach Frankreich zurückzutransportieren. Ein Untersuchungsausschuss berief alle Beteiligten ab und übergab die Führung an General Moore.

Die Ereignisse des Sommers 1808 waren bedeutsam. Obwohl die Franzosen auf der Halbinsel bis August auf über 150000 Mann verstärkt wurden, hatte ihnen doch die Kombination des Volksaufstandes mit einer kleinen, aber wirkungsvollen britischen Expeditionsstreitmacht einen Strich durch die Rechnung gemacht. Von diesen Entwicklungen ermutigt, beschloss Österreich, Frankreich einmal mehr den Kampf anzusagen. Als Napoleon mit Verspätung erkannte, dass in Spanien wesentliche Teile der Grande Armée aus Deutschland benötigt wurden und dass Österreich eine Gefahr darstellte, überzeugte er einen zögernden Zar Alexander, Österreich zurückzuhalten und sich mit Spanien zu befassen. „Der Krieg kann mit einer einzigen Operation beendet werden, aber sie muss richtig koordiniert werden, und ich muss dabei sein." Im November übernahm er persönlich das Kommando. Die Kaisergarde, drei Korps aus Deutschland, die Kavallerie der Reserve, zusammen mit zwei italienischen Divisionen, einer polnischen und einer deutschen Division erhöhten die Stärke der Spanienarmee auf 305 000 Mann, bei 250 000 Gefechtsfähigen, die die spanischen regulären Truppen im Norden schnell zerschlugen. Einige reguläre Verbände überlebten im Süden, aber die spanische Armee war zerbrochen. Napoleon nahm im Dezember Madrid ein. Er erachtete den Krieg als so gut wie beendet und erwartete, dass die Briten abziehen würden.

Moore war jedoch nordöstlich nach Spanien hinein gezogen, um Soults isoliertes Korps bei Burgos anzugreifen. Am 20. Dezember reagierte Napoleon, indem er mit Neys Korps nach Norden vorstieß, um Moore im Rücken zu fassen. Im tiefen Winter zog sich Moore nach La Coruña zurück, wo die Royal Navy sein Kommando am 16. und 17. Januar 1809 abtransportierte; der General selbst kam jedoch bei der Evakuierung um. Zu diesem Zeitpunkt hatte Napoleon, beunruhigt durch Berichte über eine Verschwörung in Paris und österreichische Mobilmachung, Spanien mit seiner Garde schon verlassen. Er sollte nie zurückkehren. Unglücklicherweise täuschte er sich in drei Punkten: Er unterschätzte das Potenzial einer Widerstandsbewegung des Volkes, die die Unterstützung regulärer Kräfte mit einer sicheren Versorgungsroute genoss; er glaubte, dass sich eine Armee in Spanien selbst versorgen konnte; und schließlich glaubte er, dass Nachrichtenverbindungen und Truppenbewegungen in Spanien leicht zu realisieren seien. Er legte keine klare Befehlsrangfolge fest und zögerte nicht, sich aus der Ferne einzumischen und Bewegungen und Operationen anzuordnen, als handele es sich um die Lombardische Ebene. So übergab er die Führung des Krieges an seinen Bruder und eine Gruppe widerspenstiger Marschälle. Im Mai 1809 kehrte Wellesley nach Portugal zurück und brachte Verstärkung mit.

Joseph Bonaparte, König von Spanien 1808–1814. Er war Napoleons älterer Bruder und erwies sich als unfähig, Spanien wirksam zu regieren. Weder konnte er streitsüchtigen Marschällen seinen Willen aufzwingen, noch den spanischen Volksaufstand unterdrücken.

Neuaufstellung der Armee der Habsburger

Nach dem Debakel von 1805 wurde Erzherzog Karl zum Generalissimus ernannt, der im Kriegsfall alle Streitkräfte kommandieren und in Friedenszeiten das Militär leiten sollte. Sein unmittelbares Ziel war es, die Gefechtsfähigkeit der Armee zu verbessern, aber er war „ein Konservativer, der gegen gehörig festgefahrene Reaktionäre ankämpfte, die sich nie ganz mit den Techniken, der Energie und Betriebsamkeit anfreunden konnten, die der moderne Krieg erforderte." Seine strategischen Ansichten brachen nicht mit den Traditionen der Kriege des achtzehnten Jahrhunderts, schwankten aber zwischen alten und neuen Konzepten. In seinem Leitfaden für ranghöhere Generäle der Armee, der 1806 veröffentlicht wurde, schrieb er, dass der Krieg – ein großes Übel – „von unveränderlichen Gesetzen beherrscht" würde, „basierend auf unwiderlegbaren mathematischen Wahrheiten," und um ihn so bald wie möglich zu beenden, „sollten überlegene Kräfte am entscheidenden Punkt konzentriert werden." Aber der Leitfaden bestand darauf, dass Befehlshaber stets Verbindungslinie und Magazine schützen sollten, und während er über die von höheren Befehlshabern zu erwartende Eigeninitiative schwieg, behinderte seine Betonung von Versorgung, sorgfältiger Planung und präziser Aufstellung im Kampf Flexibilität und Risikobereitschaft.

Korpsverbände, neun „Linien-" und zwei Reservekorps, wurden erst während der Mobilmachung im Februar 1809 aktiviert. Das Linienkorps verfügte über drei Divisionen: eine als Vorhut bezeichnete, die ausschließlich aus leichten Truppen bestand, die anderen jeweils mit zwei oder drei Infanteriebrigaden. Reservekorps wurden durch Kombination der schweren Kavallerie mit Grenadierbataillonen gebildet. Das größere I. Reservekorps hatte 12 Grenadierbataillone und 6 Regimenter schwerer Kavallerie, das II. Reservekorps jeweils etwa die Hälfte. Korps, die im Durchschnitt aus 29 000 Mann bestanden, kämpften als kompakte Verbände, kaum jemals eingesetzt an Fronten von über 3 Kilometern Länge, und konnten von einem energischen Kommandeur mit gut funktionierendem Stab geleitet werden. Der Kaiser behielt sich jedoch das Recht der Berufung der höheren Ränge vor, und so wurden 1809 Korpskommandeure nach Herkunft und Dienstalter statt nach Verdiensten ausgewählt. Dies verlangte ihren Stäben mehr ab, jedoch waren diese Offiziere mangels Ausbildung und allgemein gültiger Doktrin unfähig, das Korpssystem effektiv zu handhaben; außerdem wurden sie ständig durch das Eingreifen des übergeordneten Stabes behindert. Dennoch verlieh das Korpssystem mehr Stehvermögen, und selbst wenn sie besiegt wurde, konnte die Armee einem völligen Desaster entgehen.

Die Taktik blieb antiquiert. Die Infanterievorschriften von 1807 hoben die drei Glieder tiefe Linie hervor; Kolonnen waren für den Angriff zugelassen, und man führte eine geschlossene Bataillonskolonne ein, die in der Lage war, sich im Angesicht feindlicher Kavallerie zu bewegen. Die Anzahl der Plänkler wurde erhöht, ihre Aktionen aber streng überwacht. Die österreichische Reiterei griff weiterhin in doppelter Linie an, ein schwacher Verband gegenüber den französischen berittenen Truppen. Die Artillerie wurde neu organisiert. Die Regimentsstücke wurden in Brigadebatterien mit 8 Geschützen gruppiert, während schwerere Geschütze der taktischen Kontrolle der Artilleriechefs auf Korps- und Armeeniveau unterstellt waren und bei Bedarf konzentriertere Feuerkraft lieferten.

Karl war gegen milizartige Verbände, da sie politisch unzuverlässig seien und die Illusion hervorriefen, dass sie über „große Massen an Kämpfern [verfügten], und ein falsches Sicherheitsgefühl vermittelten." Als er erkannte, dass der Staat „nach fünfzehn Jahren des Kampfes ... und des Unglücks" kein größeres reguläres Heer unterhalten konnte, stimmte er im späten Frühjahr 1808 zögernd der Formierung einer Landwehr zu. Indem sie alle männlichen Personen zwischen achtzehn und fünfundvierzig Jahren in Österreich und Böhmen einzog, bot diese Organisation auf dem Papier 180 000 Mann auf, während ihre Kampfstärke im Dunkeln bleibt.

DER KRIEG VON 1809

Ermutigt durch die Ereignisse in Spanien und die Reorganisation seiner Armee, zog Österreich, allerdings ohne Verbündete und mit einem feindlichen Russland im Rücken, am 10. April 1809 gegen Napoleon in den Krieg. Ein Versuch, die verstreute Deutschlandarmee zu schlagen, schlug fehl, nachdem Napoleon Erzherzog Karl in einer Reihe von Schlachten rund um Regensburg besiegt hatte und ihn zwang, sich in Stellungen auf dem Marchfeld etwas östlich von Wien zurückzuziehen. Nach anfänglichem Erfolg in Italien wurde Erzherzog Johann zurück nach Ungarn getrieben. Zwischen Hoffnung und Verzweiflung schwankend, kommandierte Erzherzog Karl die Schlachten von Aspern-Essling am 21. und 22. Mai – die mit einem taktischen Sieg endete – und von Wagram am 5. und 6. Juni in der er eine gerechtfertigte Niederlage erlitt.

Der Krieg von 1809: die Regensburger Phase

Österreichische Diplomatie und militärische Planung stimmten sich kaum miteinander ab. Die Diplomaten waren sich sicher, dass Russland neutral bleiben und Preußen eine provisorische Vereinbarung einhalten und Österreich mit 80 000 Mann unterstützen würde. Doch im März 1809 zog der vorsichtige Preußenkönig seine Zusage zurück, obwohl London Finanzen und ein größeres Ablenkungsmanöver in Nordwesteuropa versprach. Schließlich gab es Hoffnungen auf nationale Aufstände in Deutschland. Die Mobilmachung begann im Januar, und am 8. Februar 1809 bekräftigte ein Kronenrat die Entscheidung für den Krieg. Zu dieser Zeit hatte jedoch Karl schon das Vertrauen verloren, weil, wie er später schrieb, „unsere Aussichten auf Erfolg minimal waren." Er hatte Zweifel am Korpssystem und am Kriegsplan, und er hegte allzu große Ehrfurcht vor Napoleon, obwohl er persönlich ein mutiger Mann war.

Österreichs größte Chance war eine frühe Offensive in Deutschland. Die kür-

André Massena war einer von Napoleons fähigsten Marschällen. Er kämpfte 1805 in Italien und zeichnete sich 1809 aus. Im Jahr 1810 führte er die Portugalarmee gegen die ausgebaute Stellung von Torres Vedras, war aber gezwungen, sich 1811 nach Spanien zurückzuziehen, wo Wellington ihn schlug und damit seine aktive Laufbahn beendete.

1 Da Napoleon in Spanien gebunden war, nahm Österreich den Kampf erneut auf. Nach anfänglicher Konzentrierung in Böhmen für einen Vorstoß nach Mitteldeutschland verlegte Erzherzog Karl seine Hauptkräfte, um entlang der Donau vorzurücken, und gab damit den Franzosen Zeit, sich in Bayern zu sammeln. Eine zweite Armee unter Erzherzog Johann sollte gegen das Königreich Italien operieren.

2 Im April kommt es zum Aufstand in Tirol, der mit Unterstützung durch österreichische Abteilungen bayerische und französische Truppen aus dem Land treibt. Karl rückt über Regensburg und Landshut hinaus nach Westen vor.

3 Napoleon erreicht die Donau, sammelt seine Truppen und schlägt zwischen dem 20. und 24. April Karl, der sich daraufhin zurückzieht, um auf dem Marchfeld nördlich der Donau und östlich von Wien Stellung zu beziehen.

4 In Italien ist es Johann gelungen, zum Fluss Adige vorzurücken, doch die Niederlage der Hauptarmee in Deutschland zwingt ihn zum Rückzug. Französische Kräfte aus den Illyrischen Provinzen stoßen zu seinen Angreifern; er wird nach Ungarn abgedrängt und am 14. Juni bei Raab geschlagen.

5 13. Mai: Napoleon zieht in Wien ein. Am 21./22. Mai wirft er seine Kräfte über die Donau nach Aspern und Essling in der Hoffnung, eine entscheidende Schlacht zu erzwingen, wird jedoch geschlagen.

6 Nun sammelt Napoleon alle verfügbaren Kräfte einschließlich der Italienarmee. Nach sorgfältigen Vorbereitungen setzt er erneut über die Donau und besiegt am 5. und 6. Juli die Österreicher in der Schlacht von Wagram, aber ohne sie zu vernichten.

Der Orden der Légion d'Honneur (Ehrenlegion), der am 19. März 1802 vom Ersten Konsul gestiftet wurde, konnte allen militärischen Rängen und auch Zivilisten verliehen werden. Nach anfänglich großzügiger Verteilung – bis 1807 etwa 15 000 – wurden die Orden später limitiert, aber es gab Beschwerden darüber, dass die Grande Armée und die Kaisergarde bei der Verteilung bevorzugt wurden.

zeste Operationslinie bot das Donautal von Wien nach Straßburg, doch entschied man sich für eine nördlichere Variante, das Maintal, da man noch preußische Unterstützung erwartete und die französischen Kräfte in Deutschland spalten wollte. Das Armeehauptquartier und fünf Linien- sowie ein Reservekorps versammelten sich in Böhmen, während ein Linien- und das kleinere Reservekorps sich entlang des Inn im Einsatz befanden. Italien, nunmehr Nebenschauplatz, wurde Erzherzog Johanns Armee in Innerösterreich zugewiesen; sie verfügte über zwei Korps, die sich in Kärnten und Krain formierten. Schließlich war da bei Krakau noch Erzherzog Ferdinand mit einem Korps. Zählt man verschiedene abgestellte Abteilungen hinzu, so kommt man auf eine Feldstärke von 283 400 Mann mit 742 Feldgeschützen in 108 Batterien, mit 312 000 Mann Depot-, Reserve- und Landwehrtruppen in der Hinterhand.

Die französischen Kräfte und ihre Verbündeten in Deutschland, geschwächt durch den Abzug nach Spanien, machten sich langsam bereit. Im Dezember stellte Napoleon die Rheinarmee auf und befahl den etwa 60 000 französischen Soldaten in Deutschland, sich rund um Nürnberg und Regensburg zu konzentrieren, während er die Rheinbundstaaten anwies, mobilzumachen. Von Paris aus ergriff Napoleon zusätzliche Maßnahmen. Er schickte Berthier als amtierenden Kommandeur nach Deutschland und berief die Marschälle Lannes, Lefebvre und Bessières aus Spanien zurück. Der Kaiser rechnete mit Krieg, aber er erwartete nicht, dass die Kampfhandlungen vor Mai beginnen würden. Die französische Konzentrierung war Ende März noch nicht abgeschlossen. Davouts starkes III. Korps bewegte sich auf Regensburg zu, während Massena mit dem IV. Korps von Frankfurt und Straßburg aus nach Bayern zog. Andere französische und verbündete Kontingente wurden gerade aufgestellt, würden aber nicht vor Ende Mai zur Verfügung stehen. Die Befehlsvereinbarungen waren dürftig. Die Sichtsignalverbindung zwischen Napoleon in Paris und Berthier in Bayern funktionierte nicht, und in der zweiten Aprilwoche war Davouts rechter Flügel nördlich von Regensburg immer noch 100 Kilometer von Massena entfernt; die Lücke wurde von Lefebvres VII. Korps mit 30 000 Bayern überbrückt.

Wenn Karl Ende März zugeschlagen hätte, dann hätte er die Franzosen aus dem Gleichgewicht gebracht und vielleicht Siege erzielt, die Preußen zur Aufgabe seiner Neutralität veranlasst hätten. Doch er zögerte. Er ahnte, dass die Franzosen sich an der Donau sammeln könnten, um gegen Wien vorzurücken, während sein Vormarsch von Böhmen aus nach Westen schwierig war und die Spitzen der Kolonnen angegriffen werden konnten, sobald sie aus dem Böhmerwald herauskamen; daher verlegte er seine Operationslinie in ein Gebiet südlich der Donau. Am 13. Mai zog die österreichische Armee nach Süden und ließ zwei Korps zurück. Durch die drei Wochen, die diese Bewegung dauerte, geriet die österreichische Offensive in Verzug, wodurch Napoleon persönlich das Kommando übernehmen und sein Kräfte sammeln konnte, während Karl seine Truppen strapazierte und seine Armee teilte. Die beiden Korps, die unter General Bellegarde in Böhmen zurückblieben, waren dort eigentlich nutzlos. Nachdem in der ersten Aprilwoche die Verlegung abgeschlossen war, setzte Karl den Beginn der Kampfhandlungen für den 10. April an. Ein Aufruf, der an die Truppen verteilt wurde – „Europa sucht Freiheit unter Euren Fahnen ... Eure deutschen Brüder warten auf Rettung, die in Euren Händen liegt" –, fand unter den Soldaten wenig Beifall und beeindruckte Napoleons deutsche Verbündete überhaupt nicht.

Der langsame österreichische Vorstoß erzeugte operative Probleme. Um den Feind zu spalten, bevor er sich sammeln konnte, musste Ingolstadt in acht Tagesmärschen erreicht werden. Behindert durch einen großen Tross und schlechte Stabsarbeit, erreichte die Armee jedoch Landshut, 65 Kilometer nordöstlich von München, erst am 16. April. Auch Bellegarde kam schlecht voran. Da ihm genaue Informationen über den Standort des Feindes fehlten, befahl Napoleon Davout, Regensburg zu besetzen. Am 17. April entschloss sich Karl, nach Norden zu ziehen, um Verbindung mit Bellegarde herzustellen; am nächsten Tag aber, als er Davouts unsichere Position erkannte, rückte er vor, um ihn anzugreifen, und ließ ein Korps zurück, um seine linke Flanke zu decken. Aber Napoleon war am selben Tag im Armeehauptquartier eingetroffen und erkannte die Bedrohung. Er zog Davout von Regensburg ab, mit dem Auftrag, sich östlich von Ingolstadt mit Lefebvre zu verbinden. Lannes, der soeben aus Spanien eingetroffen war, sollte ein provisorisches Korps bilden; Massena und Oudinot wurden zur Eile gedrängt. „Aktivität, Aktivität, Beeilung, ich grüße Euch," teilte Napoleon Massena mit.

Nach seiner eigenen Einschätzung zählte die Serie von Schlachten in Bayern zwischen dem 20. und 24. April zu Napoleons brillantesten Operationen. Während Davout und Lefebvre als hinhaltende Kräfte fungierten, sollten Lannes und Massena das österreichische Zentrum und den linken Flügel angreifen. Die Kampfhandlungen am 21. April – eine Serie von Zusammenstößen entlang einer Linie von 45 Kilometern, die insgesamt als Schlacht von Abensberg bekannt sind – drängten den linken Flügel der Österreicher hinter Landshut zurück. Hier stellte Napoleon fest, dass die Hauptmacht der Feindarmee sich nach Norden gegen Davout gewendet hatte. Vor Morgengrauen des nächsten Tages brach er mit 40 000 Mann unter Massena und Lannes ebenfalls nach Norden auf, und am frühen Nachmittag brachte er ein weiteres *manoeuvre sur les derrières* zustande, als Lannes Kolonnen bei Eggmühl die linke Flanke der Österreicher eindrückte. In derselben Nacht zog noch Karl den Hauptteil seiner Armee in ein Gebiet nördlich der Donau zurück und informierte Kaiser Franz darüber, dass Frieden unumgänglich geworden sei. Die Armee, so schrieb er, „musste um jeden Preis gerettet werden", weil man sie vielleicht „brauchen würde, um mit internen Problemen fertig zu werden".

Im Regensburg-Feldzug hatte Napoleon mit einer hastig zusammengestellten Armee den Österreichern, die schwerwiegende Mängel in Befehlsführung und Kontrolle hatten erkennen lassen, die Initiative entrissen. Der Stab war nicht in der Lage gewesen, Bewegungen zu regulieren, und die Korpskommandeure hatten wenig eigene Entschlusskraft gezeigt, zum Teil auch deshalb, weil Karl ihnen wenig Entscheidungsfreiheit gewährte und sie selten über seine Pläne informierte. Auch gab es die Tendenz, zu viele Mannschaften in Reserve zu behalten. Karl hatte nur die Hälfte seiner Leute eingesetzt; der Rest stand unter Waffen, trug aber nur wenig zum Kampfgeschehen bei. Dennoch hatte die Korpsstruktur der Armee ermöglicht, ihrer Vernichtung zu entgehen.

Die Aspern-Esslinger Phase

Der Fehlschlag der Hauptarmee zwang alle anderen österreichischen Kräfte dazu, in die Defensive zu gehen. In Italien hatte Erzherzog Johanns Innerösterreich-Armee Eugènes Truppen an den Fluss Adige zurückgedrängt, wurde aber zurückberufen, um sich der Hauptarmee anzuschließen. Mitte Mai wurde er am Fluss Piave geschlagen und zog sich nach Innerösterreich zurück, und nachdem Marmonts Korps aus Dalmatien Eugène verstärkt hatte, wurde Johann in Richtung Osten nach Ungarn getrieben. In Polen war Erzherzog Ferdinand auf Warschau vorgestoßen, musste sich aber nun nach Galizien zurückfallen lassen. In Tirol wurden die regulären Truppen, die die Gebirgsbewohner bei der Vertreibung bayerischer Gar-

Am 21. und 22. Mai brachte Erzherzog Karl Napoleon eine erste persönliche Niederlage bei, als die Franzosen versuchten, über die Donau zu setzen und am anderen Ufer einen Brückenkopf zu bilden. Das Bild zeigt Karl, einen Mann von erheblichen persönlichen Mut, am Morgen des zweiten Tages, nachdem er seine Truppen stabilisiert und einen entschlossenen Angriff der Franzosen zurückgeschlagen hatte.

nisonen unterstützt hatten, zurückgezogen, obwohl die Tiroler selbst dann noch weiter kämpften, als Österreich im Oktober Frieden geschlossen hatte. Aber abgesehen davon, dass einige bayerische und ein paar französische Truppen abgelenkt wurden, hatte der Aufstand keine strategischen Auswirkungen. Und Karls Appell an das deutsche Nationalbewusstsein war im Großen und Ganzen danebengegangen. Im Frühjahr und Sommer 1809 gab es eine Folge bewaffneter Erhebungen in Westfalen und Braunschweig. Der preußische Major Friedrich von Schill führte seine Reiter zur Unterstützung des hannoverschen Widerstandes, wurde aber am 28. Mai von holländischen und dänischen Truppen nach Stralsund hineingetrieben. Schill wurde im Kampf getötet, die gefangenen Offiziere erschossen und seine Soldaten auf die Galeeren geschickt. Der Herzog von Braunschweig-Oels und seine „Schwarze Schar" hatten mehr Glück. Sie drangen nach Sachsen ein und besetzten im Juni Dresden, und nach Österreichs Niederlage kämpften sie sich zur Nordsee durch, wo sie von britischen Schiffen gerettet wurden. Militärisch gesehen hatten diese Heldentaten allenfalls störende Wirkung, aber sie trugen zum wachsenden Nationalbewusstsein in Deutschland bei.

Die entscheidenden Schlachten wurden nördlich der Donau und östlich von Wien geschlagen. Napoleon war am Südufer der Donau entlang nach Osten marschiert und hatte den linken Flügel der Österreicher unter Befehl von Hiller verfolgt, während er weiterhin Karl und die Armee von Innerösterreich voneinander getrennt

hielt. Als Hiller erkannte, dass die Landwehr mit Ausnahme einiger Freiwilligeneinheiten nicht gewillt war, zu kämpfen, begann er am 3. Mai bei Ebelsberg ein Hinhaltemanöver und überschritt am 11. Mai die Donau zum Nordufer, um sich der Hauptarmee anzuschließen. Wieder einmal verteidigten die Österreicher Wien nicht, sondern räumten die Stadt am 12. Mai unter Zurücklassung riesiger Magazine.

Am 17. Mai hatte Karl seine Armee auf dem Marchfeld versammelt, 15 Kilometer östlich von Wien auf dem Nordufer der Donau, die zu diesem Zeitpunkt in mehrere Arme geteilt war und Hochwasser führte. Das Marchfeld mit seiner Ausdehnung von ca. 18 Kilometern Länge und 13 Kilometern Breite war mit kleinen Dörfern übersät, zu denen auch Aspern und Essling direkt am Ufer gehörten. Sein wichtigstes Merkmal war der Russbach am nördlichen Rand, hinter dem das Gelände zu einer niedrigen Böschung anstieg, auf der sich die Dörfer Wagram und Markgrafneusiedl befanden. Im Nordwesten ging das Plateau in ein Hügelland über.

Mit den eingegliederten Truppen Hillers und der Wiener Garnison, jedoch ohne die starken Verbände, die zur Sicherung seiner Flanken abgestellt wurden, hatte Karl 95 800 Soldaten und 264 Geschütze für die Schlacht zur Verfügung. Obwohl die Bezeichnung Korps beibehalten wurde, war er zur traditionellen Schlachtordnung zurückgekehrt und setzte seine Armee in der traditionellen Ordnung mit mehreren Kolonnen und drei Flügeln ein. Es gab nun eine einzige Armeevorhut, während die zwei Reservekorps als ein Grenadier- und ein Kavalleriekorps zusammengestellt

ASPERN-ESSLING 21.–22. MAI 1809

Obgleich Karl nur einen taktischen Sieg erfochten hatte, den er nicht nutzte, beeindruckten die Gefechtsqualitäten der Österreicher Napoleon, der später zu Murat sagte: „Ihr habt die Österreicher bei Aspern nicht gesehen, also habt Ihr gar nichts gesehen.“

Aspern-Essling
7.30 Uhr, 22. Mai 1809

- französischer Vormarsch
- französische Befestigung
- Vormarsch der Verbündeten
- Befestigung der Verbündeten

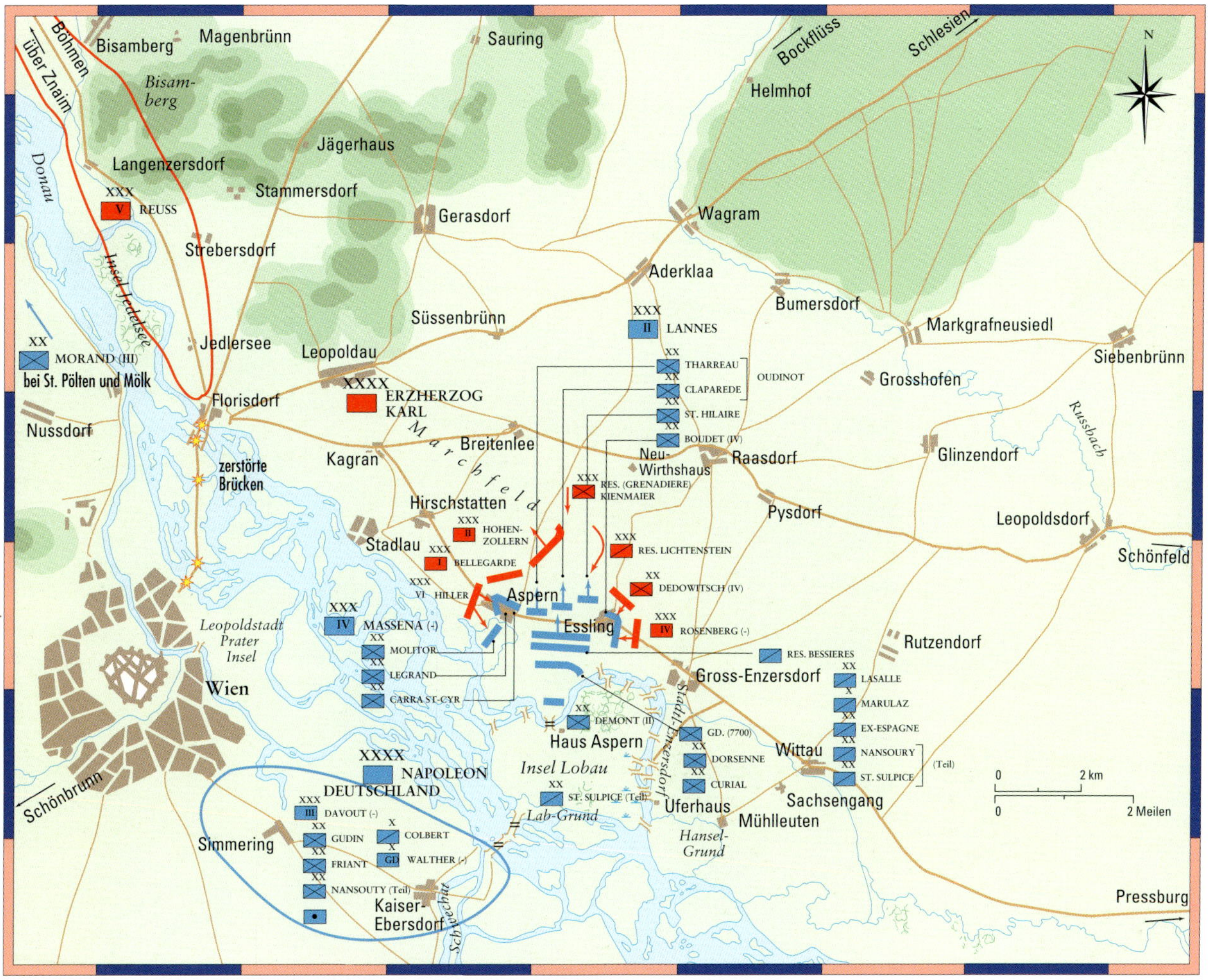

Am zweiten Tag der Schlacht von Aspern-Essling, dem 22. Mai 1809, entschied sich Napoleon zum Rückzug bei Einbruch der Dunkelheit, obwohl es entscheidend war, Aspern und Essling, die Ecksteine seines Brückenkopfes, bis dahin zu halten. Als die Österreicher gegen 14 Uhr den größten Teil Esslings einnahmen, stellte der Kaiser Grenadierbataillone der Alten Garde ab, um das Dorf zurückzuerobern.

wurden. Trotz des Druckes, die Franzosen sofort anzugreifen – zu diesem Zeitpunkt hatte Napoleon nur 82 000 Mann –, lehnte es der Erzherzog ab, sich bei Hochwasser über einen breiten Fluss zu wagen. Er wusste, dass Napoleon ihn würde angreifen müssen und hatte nicht vor, unmittelbar an der Wasserlinie zu kämpfen; deshalb gestattete er dem Feind, substanzielle Kräfte überzusetzen und ihn anzugreifen, sobald er bereit war, in die Ebene auf der anderen Seite einzufallen.

Der Erzherzog vermutete richtig. In der Befürchtung, die Österreicher könnten sich außer Reichweite zurückziehen, strebte Napoleon eine frühzeitige Schlacht an. Die Aufklärung fand einen geeigneten Punkt zur Überquerung der Donau flussabwärts von Wien, wo die große Insel Lobau und einige kleinere Sandbänke Gelegenheit gaben, Brücken bis zum Marchfeld zu bauen. Die Insel Lobau wurde am 18. Mai eingenommen, und die Pioniere bauten eine Reihe behelfsmäßiger Brücken zum anderen Ufer, wobei die letzte Verbindung 225 Meter lang war, von der Lo-

Die Versorgung der Verwundeten war während der Napoleonischen Kriege weiterhin äußerst schlecht und in manchen Fällen überhaupt nicht vorhanden. Jedoch war die medizinische Versorgung, die der Kaisergarde zur Verfügung stand, die bestmögliche, und ihr Chefchirurg, der ranghöchste Offizier des medizinischen Dienstes der Grande Armée, Baron Dr. Dominique Larrey, erfand die ersten extra für diesen Zweck gebauten Krankenwagen, mit deren Hilfe man die Verwundeten vom Schlachtfeld abtransportierte.

bau zum Nordufer zwischen Aspern auf der linken und Essling auf der rechten Seite. Die Brücken wurden am 20. Mai fertig gestellt, und leichte Kavallerie sowie eine Infanteriedivision setzten über, um sich auf der anderen Seite einzurichten. Um Mitternacht waren Massena und der Rest seines Korps, gefolgt von Bessiéres und der Gardekavallerie, nach drüben gelangt. Bis zu diesem Zeitpunkt hatten das steigende Hochwasser und mehrere Baumstämme, die die Österreicher den Fluss hinab geschickt hatten, die Brücken zweimal zerstört, aber am Vormittag des 21. Mai standen 23 000 Mann – drei Infanterie- und zwei Kavalleriedivisionen – im Brückenkopfgebiet. Die Infanterie besetzte die beiden Ortschaften, während die Kavallerie dazwischen stand.

Erzherzog Karl, dessen Kräfte in sechs Kolonnen zwischen Wagram und der Donau postiert waren, ordnete um 10 Uhr einen konzentrischen Angriff auf die Franzosen an, doch schlechte Zeitabstimmung machte die zahlenmäßige Übermacht der Österreicher wirkungslos. Mit Massena in Aspern und Lannes in Essling verloren die Franzosen nur einen Teil von Aspern, und trotz eines erneuten Brückenbruches verstärkte Napoleon seine Truppen im Laufe des Nachmittags und der Nacht. Am frühen Morgen des 22. Mai hatte Napoleon, der sich nun am Nordufer befand, seine Kräfte mit dem Eintreffen des übrigen II. Korps von Lannes, der Gardeinfanterie und zusätzlicher Kavallerie verdoppelt. Bei Sonnenaufgang eroberten die Franzosen Aspern wieder vollständig zurück, während die Esslinger Garnison einen österreichischen Überfall im Morgengrauen zurückschlug. Obwohl Davouts Korps noch nicht eingetroffen war, beschloss Napoleon gegen 7 Uhr, das österreichische Zentrum aufzubrechen. Drei Divisionen des II. Korps rückten unter dem Schutz der Kavallerie vor. Anfangs machte der Angriff gute Fortschritte,

aber er kam zum Stehen, als Karl persönlich seine Truppen sammelte. Etwa zu diesem Zeitpunkt befahl Napoleon, der von der erneuten Zerstörung der Brücke erfahren hatte, auf die Linie Aspern-Essling zurückzugehen. Österreichische Grenadiere nahmen den größten Teil Esslings ein, mit Ausnahme der aus Stein erbauten Kornkammer. Nachdem die Junge Garde nachmittags das Dorf zurückerobert hatte, ordnete der Kaiser den Rückzug auf die Insel Lobau an, der in voller Ordnung durchgeführt wurde. Seltsamerweise ließ der Druck der Österreicher nach, als die Nachhut sich auf die Brücke und schließlich auf die Lobau zurückfallen ließ. Es hatte schwere Verluste gegeben. Die Österreicher verloren 5200 Gefallene und 21 500 Verwundete, die Franzosen etwa die gleiche Anzahl. Wie gewöhnlich waren die Verluste unter den ranghöreren Offizieren bei den Franzosen schwerer als die der Österreicher. Neben Marschall Lannes, der später seinen Verwundungen erlag, fielen drei Generäle im Feld und achtzehn wurden verwundet, im Vergleich zu einem gefallenen österreichischen General und dreizehn verwundeten höheren Offizieren.

Es gab keine Verfolgung, nicht einmal eine Bombardierung der mit Truppen überfüllten Insel. Im Grunde hatte Karl eine defensive Schlacht geschlagen, um den Feind zu erschöpfen und zu schwächen, doch fehlte es ihm am Willen, ihn zu zerstören. Sein Erfolg war nicht auf hervorragende Strategie zurückzuführen, sondern auf seine eigene Tapferkeit und den Mut seiner Truppen gegen einen Feind, der alles auf eine Karte gesetzt hatte. Karl hoffte, dass sein taktischer Sieg Preußen und Russland dazu treiben würde, sich mit Österreich zu verbünden, und dass die Furcht vor solchen Entwicklungen Napoleon dazu bringen würde, Frieden zu schließen. Napoleon war jedoch aus härterem Holz geschnitzt. Er weigerte sich, die Evakuierung der Lobau anzuordnen, und wies einen Rückzug nach Wien von sich.

Nachdem er bei Aspern-Essling zurückgeschlagen worden war, traf Napoleon sorgfältige Vorbereitungen. Durch den Bau von stabilen Brücken verwandelte er die Insel Lobau in eine mächtige Feuerstellung und ein riesiges Sammellager. Hier überqueren gerade zwischen dem 2. und 4. Juni 1809 Artillerie und Kavallerie den südlichen Arm der Donau auf dem Weg zu ihren Konzentrierungsgebieten.

Die Schlacht von Wagram 5.–6. Juli 1809

Erzherzog Karls Plan, die französischen Streitkräfte in der Ebene zu umfassen, schlug fehl, doch Napoleon musste auf ein Bombardement von nie dagewesener Stärke und auf große Kolonnen zurückgreifen, um in die Linie der Österreicher einzubrechen.

Er erkannte an, dass die Österreicher gut gekämpft hatten, versicherte jedoch, die steigende Donau habe seine Armee besiegt. Er war entschlossen, es noch einmal zu versuchen und darauf zu achten, dass beim nächsten Mal weder die Donau noch unterlegene Mannschaftsstärke seine Pläne durchkreuzen.

Napoleon verwandelte die Lobau und mehrere angrenzende Inseln in Feuerstellungen mit 129 schweren Geschützen, ließ flussaufwärts in der Donau einen starken Damm bauen, um vier neue Brücken zur Lobau zu schützen, und machte sich bereit, zehn Pontonbrücken von dort aus auf das Nordufer zu werfen. Schanzen und eine Flottille von zehn Kanonenbooten sicherten die Inselstellungen gegen österreichische Angriffe. Schließlich berief er alle verfügbaren Truppen für die Schlacht herbei und vergrößerte seine Stärke auf beinahe 178 000 Mann. Hierin waren einbegriffen die Lobauer Garnisonen, das IX. (Sächsische) Korps unter Bernadotte und die Italienarmee, die am 14. Juni Johanns Innerösterreich-Armee bei Raab geschlagen und in die Stadt Pressburg am Nordufer der Donau getrieben hatte. Lefebvres Bayern befanden sich im Anmarsch.

Seltsamerweise tat Karl kaum etwas, um seine Stellung zu verbessern. Er lehnte Empfehlungen ab, über den Fluss zu gehen und fuhr fort, den Kaiser zu beschwören, doch um Frieden nachzusuchen. Inzwischen erhielt seine Armee ein wenig Verstärkung, vor allem durch Landwehreinheiten, die er mit Regulären zu Brigaden vereinigte; damit hatte er insgesamt 130 000 Mann mit 414 Geschützen zur Verfügung. Sein Bruder Johann ignorierte wiederholte Appelle, mit seiner Armee zu ihm zu stoßen, aber unter seinem Befehl standen ohnehin nur noch 12 000 Mann. Inzwischen konstruierte Karl eine Reihe schlecht entworfener und ungünstig platzierter Schanzen in der Ebene gegenüber der Lobau, tat aber wenig dazu, die Russbach-Linie zu befestigen. Vor allem versäumte er es, einen zusammenhängenden Schlachtplan zu entwerfen. Er schwankte zwischen den beiden Möglichkeiten, den Feind ent-

(1) Im Laufe des Vormittags des 5. Juli startet Erzherzog Karl einen Angriff auf Napoleons linken Flügel, um die Brücken über die Donau einzunehmen. Der Angriff wird von Massenas Korps aufgehalten.

(2) 6. Juli: Napoleon konzentriert seine Streitkräfte samt Artillerie – die zu diesem Zeitpunkt größte Artilleriekonzentration – auf das österreichische Zentrum, während Davouts Korps die linke Flanke der Österreicher angreift.

(3) Das österreichische Zentrum wird durchstoßen und die linke Flanke zurückgedrängt. Erzherzog Karl befiehlt geordneten Rückzug in Richtung Nordosten.

weder direkt am Fluss zu erwarten oder ihn bis zur Ebene vorrücken zu lassen, um ihn dann, wenn er am Russbach festgehalten war, anzugreifen und in einer doppelten Umklammerung zu vernichten. Am Ende machte er einen schlechten Kompromiss. Hillers Korps und die Vorhut sollten den Feind auf der Aspern-Essling-Linie aufhalten, seinen Vormarsch verlangsamen und dadurch Zeit herausschlagen, damit die Hauptarmee ihre Stellungen einnehmen konnte. Hiller hielt mehrere Tage lang dagegen, dass sein schwaches Korps diese Aufgabe unmöglich erfüllen könnte, und dankte dann am 4. Juli ab. Zwar war seine Einschätzung richtig, doch unterstrich diese Handlung die selbstsüchtigen Feindseligkeiten, die die Funktion der höheren Befehlsebene der Österreicher beeinträchtigten. Karl hatte natürlich einen Fehler begangen. Ein geringeres Truppenkontingent hätte den Feind unter Beobachtung halten können, die schweren französischen Batterien bliesen die Schanzen auseinander, und die Vorhut, einfach beiseite gefegt, erlitt unnötig schwere Verluste.

Am 4. Juli begannen die Lobauer Batterien mit der Bombardierung der österreichischen Schanzen und zerstörten die Aufbauten. Schwere Gewitter während des Nachmittags und Abends halfen den Franzosen die Überquerung der Donau zu verbergen. Berthiers peinlich genaue Planung zahlte sich aus. Am 5. Juli morgens standen Hauptelemente von drei Korps, bis zum Nachmittag erhöht auf sechs Korps, sowie die Garde und die Kavalleriereserve in der Ebene bereit. Die Österreicher waren zurückgedrängt worden, und am Abend stand die rechte Flanke der Franzosen – Bernadotte, Eugène, Oudinot und Davout – vor dem Russbach, Massena deckte das linke Zentrum, die Kaisergarde und die Kavallerie standen in Reserve, Marmont und eine bayerische Division waren dabei überzusetzen. Als das Tageslicht schwand, startete Napoleon einen übereilten Angriff auf die Russbach-Stellungen; dieser schlug fehl. Als der Kampf etwa gegen zehn Uhr abends beendet war, hatten die Österreicher, die sich in einer guten Verteidigungsposition befanden und entschlossen angeführt wurden, die Franzosen geschlagen.

Da nun sein Selbstvertrauen wiederhergestellt war, gab Karl Befehl für einen Generalangriff am nächsten Morgen kurz nach Sonnenaufgang. Der schwache französische linke Flügel entlang der Donau sollte in einem *manoeuvre sur les derrières* durch zwei Korps überrannt werden, während entlang des Russbach drei Infanterie- und ein Kavalleriekorps gleichzeitig vorrücken sollten. Das war ein gewagter Plan, dessen Erfolg von genauer Zeitabstimmung abhing. Da der Befehl erst am 6. Juli nach 2 Uhr morgens an Korps in einem 23 Kilometer weiten Bogen erging, war dies von vornherein unmöglich. Im Kampf konnte Davout der österreichischen Linken standhalten, aber im Zentrum wurde Bernadottes schlecht geführtes Sächsisches Korps in die Flucht geschlagen. Ein rasender Napoleon entließ den Marschall auf der Stelle. Wegen der verspätet eintreffenden Befehle kam der Angriff der Österreicher auf den schwach gehaltenen linken Flügel der Franzosen drei Stunden zu spät, ging aber gut voran bis zu den Brücken, wo er unter schwerem Feuer der Lobauer Batterien zum Stehen kam. Inzwischen füllte die französische Kavallerie die Lücke, unterstützt von einer großen Batterie aus 112 Geschützen, und Massena löste sich aus dem Zentrum, marschierte durch die österreichische Front und rettete die Situation auf der Linken, während Macdonalds Korps der Italienarmee die Lücke im Zentrum füllte. Karls ambitionierter Plan war fehlgeschlagen.

Auf der rechten Seite kam Davout rund um Markgrafneusiedl gut voran, während Macdonald den Befehl erhielt, das österreichische Zentrum westlich des Russbachs aufzubrechen. Nach heftigem Bombardement rückte Macdonald in großer Breite mit 8000 Mann vor, nahm enorme Verluste hin, wurde aber von einer bayerischen Division sowie von der Jungen Garde unterstützt, die immer weiter nach vorn drängte. Zu diesem Zeitpunkt gewann Davout die Schlacht. Kurz nach Mittag brachte er die österreichische Linke zum Wenden und drohte, die Russbach-Linie aufzurollen. Da Karl die Hoffnung verloren hatte, dass Johanns Armee noch eintreffen würde, gab er um 14.30 Uhr den Befehl zum schrittweisen Rückzug. Die Franzosen waren für eine Verfolgung zu erschöpft, und die Österreicher zogen sich mit 80 000 Mann geordnet zurück, einschließlich eines Korps, das Karl in Reserve gehalten hatte und das noch gefechtsfähig war. Mit 320 000 beteiligten Kämpfern hatte Napoleon die größte Schlacht gewonnen, die je in Europa geschlagen wurde. Aber der Preis war hoch: etwa 70 000 Mann Verluste, fast gleichmäßig auf beide Seiten verteilt.

Obwohl die Franzosen bis in die zweite Tageshälfte des 7. Juli die Verfolgung nicht aufnahmen, hatte Karl den Mut verloren. Er zog sich nach Mähren zurück und stellte sich einigen kleineren Gefechten, suchte dann aber am 11. Juli um einen Waffenstillstand nach und legte das Kommando nieder, als der Kaiser, der noch auf englische, preußische oder gar russische Intervention hoffte, die Dringlichkeit eines sofortigen Friedens nicht einsehen wollte. Die versprochene britische Landung Ende Juli, in Holland statt in Deutschland, schlug fehl, und am 14. Oktober musste Österreich den Frieden von Schönbrunn unterzeichnen, in dem es Salzburg an Bayern, die Illyrischen Provinzen an Napoleon und Teile Galiziens an das Großherzogtum Warschau und an Russland abtreten musste. Zusätzlich musste es eine hohe Entschädigungssumme zahlen, seine Armee auf 150 000 Mann begrenzen und sich wieder an der Kontinentalsperre beteiligen.

Nach erbittertem Kampf reiten hier am zweiten Tag der Schlacht von Wagram, kurz nach Mittag am 6. Juli 1809, Napoleon und sein Stab nach vorn, um Eugènes Italienarmee beim Angriff auf das österreichische Zentrum zu beobachten. Hinten im Bild sieht man die Russbach-Berge.

Analyse von Wagram

Allgemein wird behauptet, dass Wagram einen Niedergang der Fähigkeiten von Napoleons Infanterie markierte und er deshalb Artillerie und schwere Kolonnen einsetzen musste statt schneller Bewegungen hoch motivierter und ausgebildeter Truppen. Doch so einfach lagen die Dinge nicht. Natürlich war dies nicht mehr die Armee, die 1805 aus Boulogne abmarschiert war, und das Ausbildungsniveau hatten sich verschlechtert. Aber die Gefechtsqualitäten seiner Truppen waren hoch, wenn auch nur deshalb, weil weniger erfahrene Soldaten oft aggressiver kämpften als Veteranen, die sich Überlebensstrategien angeeignet hatten. Die Kampfleistungen der Korps von Davout und Massena stand denen in der Vergangenheit in nichts nach; tatsächlich kämpften alle Korps gut. Italiener und Bayern waren den Franzosen bei Wagram ebenbürtig, und die Sachsen schlugen sich am ersten Tag sehr gut und flohen am zweiten nur auf Grund von Bernadottes schlechter Führung.

Was die Kommandeure angeht, so machten die Marschälle mit Ausnahme von Bernadotte ihre Sache gut, und wegen der großen Entfernungen auf dem Schlachtfeld wurde ihnen hier einmal ein Großteil der taktischen Initiative überlassen. Die französische Armee bei Wagram hatte sich zwar verändert, aber nicht verschlechtert.

Was die Österreicher betrifft, so hatten die Truppen mehr als nur ihre Pflicht ge-

tan. Napoleon, der dies sicher gut beurteilen konnte, wies alle zurecht, die sie herabsetzten, indem er mehr als einmal feststellte, „man sieht, dass Ihr bei Wagram nicht wart“. Doch Erzherzog Karl verlor viel von seinem Glanz. Seine Neuorganisation der Artillerie hatte funktioniert, aber sein System der Befehlsführung und Kontrolle hatte versagt. Das Verhältnis zu höheren Befehlshabern war schlecht. Er machte seine Untergebenen nicht mit seinen Gesamtschlachtplan bekannt und entzog ihnen jede Initiative. Sein Umfassungsplan für den zweiten Tag der Schlacht war unrealistisch, da er nicht die Zeiten und Entfernungen berücksichtigte, die nötig waren, um seine Befehle zu übermitteln und auszuführen. Vor allem war er ein viel zu vorsichtiger Befehlshaber und viel zu besorgt um die Erhaltung der Armee, um als wahrhaft großer Feldherr eingestuft zu werden.

Der Krieg von 1809 war möglicherweise weniger brillant als die erstaunlichen Feldzüge von 1805; dennoch beherrschten Napoleon und seine Armee zu dieser Zeit noch den europäischen Kontinent. Aber da blieb Spanien, das berühmte „Krebsgeschwür“, das beständig an seiner Herrschaft nagte.

KAPITEL FÜNF

DER IBERISCHE KRIEG: WELLINGTON UND DIE GUERILLA 1809–1813

FELDMARSCHAL SIR ARTHUR WELLESLEY, Herzog von Wellington, gehörte zu den besten Soldaten seiner Generation. Hier in Galauniform; für gewöhnlich kleidete er sich bescheiden und unter seinem militärischen Rang. Im Gegensatz zu den prächtigen Uniformen seiner Gegner bevorzugte er einen grauen praktischen Rock zum schlichten Zweispitz, bequeme niedrige Stiefel und einen dunklen Mantel.

Der Iberische Krieg: Wellington und die Guerilla

Napoleon hatte vorgehabt, nach der Schlacht bei Wagram nach Spanien zurückzukehren und prahlte, „wenn ich mich hinter den Pyrenäen zeige, so wird der entsetzte Leopard [England] aufs Meer fliehen, um Schande, Niederlage und Tod zu entgehen"; doch er kehrte nie zurück. Die nächsten zwei Jahre verbrachte er in Paris, wo er mit seiner Hochzeit mit Marie-Louise – der Tochter von Kaiser Franz –, der Geburt eines Erben und Verwaltungsangelegenheiten beschäftigt war. Das waren sicher gewichtige Dinge, doch die Iberische Halbinsel war wichtiger. Napoleon unterschätzte die operationellen Probleme dort gewaltig. Er hätte klugerweise eine derart exponierte Stellung räumen sollen, doch weil er glaubte, dass selbst ein begrenzter Rückzug ernst zu nehmenden Nachhall in Europa finden würde, wollte er sich nicht aus Spanien zurückziehen und nicht einmal seine Kräfte hinter die Ebro-Linie zurücknehmen.

Im Jahr 1810 analysierte Wellesley, später Herzog von Wellington, die grundlegenden strategischen Probleme, mit denen sich die Franzosen konfrontiert sahen. „Sie müssen tatsächlich eine sehr große Streitmacht aufbieten für Operationen, die uns zum Abzug zwingen könnten, und ich bezweifle, dass sie so viele Truppen nach Portugal werfen können, ohne andere Objekte zu verlassen und ihr gesamtes System in Frankreich großem Risiko auszusetzen." 1810 agierte schon eine wirksame Widerstandsbewegung in den Bergregionen, wo Guerillagruppen mit Unterstützung überlebender regulärer Einheiten französische Garnisonen, Marschkolonnen, Außenposten und spanische Kollaborateure angriffen. Noch kontrollierten aber die französischen Truppen – eine Mischung aus Franzosen, Polen, Italienern, Schweizern und Deutschen – den größten Teil des Landes mit Ausnahme des belagerten Cádiz und einiger Gebiete in Aragón, Valencia und Galizien. Wellington erkannte, dass seine Kräfte allein das Land nicht zurückerobern konnten, aber er hielt daran fest, dass, selbst wenn die spanischen Armeen in die Flucht geschlagen wurden, „der Partisanenkrieg weitergehen wird." So waren die Guerillas und die anglo-portugiesische Armee voneinander abhängig. Ohne Anwesenheit der Wellingtonschen Regulären hätten die Franzosen vielleicht die Widerstandsgruppen zerschlagen oder zumindest in Schach gehalten, und wenn die Franzosen nicht von den Guerillas abgelenkt worden wären, wären womöglich die anglo-portugiesischen Kräfte nicht in der Lage gewesen, einem konzentrierten französischen Angriff zu widerstehen.

Wellingtons Armee

Die britische Armee auf der Halbinsel war eine völlig andere im Vergleich zu den undifferenzierten Kräften, die 1795 vom Kontinent vertrieben worden waren. Zwischen 1795 und 1809 verbesserte die britische Armee ihre Fähigkeiten erheblich, obwohl die regulären Kräfte der Krone im Vergleich mit den kontinentalen Armeen zahlenmäßig gering blieben und dadurch den Charakter der Berufsarmeen des achtzehnten Jahrhunderts beibehielten. Offiziere kamen zum größten Teil aus dem niederen Adel. Beförderung richtete sich normalerweise nach Dienstjahren statt nach Verdiensten, bestenfalls ein langsamer Prozess, doch konnte ein vermögender Mann, wenn er ein Minimum an Jahren in unteren Rängen gedient hatte, seine nächste Beförderung erkaufen. Für gewöhnlich waren diese Männer tapfer

und zunehmend kompetent, doch hatte keiner, mit Ausnahme der Artillerie und der Pioniere, eine ordentliche Ausbildung. Ungesundes Klima und Krieg bewirkten eine hohe Verlustrate; das beschleunigte das Vorankommen und gestattete sogar Beförderung aus den Mannschaftsrängen: Etwa einer von zwanzig Offizieren wurde auf diese Weise befördert. Ab 1792 gab es einen Ständigen Oberbefehlshaber, einen Rang, der von 1795 bis 1809 durch den reformwilligen Herzog von York besetzt war – einen durchschnittlichen Feldkommandeur, aber sehr guten Verwalter, der den schlimmsten Missbrauch des Kaufsystems abschwächte und um Verbesserung der Ausbildung und Humanisierung der Disziplin bemüht war. Seine Anstrengungen zur Erhöhung der Leistungsfähigkeit und Rationalisierung der Verwaltung wurden von allen Seiten des Parlaments angegriffen, das während des gesamten Konflikts eifersüchtig über seine Oberherrschaft wachte, selbst wenn dies zu Lasten der militärischen Leistungsfähigkeit ging.

Obwohl der Kampf gegen die französischen Massenarmeen seit anderthalb Jahrzehnten andauerte, führte Großbritannien keine Wehrpflicht ein. Ersatz und zu-

LE GRAND EMPIRE
Im Jahre 1810 herrschte Napoleon über Europa wie kein anderer Herrscher vor ihm. Frankreich hatte seit 1789 sein Areal fast verdoppelt und schloss Belgien, Holland, das westliche und nördliche Deutschland, Italien mit Piemont, Genua, den Kirchenstaat und die Illyrischen Provinzen ein. Daneben gab es noch die Satellitenkönigreiche Italien, Neapel, Spanien und Westfalen.

sätzliche Mannschaften wurden durch Werbung von Freiwilligen gefunden, besonders in Irland, wo die Verelendung so groß war, dass das Handgeld und die Aussicht auf Verpflegung starke Anreize boten. Da aber die Ausbeute in England und Schottland weniger groß war, verließ sich die Regierung zunehmend auf verschiedene Armeereservegesetze, die zwischen 1802 und 1811 verabschiedet wurden, um Übernahmen aus der Bürgerwehr zu fördern. Die Folge war, dass die Mannschaften von etwa 45 000 im Jahre 1793 auf 200 000 im Jahre 1809 und 330 000 im Jahre 1813 anwuchsen. Die überwiegende Mehrheit der Soldaten waren Langzeitfreiwillige, meist ungebildet und mit sozialen Deformierungen, die mit Hilfe der Rute unter Kontrolle gehalten wurden. Überzeugt, dass nur brutale Strafen seine Männer – „alle dem Trunk verfallen", wie er behauptete – disziplinieren konnte, stimmte Wellington der Meinung reformwilliger Offiziere wie Moore nicht zu, dass eine Disziplin, die auf Führung und gegenseitigem Respekt basierte, das Beste in den Mannschaften zu Tage fördern würde. Auf diese Weise versuchte man es in den neuen, teilweise mit Gewehren bewaffneten leichten Truppen, die Moore 1804/05 ausgebildet hatte. Die Leichte Division, die leichte Truppen mit Schützenregimentern vereinigte, wurde auf der Halbinsel zunehmend als Eliteformation angesehen, doch selbst hier wurde das Auspeitschen angewendet, und insgesamt behielt die Armee ihre drakonische Disziplin bei.

Ihr Umfang war zwar gewachsen, doch da mehr als die Hälfte der Armee in verschiedenen Teilen der Welt im Einsatz war, blieben die auf dem Kontinent eingesetzten Truppen zahlenmäßig gering. Die Anzahl der britischen Soldaten auf der Halbinsel war nie größer als 40 000, darin eingeschlossen die hervorragenden Regimenter der *King's German Legion* (Deutsche Legion des Königs – KGL) und die portugiesische Hilfsarmee, die britische Ausbildung genossen hatte. Bataillone, Kavallerieregimenter und Batterien, die zu Divisionen formiert waren, bildeten die Hauptgefechtselemente; Korpsverbände wurden erst 1811 eingeführt. Das Muster einer kleinen Feldarmee mit Unterstützung fremdländischer Hilfskräfte blieb bis zum Ende bestehen. Als Wellington Napoleon bei Waterloo gegenüberstand, waren nur 31 000 Offiziere und Soldaten seiner Armee von 67 000 Mann Briten.

Bei der ständigen zahlenmäßigen Überlegenheit der Franzosen musste die Sicherheit seiner portugiesischen Basis für Wellesley höchste Priorität haben, und seine Strategie war anfangs defensiv. Seine Vorteile lagen in der kurzen Verbindungslinie zurück zur Küste, während sich die der Franzosen bis nach Frankreich hinein erstreckte, und in den Guerillas, die es den Franzosen unmöglich machten, ihre verstreuten Kräfte für einen ununterbrochenen Feldzug zu konzentrieren. Er war ein Meister in der Organisation von Märschen und Versorgung und äußerst bemüht um die Ernährung seiner Armee, nicht nur, weil die Armut des Landes dies nötig machte, sondern auch, um seine Männer so gut wie möglich unter Kontrolle zu haben. Als Napoleon 1812 Truppen aus Spanien abzog, ging Wellington in die Offensive und schlug mehrfach französische Kräfte im Feld. Im folgenden Jahr, verstärkt und zuletzt mit Befehlsgewalt über alle britischen und verbündeten Truppen, begann er mit Operationen, die den Feind nach Norden über den Ebro zurückdrängten und schließlich in der Schlacht von Vitoria ihren Höhepunkt fanden, die die französische Präsenz in Spanien praktisch beendete.

Die tragende Säule in Wellingtons Armee war seine gut ausgebildete Infanterie. Sie behielt die Linientaktik bei, reduzierte jedoch die Bataillonsgefechtslinien auf zwei Glieder. Der Herzog, ein Meister der Taktik, entschied sich meistens, wenn auch nicht immer, zum Kampf aus der Defensive heraus. Er suchte sich dann eine Stellung mit sicheren Flanken und verbarg seine Truppen außer Sichtweite hinter

Diese Raketen waren von Sir William Congreve entwickelt und 1806 für das britische Militär eingeführt worden. Sie transportierten bis zu 14 Kilogramm schwere explosive Sprengköpfe. Da sie nur einen langen Stab zur Führung hatten, war ihre Genauigkeit äußerst gering, allerdings wirkten sie bei der Bombardierung von Städten tödlich.

einem Hügel. Oben auf der Höhe blieben nur die britischen Geschütze. Seine umfangreiche leichte Infanterie, die ein Fünftel der Gesamtstärke ausmachte – mit Gewehren bewaffnete Spezialeinheiten der Leichten Division, leichte Bataillone der Deutschen Legion des Königs, portugiesische *Cacadores* (Scharfschützen) und leichte Kompanien der Linienbataillone –, wurde weit vorn den vorderen Abhang hinunter eingesetzt, um das Vorrücken der feindlichen leichten Infanterie zu verhindern. Da ihnen die genaue Position Wellingtons nicht bekannt war, mochten seine Gegner so ohne ordentliche Gefechtsformation mitten in seine Linien hineinstolpern. Die britische Linieninfanterie, verborgen bis zu dem Zeitpunkt, da die Franzosen den Kamm erreicht hatten, feuerte zwei oder drei Salven aus nächster Entfernung ab und ging dann zum geordneten Bajonettangriff über, was den Feind gewöhnlich zurückwarf.

Die anderen Waffengattungen – Artillerie und Kavallerie – wurden nicht so vollständig integriert wie die Napoleons. Die britische Artillerie war hochgradig kompetent, der französischen jedoch stets in der Anzahl der Geschütze und im Kaliber unterlegen. Auf der Iberischen Halbinsel mangelte es den Briten immer an Feldartillerie, und man verteilte gewöhnlich Geschütze entlang der Gefechtslinie, um das Infanteriefeuer zu erhöhen. Trotz oder besser vielleicht *wegen* ihrer Professionalität mochte der anti-intellektuelle Wellington Geschützoffiziere nicht. Dagegen gefielen ihm die vornehmen Kavallerieoffiziere; er hatte jedoch bis 1812 nie mehr als 2000 Reiter zur Verfügung. Außerdem zeigte diese Gruppe trotz ihrer hervorragenden Reitkunst und ihrer Leistungsfähigkeit bei berittenen Angriffen eine ärgerliche Neigung, außerplanmäßig anzugreifen. Ausnahme war natürlich Salamanca, wo General LeMarchant seine 7000 Kavalleristen mit großem Geschick zum Sieg führte.

Die britische Industrie, erwachsen aus der frühen Industriellen Revolution, erreichte nach 1808 ihr volles Tempo. Die Königliche Marine, die Armee und zunehmend auch die Verbündeten wurden durch den wachsenden Ausstoß von Waffen, Ausrüstung und Munition versorgt, und das britische Schießpulver galt als das beste verfügbare überhaupt. Seltsamerweise hatten weder Napoleon, Wellington noch irgendein anderer höherer Befehlshaber großes Interesse an neuer Technik. Dennoch führte die britische Artillerie während des Konflikts zwei technische Neuerungen ein. Die erste war das Schrapnell – benannt nach seinem Erfinder, Leutnant Shrapnel von der Königlichen Artillerie –, ein hohles Gehäuse, das Musketenkugeln und Sprengstoffe enthielt und die doppelte Reichweite von Kartätschen erzielte. Da häufig vorzeitige Explosionen vorkamen, war seine Wirksamkeit umstritten, obgleich Wellington es als „einen großen Gewinn" bezeichnete. Dagegen zeigte er sich wenig beeindruckt von den Raketen, die Sir William Congreve entwickelt und 1806 erstmalig hergestellt hatte. Mit Sprengladungen bis zu 15 Kilogramm wurden diese ungelenkten Flugkörper von Rahmen mit Fahrwerk oder Kupfertrögen auf Dreibeinen aus gestartet. Es fehlte ihnen an Genauigkeit, und sie waren am wirksamsten im Flächenbombardement. Wellington mochte sie nicht. „Ich möchte nicht", bemerkte er dazu, „die erste beste Stadt in Brand setzen."

Britische Verbündete und Hilfskräfte

Damals wie auch später zeigten die britischen Soldaten ihre gewohnheitsmäßige Verachtung gegenüber Ausländern. Während der frühen Feldzüge in Flandern hatten sie die Niederländer nicht gemocht, und auch die Begegnungen mit russischen Soldaten und Matrosen im Verlaufe der misslungenen Expedition nach Nordholland 1799 hatten wenig positive Gefühle hervorgebracht. Während des Iberischen

Feldzuges nun kamen die Briten in den bisher längsten und engsten Kontakt mit ausländischen Verbündeten, und die Beziehungen waren hier die meiste Zeit über schlecht. Sowohl Moore als auch Wellington betrachteten die Spanier als schlechte Kämpfer. Wellington war besonders oft enttäuscht von spanischen Befehlshabern. Das Gefühl, dass „auf die Spanier im entscheidenden Augenblick und bei Gefahr nie Verlass" sei, wurde von seinen Offizieren und Soldaten weitgehend geteilt.

Die britischen Vorbehalte waren nur teilweise berechtigt. Die überlebenden regulären spanischen Armeen, wahllos zusammengestellt aus übrig gebliebenen regulären Einheiten und örtlichen Milizen, marschierten von einer erfolglosen Schlacht zur nächsten. Nach seinen ersten Erfahrungen mit ihrer Leistung mangelte es Wellington an Vertrauen. Jedoch benötigte die spanische Regierung, wie sie nun einmal war, eine Armee, und wenn auch nur als Symbol nationaler Existenz. Nach ihrem Zusammenbruch boten die Regulären nützliche Verstärkung für die organisierten und zunehmend wirksameren Guerillaverbänden, die ab 1810 den Krieg gegen die Franzosen von den Volksaufständen übernahmen. Dennoch wurden die Briten, die zwischen den Schlachten oft mit den Franzosen fraternisierten, von den Grausamkeiten abgestoßen, die spanische und portugiesische Irreguläre häufig an Franzosen und ihren spanischen Kollaborateuren begingen. Die Beziehungen zur portugiesischen Armee, die nach 1809 von Generalmajor Beresford unter Mitwirkung eines britischen Kaders wiederhergestellt wurde, waren besser. Ab 1810

Ab Mai 1808 wurde in den meisten Gebieten Spaniens ein Guerillakrieg mit großer Brutalität und unzähligen Grausamkeiten von beiden Seiten geführt. Auf dieser Zeichnung von Goya greifen spanische Bauern, nur mit angespitzten Zaunspfählen und Messern bewaffnet, französische Soldaten an, die Musketen und Bajonette einsetzen.

wurden portugiesische Regimenter oft mit britischen Divisionen zu Brigaden zusammengefasst.

Die beliebteste unter den ausländischen Einheiten der Briten war die Deutsche Legion des Königs (KGL), ursprünglich aus hannoverschen Soldaten gebildet, die bei der Kapitulation ihrer Armee 1803 entkommen waren. Als Teil der bewaffneten Kräfte der Krone, nach englischem Muster uniformiert und ausgerüstet, wuchs die KGL schließlich auf 18 000 Mann aller Waffengattungen an und wurde als den besten britischen Einheiten ebenbürtig angesehen. Sie nahm an fast allen britischen Expeditionen auf den Kontinent teil und blieb als Teil der britischen Armee bis 1816 bestehen.

Marschall Jean Baptiste Jourdan, Sieger bei Fleurus im Jahr 1794, wurde 1804 zum Marschall ernannt. Nach der Niederlage von Vitoria wurde er nach Frankreich zurückbeordert.

Der Krieg auf der Halbinsel: die Verteidigung Portugals

Als Wellesley Ende April 1809 auf die Iberische Halbinsel zurückkehrte, zählten die Kräfte unter seinem Befehl nur 28 000 britische und etwa 16 000 portugiesische Soldaten, während die französische Spanienarmee 360 000 aufbrachte, wenn auch viele davon in Garnisonen oder an der Verbindungslinie festsaßen. Sofort stellte er sich Soult im nördlichen Portugal und König Joseph in Spanien, östlich von Lissabon. Die beiden französischen Kommandeure sollten eigentlich kooperieren, hatten aber keine gemeinsamen Pläne. Beim Marsch nach Norden überraschte Wellesley Soult bei Porto am 12. Mai und vertrieb die Franzosen mit wenigen Ausnahmen aus den Festungen in Portugal. Wellington, wie sein Name nun nach Verleihung des Baronstitels für diesen Sieg lautet, bewegte sich nach Süden und schloss sich im Juli mit General Cuestas 30 000 spanischen Soldaten zusammen, um auf Madrid vorzurücken. König Joseph und sein Stabschef Marschall Jourdan hatten vor, diese Offensive aufzuhalten, während sie drei Korps aus Salamanca beorderten, um Wellington im Rücken zu fassen. Am 27./28. Juli schlug Wellington, obwohl seine vereinigten Kräfte den 47 000 Franzosen zahlenmäßig überlegen waren, eine Defensivschlacht bei Talavera, 94 Kilometer südwestlich von Madrid. Nachdem er die Angriffe zurückgeschlagen hatte, informierten ihn spanische Kundschafter über die Bedrohung in seinem Rücken, und er ließ sich nach Lissabon zurückfallen.

Im Sommer 1809 drangen Wellington und seine Armee nach Spanien ein, wo sich eine starke spanische Armee unter General Cuesta mit ihnen vereinigte. Am 27./28. Juli schlugen die verbündeten Armeen eine französische Armee zurück, die von den Marschällen Victor und Jourdan kommandiert wurde.

Iberische Feldzüge

Die Iberische Halbinsel war ein raues Land und Bewegungen waren schwer zu vollziehen. Mit Ausnahme einer Hauptstraße waren Straßen nicht viel mehr als Spurrinnen, und das Gelände war schwierig. Doch Napoleon schien dort gemachte Erfahrungen alle vergessen zu haben – eine falsche Einschätzung, die die Probleme seiner Befehlshaber noch verstärkte.

Obgleich allenfalls ein taktischer Erfolg, wurde Talavera in der Heimat als Sieg gefeiert und Wellington zum Viscount erhoben. Den britisch-spanischen militärischen Beziehungen diente die Schlacht nur wenig. Wellington war überzeugt, dass die spanischen Kräfte ihn im Stich gelassen hatten und dass man ihren Versprechungen in Bezug auf Unterstützung oder Versorgung nicht trauen konnte. Verärgert kündigte er an, dass er künftig nicht mit spanischen Armeen kooperieren wolle, es sei denn, er hätte das volle Operationskommando inne. Inzwischen begannen britische Pioniere und portugiesische Arbeitskräfte im Oktober 1809 die Arbeiten an überaus starken Befestigungsanlagen – den Linien von Torres Vedras –, die nördlich von Lissabon begann und über 48 Kilometer bis zur Mündung des Tejo führte. Im Winter 1809/10 wurde die Gegend um Lissabon zu einem sicheren, fast undurchdringbaren Bollwerk gegen die erwartete französische Invasion Portugals und eine Basis für eine eventuelle Offensive nach Spanien hinein.

Da Wellington nicht mehr im Wege stand, schlugen die Franzosen die spanischen Armeen bei Ocaña am 19. November und bei Alba de Tormes am 28. November

problemlos in die Flucht. Im Januar 1810 starteten Joseph und die Marschälle Soult und Victor, ausnahmsweise gemeinsam agierend, eine Offensive nach Andalusien und besetzten mit Ausnahme von Cádiz den gesamten Süden des Landes. Wellington konnte wenig helfen. Seine wichtigste Mission war die Verteidigung Portugals, und wenn der Feldzug bestenfalls mit einer Pattsituation endete, so waren weder Wellington noch die spanischen Kommandeure dafür verantwortlich zu machen. Schuld hatte die britische Regierung, der es an Willen mangelte, eine Armee von einer Größe aufzustellen, wie sie eine mittlere Macht auf dem Kontinent hätte aufbringen können.

Im Gegensatz dazu sandte Napoleon nach Wagram massive Verstärkung und brachte damit bis August 1810 seine Truppenstärke auf 340 000 Mann. Er machte jedoch seine zahlenmäßige Überlegenheit zunichte, indem er die militärische Befehlsgewalt in Spanien dezentralisierte und die verschiedenen Korps zu regionalen Armeen von Portugal, Aragón, Katalonien, des Nordens und des Zentrums formierte, die ihre Befehle direkt vom Kaiser erhielten. Der größere Teil dieser Kräfte

Während des Winters 1809–1810 bauten britische Pioniere und portugiesische Arbeiter die Linien von Torres Vedras nördlich von Lissabon, die sich vom Tejo bis zum Atlantik erstreckten. Diese Befestigungen nutzten die Vorteile des Terrains und waren nicht nur Feldbefestigungen, sondern feste, rundum zu verteidigende Bauwerke, die Wellington eine sichere Basis gegen die erwartete französische Invasion Portugals boten.

blieb gebunden, um Widerstandsnester niederzuhalten, Verbindungslinien zu sichern, Guerillaverbände zu jagen und Cádiz zu belagern, weshalb nur 63 000 Mann zur Verfügung standen, um die Briten aus Portugal zu vertreiben – die wichtigste strategische Aufgabe, mit der Massena betraut wurde.

Dank seiner Geografie war Portugal leicht gegen eine Invasion aus dem Osten zu verteidigen. Der größte Teil der Iberischen Halbinsel war zerklüftete, kahle Hochebene; größere Gebirgszüge verliefen in ost-westlicher Richtung, und die Flüsse hatten sich diesem Muster angepasst. Für Portugal gab es nur zwei gangbare Invasionsrouten. Die Festungen von Ciudad Rodrigo auf spanischer und Almeida auf portugiesischer Seite sicherten den nördlichen Zugang ab, während Badajoz in Spa-

nien und Elvas in Portugal über die südlichen Annäherungswege wachten. Wellington konnte 30 000 britische Soldaten stellen, dazu 30 000 portugiesische Reguläre und vielleicht 30 000 Mann Bürgerwehr. Da aber die meisten Politiker in London den Rückzug von der Halbinsel befürworteten, verlegte er sich auf eine vorsichtige Defensivstrategie. Als Massena in Portugal einfiel, nachdem er im Juni Ciudad Rodrigo und im August Almeida eingenommen hatte, zog sich Wellington zurück, stellte sich aber am 27. September in vorbereiteter Stellung auf dem Buzaco-Rücken zum Kampf. Nachdem er mehrere Frontalangriffe überlegener Feindkräfte zurückgeschlagen hatte, war seine Stellung im Rücken gefährdet, und Wellington fiel unter Verfolgung einer Politik der verbrannten Erde zurück in die Verteidigungslinien von Torres Vedras. Seine Nachhut traf am 10. Oktober dort ein.

Unfähig, die befestigten Linien zu bezwingen, hielt sich Massena bis März 1811 in Portugal über Wasser. Dann waren seine Streitkräfte durch Hunger, Plünderungen durch portugiesische Freischärler und den Verlust von 25 000 Mann derart geschwächt, dass er einen langsamen Rückzug begann. Wellington, dem bewusst war, dass selbst jetzt noch ein Zusammenschluss französischer Korps seine kleine Streit-

Wellington zog sich unter französischem Druck zurück, vollzog dann aber eine Kehrtwendung, und die Franzosen erlitten am Buzaco-Rücken einen schweren Rückschlag. Hier bestritt am 27. September 1810 die anglo-portugiesische Armee eine beispielhafte Defensive und fügte den französischen Kolonnen schwere Verluste zu. Am nächsten Tag zog Wellington allerdings weiter in Richtung auf Torres Vedras, da seine linke Flanke bedroht war.

Massena unternahm keinen Versuch, die Befestigungslinien von Torres Vedras zu bezwingen, sondern verbrachte einen ergebnislosen Hungerwinter in einer Gegend, die durch eine Politik der verbrannten Erde blank gefegt war, immer in der Hoffnung, Wellington in eine offene Feldschlacht locken zu können. Im März 1811 zog er sich, verfolgt von Wellington – hier im Vormarsch – aus Portugal zurück und hinterließ eine Spur aus Feuer und Tod.

macht zerschmettern konnte, folgte ihm langsam. Man verbrachte das Jahr mit Kämpfen um die lebenswichtigen Festungen zwischen Portugal und Spanien, die noch in französischer Hand waren: Almeida, Ciudad Rodrigo und Badajoz. Massenas Armee, auf 48 000 Mann verstärkt, kehrte sogar um und rückte vor, um Almeida zu entsetzen. Wellington traf zwischen dem 3. und 5. Mai bei Fuentes de Oñoro mit 37 000 Mann auf ihn. Es gelang ihm, den französischen Vormarsch zu stoppen, doch konnte er nicht verhindern, dass die Garnison von Almeida entkam. Zur gleichen Zeit machte sich im Süden Beresford mit anglo-portugiesischen Kräften und Unterstützung durch spanische Reguläre bereit, Badajoz zu belagern. Am 16. Mai schlug er bei Albuera eine blutige Schlacht gegen Soult. Die 6500 Mann starke britische Infanterie hatte Verluste von mehr als zwei Dritteln Gefallenen oder Verwundeten, doch Soult zog sich nach Sevilla zurück. Unzufrieden mit Massenas Leistung, berief Napoleon ihn ab. Für ihn kam Marschall Marmont. Aber mit geringerer Verstärkung, mangelnder Zusammenarbeit zwischen den Marschällen und häufigen Eingriffen aus Paris, wo Napoleon weiterhin falsche Vorstellungen von der tatsächlichen Lage auf der Halbinsel hatte, konnte keine Lösung dafür gefunden werden, wie die Aufständischen vernichtet und die Briten vertrieben werden sollten.

Dennoch behielten die Franzosen bis Ende 1811 die Oberhand auf der Halbinsel. Nach den Schlachten im Mai kreisten britische Operationen für den Rest des Jahres um Versuche, Badajoz und Ciudad Rodrigo einzunehmen, die jedes Mal wieder an unzureichendem Belagerungstross und Schanzgerät und zu wenig Soldaten scheiterten. Gleichzeitig machten die Franzosen Landgewinne. Schließlich zog sich Wellington bei Wintereinbruch wieder nach Portugal zurück und wartete auf eine Gelegenheit, die Offensive wieder aufzunehmen. Diese Gelegenheit kam, als viele kampferprobte französische Verbände für den Russlandfeldzug abgezogen

OBEN: *Bei der Verfolgung von Massenas Rückzug errichtete Wellington eine enge Blockade um die Festung Almeida, die in französischer Hand war. Massena wurde, als er der Festung zu Hilfe kommen wollte, in den Kämpfen vom 3. bis 5. Mai bei Fuentes de Oñoro geschlagen. Das Bild zeigt Wellington, wie er die rechte Flanke der britischen Stellung befehligte; im Einsatz sind die 1., 3. und 7. Division.*

UNTEN: *Wellington versuchte wiederholt, die wichtige Grenzfestung Badajoz einzunehmen. Bei der zweiten Belagerung im Laufe des Jahres 1811 blockierte und belagerte er die Stadt vom 29. Mai bis 19. Juni; jedoch mangelte es ihm an Pionieren und für eine Belagerung geeigneten Geschützen. Im Bild wird ein veralteter portugiesischer Vierundzwanzigpfünder von einem Ochsengespann in Stellung gebracht.*

wurden. Wellington begann im Januar erneut mit offensiven Operationen. Am 8. Januar erschien er vor Ciudad Rodrigo, und als am 19. Januar brauchbare Breschen geschlagen waren, schickte er seine Sturmspitzen vor. Die Erstürmung gelang, aber die Folge war eine Orgie von Plünderung, Vergewaltigung und Mord, die sich nach der Erstürmung von Badajoz – einer stärkeren und besser verteidigten Festung – am 6. April in noch abscheulicherer Weise wiederholte. Beide Vorfälle, die sich vergleichbar im folgenden Jahr bei San Sebastian wiederholten, zeigten deutlich, dass es nach der Erstürmung einer Festung der Garnison oft besser erging als der Zivilbevölkerung. Trotz der Androhung, keine Gnade walten zu lassen, gewährte man Soldaten meist einen ehrenvollen Abzug oder nahm sie gefangen, während die aufgebrachten Sieger ihre angestaute Frustration an der Bevölkerung ausließen.

Angriff auf den Durchbruch bei Ciudad Rodrigo am 19. Januar 1812. Nachdem Artilleriefeuer oder Minen die Außenwände einer belagerten Festung zum Einsturz gebracht und damit einen genügend großen Durchbruch geschaffen hatten, befahl man den Angriff. Dieser wurde immer angeführt von der so genannten „Verlorenen Hoffnung", einem Angriffstrupp von Freiwilligen, der aus einem Subalternoffizier, zwei Feldwebeln und fünfundzwanzig Mann bestand und gefolgt wurde von Gruppen mit Leitern, Spitzhacken und Äxten, um eventuelle provisorische Befestigungen zu überwinden, die hinter der Bresche errichtet worden waren. Nach der Erstürmung, die den Angreifern oft einen hohen Blutzoll abverlangte, war eine Stadt nicht durch Kriegsbrauch geschützt, und Ciudad Rodrigo, Badajoz und San Sebastian wurden geplündert.

Wellingtons Offensiven

Nun zog Wellington weiter nach Spanien hinein und schaffte es, Marmonts Portugal-Armee von Soults Südarmee zu trennen. Von Mitte Juni bis Mitte Juli tasteten sich Wellington und Marmont bei Salamanca gegenseitig ab, doch nach Eintreffen der Information, dass die Franzosen von Madrid aus Verstärkung erhalten sollten, machte sich Wellington bereit zum Rückzug nach Portugal. Marmont nutzte die Gelegenheit und versuchte am 22. Juli, bei jeweils etwa 50 000 Mann auf beiden Seiten, Wellington zu umgehen und ihm den Rückzug abzuschneiden. Dieses beabsichtigte *manoeuvre sur les derrières* zog die französische Linie zu stark auseinander, und ihr linker Flügel wurde überwältigt. Salamanca war Wellingtons bisher größter Sieg und zeigte „den Unsrigen", wie ihn seine Armee nannte, als entschlossenen und fähigen Schlachtenführer, der stets kühlen Kopf bewahrte. Die Schlacht kostete die Franzosen 14 000 Mann und erschreckte König Joseph so sehr, dass er seine Hauptstadt verließ. Am 12. August marschierte Wellington in Madrid ein.

Salamanca war jedoch nicht Austerlitz. Die Franzosen in Spanien zeigten bemerkenswerte Widerstandskraft, räumten den Süden Spaniens und begannen, ihre verbliebenen Kräfte gegen Wellington zu sammeln. Marmont, der bei Salamanca verwundet worden war, wurde durch General Clauzel ersetzt; Marschall Victor hob die Belagerung im September von Cádiz auf, um sich mit Soult und König Josephs Truppen zu vereinigen. Um die fortschreitende französische Konzentrierung zu verhindern und eine wichtige Wegkreuzung einzunehmen, marschierte Wellington auf Burgos, das von einer Garnison der Nordarmee verteidigt wurde. Hartnäckig sich wehrend schlug die vom 9. September bis 18. Oktober eingeschlossene Festung vier große Angriffe zurück, und als sich starke französische Befreiungskräfte näherten, musste Wellington die Belagerung aufheben. Er räumte sogar Madrid und zog sich unter schweren Verlusten ins Winterquartier um Ciudad Rodrigo zurück.

Die Vorsicht des britischen Kommandeurs war berechtigt. Wenn auch die französische Truppenstärke in Spanien ständig abgebaut wurde – und das nicht nur durch Verluste, sondern auch durch Abzüge, die die gesamte Portugalarmee einschlossen – blieben doch noch 200 000 Mann zur Bewachung von Zentralspanien, Valencia und Aragón zurück. Wellington erhielt ebenfalls Verstärkung, darunter einen Belagerungstross sowie zusätzliche portugiesische Einheiten, aber dies brachte seine regulären Truppen nur auf 75 000 Mann. Zusätzlich hatte ihn die spanische Regierung zum Oberbefehlshaber aller verbündeten Streitkräfte ernannt und seinem Befehl damit 21 000 weitere, spanische Reguläre unterstellt. Schließlich nahm Wellington eine Verbesserung der Bewaffnung und Organisation mehrerer

Angespornt von ihrem Kommandeur General Jean Louis Dubreton, verteidigte eine französische Garnison Burgos vom 19. September bis 22. Oktober 1812 gegen Wellingtons entschlossene Aktionen. Obwohl die Briten nach Zünden mehrerer Minen den unteren Teil der Befestigungen eingenommen hatten, hielten Dubreton und seine Männer die Zitadelle verbissen, bis Befreiungskräfte Wellington zwangen, die Belagerung aufzuheben.

Auf diesem naiven Druck von Wellingtons großem Sieg bei Vitoria am 21. Juni 1813 wird Wellington (mit A markiert) gezeigt, wie er seine Truppen antreibt, die fliehenden Franzosen weiter zu verfolgen. Die Briten eroberten große Mengen an Geschützen und Verpflegung; auch König Josephs Schätze wurden beschlagnahmt und geplündert.

großer Guerillaverbände vor. Im Juni 1813 war er bereit für seine Schlussoffensive.

Zu diesem Zeitpunkt kämpften die Franzosen schon nicht mehr um Spanien, sondern um den Schutz der französischen Grenze. Auf Napoleons Befehl hin gab Joseph Madrid auf und zog sich nordwärts zurück, wobei es ihm nicht gelang, eine Verteidungslinie zu errichten, bevor er den Ebro überquert hatte. Wellington wechselte seine Stellung, errichtete eine neue Versorgungsbasis bei Santander, konzentrierte schließlich 70 000 Mann und griff am 21. Juni bei Vitoria König Josephs nur 50 000 Mann zählende Hauptmacht an. Obgleich schlecht aufgestellt, hielten sich die Franzosen eine Zeit lang gut, brachen aber zusammen, nachdem ihre Flanke aufgerollt worden war. Sie ergriffen die Flucht und ließen 143 Geschütze und mit Schätzen beladene Wagenzüge zurück. Die Nachricht von Vitoria hob die Moral der Verbündeten in Mitteleuropa und trug dazu bei, dass Österreich sich zur Teilnahme an der Koalition gegen Napoleon entschloss.

Das Kommando über die verbleibenden französischen Kräfte wurde nun mit Ausnahme von Suchets Armee vor Aragón, an Soult übertragen. Er stellte in Frankreich eine Streitmacht auf und versuchte, die Initiative wieder an sich zu reißen, indem er die westlichen Pässe der Pyrenäen überquerte, um San Sebastian und Pamplona beizustehen, die sich noch in französischer Hand befanden. Aber Wellington stellte die alte Situation schnell wieder her. Nach 69 Tagen Belagerung fiel San Sebastian am 31. August, und Ende Oktober kapitulierte Pamplona, wodurch Soult zum Rückzug hinter den Fluss Nivelle gezwungen wurde. Am 10. Dezember griff Wellington seine Linie an und drang nach Frankreich ein. Es folgten mehrere kleine Gefechte in Südfrankreich, und am 10. April 1814 wurde die letzte Schlacht geschlagen, nach der die Briten Toulouse einnahmen. Wellington hatte von den Stränden Portugals aus einen weiten Weg zurückgelegt.

Nach dem Sieg von Vitoria wurde der Hafen von San Sebastian belagert. Nach mehrwöchigen Blockade- und Belagerungsoperationen schlug der erste Angriff am 25. Juli 1813 unter schweren Verlusten fehl. Der zweite Angriff am 13. August gelang und zog blutige Ausschreitungen nach sich. Die Zitadelle widerstand bis zum 5. September und schlug bei der Kapitulation Bedingungen heraus.

Guerillakrieg: eine Bewertung

Das Kaiserreich der Franzosen war nicht beliebt. Französische Herrschaft brachte politische, administrative und religiöse Reformen mit sich, die in einigen Fällen von der Oberschicht unterstützt wurden, während diese Veränderungen für die Bauernschaft den Umsturz bisher geschätzter Einrichtungen, Sitten und Glaubensinhalte bedeuteten. Konskription, hohe Abgaben und Plünderungen machten direkt oder indirekt alle Vorteile der französischen Herrschaft wieder zunichte. Nur wenige Armeen waren so raubgierig wie die Franzosen, ranghohe Generäle und Offiziere sowie Soldaten einschließlich Napoleon betrachteten ihre Plünderungen als Entschädigung für ihren Kriegsdienst. Dennoch gab es, obwohl in vielen Gegenden des Französischen Kaiserreiches Bauernrevolten aufflackerten, nur drei größere bewaffnete und länger anhaltende Aufstände: 1806 in Kalabrien, nach 1808 in Portugal und Spanien und 1809 in Tirol.

Betrachtet man den Volkswiderstand, so muss man zwischen Bürgerwehren und anderen geordneten Organisationen auf der einen und Guerillas auf der anderen Seite unterscheiden. Obgleich sich fast alle Staaten theoretisch Bürgerwehrpflichten erhalten hatten, neigten Regierungen und Berufssoldaten dazu, wenig Vertrauen in diese Milizen zu setzen, und aus militärischen und soziopolitischen Gründen gab es beträchtliche Bedenken gegen eine Bewaffnung der Zivilbevölkerung. Die berühmte *levée en masse* von 1793 zielte darauf, radikale Forderungen nach einem Volkskrieg zu umgehen; die österreichische Regierung machte mehrfach Pläne zur Bewaffnung der Bauernschaft wieder rückgängig, weil sie, wie es Erzherzog Karl ausdrückte, „schlafende Hunde wecken könnte". Nach den Regeln des Krieges hatten bewaffnete Zivilisten, die in ordnungsgemäß aufgestellten Formationen dienten, den Status von Kampftruppen, obwohl die Bürgerwehren gewöhnlich wenig Kampfwert hatten und sich bei Zerschlagung in Guerillas verwandeln konnten, wodurch der Unterschied zwischen regulären und nicht regulären Kampftruppen verwischt wurde. Militärische Befehlshaber reagierten darauf mit größtmöglicher Gewaltausübung bei der Niederschlagung zivilen Widerstandes, wodurch ein Teufelskreis entstand.

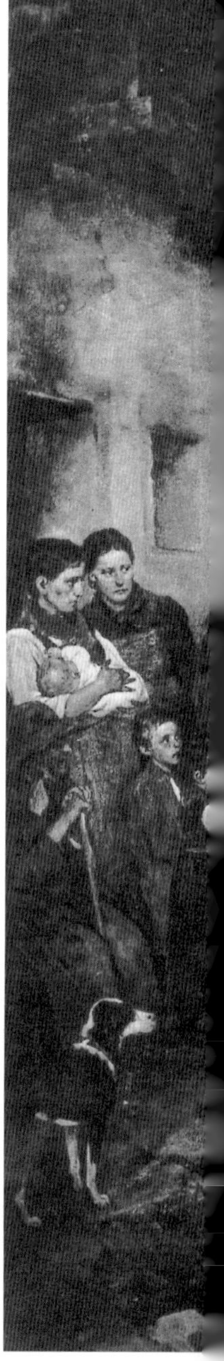

Im März 1809 erhoben sich in Tirol Patrioten unter der Führung von Andreas Hofer gegen die bayerische Herrschaft und befreiten bis Ende Mai mit Unterstützung durch eine Anzahl österreichischer regulärer Soldaten fast ihr gesamtes Gebiet. Am Ende brachten französische und bayerische Truppen jedoch das Land wieder unter ihre Kontrolle. Dieses patriotische Gemälde zeigt den Auszug eines armselig bewaffneten „letzten Aufgebots".

Um einen größeren Aufstand zu organisieren, war man auf eine Reihe besonderer Umstände angewiesen, zum Beispiel soziale und politische Unruhen, ein Gelände, das regulären Truppen Operationen erschweren würde, und eine Bevölkerung, die den Umgang mit Waffen gewohnt war. Mit Blick auf Spanien kam Clausewitz zu der Feststellung, dass Aufstände von der Unterstützung disziplinierter regulärer Abteilungen profitierten. In der Zeit der napoleonischen Ära entwickelten Widerstandsbewegungen keine nationale Ideologie im modernen Sinne; sie blieben ihrer Natur nach fremdenfeindlich und engstirnig, und trotz gelegentlicher Loyalitätsbekundungen gegenüber der einheimischen Dynastie war dies kaum die entscheidende Motivation. Auf der Iberischen Halbinsel hatten die herrschenden Dynastien einen schlechten Ruf; Kalabrien und Tirol litten unter der königlichen Politik. In all diesen Regionen gab es Spannungen zwischen den Städ-

ten und den ländlichen Gebieten. Mit Feuerwaffen waren die Kalabrier dank traditionellem Schmuggel und Bandenwesen vertraut, während der Dienst in Bürgerwehren auf der Iberischen Halbinsel für Erfahrung im Umgang mit Waffen sorgte. Die Tiroler Scharfschützen waren stolze Symbole einer freien Bauernschaft und aufrechter Heimatliebe. Im Jahr 1809 kämpften sie unter eigener Fahne und setzten den Kampf auch noch fort, nachdem Österreich Frieden geschlossen hatte. Kaiser Franzens berühmte Frage über ihren Anführer Andreas Hofer – „Aber ist er ein Patriot für mich?“ – war verständlich. Und schließlich erfreuten sich alle drei Erhebungen militärischer Unterstützung von außen, die jedoch mit Ausnahme von Spanien unzureichend war.

Die Aufstände in Kalabrien und Tirol können hier relativ kurz abgehandelt werden, da keiner von beiden strategische Bedeutung erlangte und am Ende beide niedergeschlagen wurden. In Kalabrien waren die Bourbonen, die 1806 wieder an die Macht gelangt waren, nicht beliebt, und so gab es keinerlei Widerstand im Volk, als sie abgesetzt wurde. Requirierungen und Respektlosigkeit gegenüber der Katholischen Kirche provozierten Aufruhr, und die Franzosen reagierten darauf, indem sie Dörfer abbrannten und Massenexekutionen ausführten. Vergeltung führte wiederum zu Vergeltung, und die Briten stellten von Sizilien aus Waffen, Geld und Verpflegung zur Verfügung, gelegentlich auch Expeditionskräfte. Bei der geringen Anzahl französischer Soldaten, der großen Ausdehnung des Landes und der Länge der Küstenlinie geriet die Region bald außer Kontrolle. Die Bauern, die jeglicher Obrigkeit feindlich gesinnt waren, wandten sich im folgenden Jahr gegen die Truppen der Bourbonen; die Revolte wurde zum sozialen Krieg, dessen Führerschaft oft aus dem Gemeindepriestertum oder aus klösterlichen Orden gestellt wurde. Im Jahre 1809 verstärkten König Murats Konskriptionsanstrengungen die Unruhen noch, da jedoch eine zentrale Führung fehlte und die britische Unterstützung nachließ, konnten die Franzosen sich darauf konzentrieren, Jagd auf die rebellischen Bauernscharen zu machen. Im November 1811 war die Revolte beendet, wenn auch mancherorts weiterhin räuberische Banden auftraten.

In Tirol hatten Zentralisierungsbestrebungen und Maßnahmen gegen den Klerus in den beiden Jahrzehnten unmittelbar vor der Französischen Revolution zu Unruhen geführt. Nachdem Österreich im Jahre 1806 Tirol an Bayern abgetreten hatte, kam der reformerische bayerische Staatsminister Graf Montgelas auf diese Maßnahmen zurück, zusammen mit neuen Abgaben, der Wehrpflicht und einer Umstrukturierung der örtlichen Verwaltung. Die Kriegspartei in Wien hatte es daher leicht, eine Verschwörung in Tirol anzuzetteln. Ermutigt durch die Schwäche der bayerischen Garnisonen und die Unterstützung durch mehrere tausend österreichische Reguläre erhob sich das Land im Mai 1809. Anfangs errangen die Aufständischen Aufsehen erregende Siege, indem sie feindliche Kolonnen überfielen und die Kontrolle über Innsbruck, die Hauptstadt, erlangten. Obwohl Österreich nach Wagram Frieden schloss, seine Truppen zurückzog und jegliche versteckte Unterstützung einstellte, kämpften die Rebellen weiter und erzielten noch einige Siege. Am Ende brachten Erschöpfung, Hunger und einschließende Operationen gegen ihre Festungen die Revolte Anfang 1810 zum Erliegen.

Die österreichischen Förderer der Erhebung hatten geglaubt, dass der Aufstand in Deutschland ein Echo finden würde. Sie täuschten sich. Bayern und Tiroler hassten sich, sie kannten keine Gnade und begingen unaussprechliche Grausamkeiten. Als die Tiroler weiterkämpften, trotz der kaiserlichen Anordnung, die Waffen niederzulegen, bestätigte dies außerdem die Vorbehalte der Machthaber in Wien gegenüber bewaffneten Volksmassen. Im Jahre 1813 weigerte sich Österreich, Volksaufstände zu unterstützen.

Schließlich gab es noch den wichtigsten Volkskrieg, den in Spanien und Portugal, der für den abschließenden britischen Sieg auf der Halbinsel so unverzichtbar war, dass sogar das Wort „guerilla" – spanisch für „kleiner Krieg" – in die englische Sprache aufgenommen wurde. Der starke Widerstand gegen die Franzosen in dieser Region lässt sich rational nicht erklären. Die Monarchie der Bourbonen war kaum spanischer als Joseph Bonaparte, während das Land unter dem weit verbreiteten Bodenbesitz nicht ortsansässiger Eigentümer und unter klerikalem Missbrauch litt und eine starke Tradition lokaler und provinzialer Loyalität aufwies. König Joseph stand für Landreform und effektive Zivilverwaltung – Veränderungen, die für die meisten Spanier von Vorteil waren –, doch die Bauernschaft stand wirtschaftlichen oder politischen Reformen weiterhin gleichgültig oder gar feindlich gegenüber. Anfänglich war Widerstand aufgeflammt, als französische Kolonnen nach Spanien und Portugal eingedrungen waren mit der Erwartung, ihren Unterhalt im Land bestreiten zu können. Napoleon hatte zu Junot bemerkt, dass „eine Armee von 20 000 Mann selbst in der Wüste überleben kann". Weit verbreitete Überfälle und Plünderungen zu Lasten einer Bevölkerung, die ohnehin schon in abgrundtiefer Armut lebte und dem Verhungern nahe war, wurden zu einem Hauptgrund des erbitterten Widerstandes. Diese Phase war jedoch 1809 abgeschlossen. Die Franzosen saßen in Madrid, und wenn die Spanier Bonapartes Herrschaft akzeptiert hätten, wären die meisten ausländischen Soldaten abgezogen. Stattdessen hatte die Einmischung der Franzosen in die Belange der königlichen Familie sowohl eine ländliche als auch eine städtische Revolte entfacht.

In der ersten Zeit des Aufstandes, von 1808 bis 1810, widerstanden Städte wie Saragossa offiziellen Belagerungen jeweils mehrere Wochen lang, indem die Verteidiger – Soldaten, Angehörige des Klerus und Zivilisten – die Verteidigung Haus für Haus fortsetzten, nachdem ihre Befestigungen durchbrochen worden waren. Die Massenerhebung hielt nicht lange an. Stattdessen schlossen sich, da das bergige und fast straßenlose Terrain ideale Bedingungen für Guerillaoperationen bot, bewaffnete Bauern in festen Verbänden zusammen, zu denen oft auch reguläre Soldaten stießen. Einige davon operierten im Auftrag der Regierung, andere konstituierten sich eigenverantwortlich; manche degenerierten schließlich zu bloßem Banditentum. Sie führten einen Kleinkrieg mit Hinterhalten, Raubüberfällen und Angriffen auf schwache Ziele und lebten von erbeutetem Proviant oder indem sie Nahrung, Kleidung oder „Abgaben" von den Kleinbauern eintrieben. Es kam selten vor, dass die spanischen oder portugiesischen Irregulären Verwundete oder Gefangene, Frauen oder Kinder verschonten. Bestialische Morde und Folterungen waren an der Tagesordnung, und die französischen Gegner vergalten Gleiches mit Gleichem. Bis Anfang 1812 konnten die Franzosen die Guerillas im Zaume halten und sogar verlorene Gebiete zurückerobern, doch die Anwesenheit von Wellingtons Armee sowie einer kleineren Streitmacht mit Basis in Cádiz verhinderte, dass sie konzentriert gegen die Banden vorgehen konnten.

Von Napoleons Befehlshabern gelang es nur einem, mit den Herausforderungen der Erhebung fertig zu werden, und das war Marschall Suchet, der den Befehl in Aragón innehatte. Er verband effektive militärische Aktionen mit politischen und sozialen Reformen und unterband strengstens jede Art der Plünderung. Nur in Aragón konnten sich französische Soldaten einzeln und unbewaffnet bewegen, während die Dorfbewohner gegen die Guerillas zu den Waffen griffen. Eine solche Befriedung war jedoch eine absolute Ausnahme.

Im Laufe der Jahre nahmen einige der Guerillaverbände zunehmend regulären Charakter an. Führer wie Espoz y Mina, der Navarra fast völlig unter Kontrolle hatte, und Don Julian Sanchez in León erhielten Vollmachten von der Regierung und arbeiteten eng mit den Briten zusammen; in der Region um Madrid kommandierte El Empecinado 2000 Soldaten zu Fuß und 500 Berittene. Dennoch konnten die Banden Spanien nicht befreien oder Gebiete vor französischer Vergeltung beschützen. Ohne Wellingtons Armee wären sie schließlich geschlagen worden. Die Befreiung Spaniens war das Ergebnis von Wellingtons Sieg, zu dem sie jedoch eine Menge beigetragen hatten.

Zu dieser Zeit hatte Napoleon allerdings in Russland eine viel entscheidendere Niederlage erlitten – eine Niederlage, die die Grundfesten seines Kaiserreiches erschütterte.

KAPITEL SECHS

RUSSLAND, DEUTSCHLAND UND FRANKREICH 1812–1814

NAPOLEON, HIER IN SEINEM SCHLITTEN während des Rückzuges aus Moskau. Seit dem 7. November war Schnee gefallen, aber solange er bei seiner Armee blieb, erhielt sich ein gewisses Maß an Moral und Truppenzusammenhalt. Dies ging völlig verloren, als Napoleon sich am 5. Dezember 1812 nach Paris begab und Murat das Kommando überließ.

RUSSLAND, DEUTSCHLAND UND FRANKREICH

Der Einmarsch nach Russland kam nicht unerwartet. Die Beziehungen hatten sich seit Tilsit verschlechtert. War Zar Alexander im Jahr 1809 bestenfalls ein zurückhaltender Verbündeter gewesen, so kamen ihm nun Bedenken bezüglich Napoleons endgültiger Absichten in Polen, den Balkanländern und Deutschland, während die Kontinentalsperre Russlands Wirtschaft schadete. Ende Dezember 1810 beendete er seine Beteiligung an der Blockade, wandte sich um ein Bündnis an Schweden und sorgte für Frieden mit dem Osmanischen Reich. Napoleon konnte Russlands offene Herausforderung in Gestalt solcher Vereinbarungen nicht tolerieren und verdächtigte es böser Absichten auf das Großherzogtum Warschau und geheimer Wünsche in Bezug auf das Osmanische Reich. Im Jahre 1811 bereiteten sich beide Seiten auf einen Krieg vor; allerdings war es Napoleon, nicht Alexander, der mit den Kampfhandlungen begann.

DIE GEGNERISCHEN ARMEEN UND KRIEGSPLÄNE

Seit 1808 war die russische Armee von Alexej Araktschejew, Kriegsminister von 1808 bis 1810, und seinem Nachfolger, Barclay de Tolly, modernisiert worden. Araktschejew war zwar ein brutaler Reaktionär, jedoch ein guter Artillerist, der eine neue Waffenserie einführte: Das System von 1805 umfasste Sechs- und Zwölfpfünderkanonen und Zehn- und Zwanzigpfünderhaubitzen mit Schraubrichtmechanik und besseren Zieleinrichtungen. 1812 gab es etwa 1699 Geschütze und eine Doktrin, die auf massives Feuer abzielte. Barclay begann die Infanterie zu reformieren. Er war ein ungewöhnlicher Offizier, der vierzehn Jahre gedient hatte, und versuchte, die Bedingungen für die Soldaten zu verbessern, indem er weniger Wert auf Drill und mehr Wert auf Treffsicherheit legte, obwohl die Befehlshaber weiterhin Kolonnen und das Bajonett dem Feuergefecht vorzogen. Verwaltungsmäßig reduzierte Barclay die großen, schwerfälligen Infanteriedivisionen so, dass sie nunmehr drei Brigaden, Divisionskavallerie und Artillerie enthielten. Schließlich führte er kurz vor der französischen Invasion in der 1. und 2. Westarmee Korps ein, jeweils mit zwei Infanteriedivisionen, Kavallerie und Artillerie.

Rivalitäten und Intrigen auf der höheren Befehlsebene zwischen der „russischen“ und der „deutschen“ Fraktion behinderten Reformen. Einer der einflussreichsten Mitglieder der deutschen Fraktion war der ältliche General von Phull, ein Preuße, der in der Tradition des 18. Jahrhunderts glaubte, die Kriegführung sei eine Wissenschaft. Barclay, ein Livländer schottischer Abstammung, gehörte ebenfalls zur „deutschen“ Fraktion, während die Gruppe der „Russen“ vom siebenundsechzigjährigen Kutusow angeführt wurde. Dieser war ein charismatischer Führer, der aber wenig Geduld für die Neuerungen Barclays aufbrachte, von dem er zu Beginn des Feldzuges 1812 das Kommando über die Westfront übernahm.

Als der Krieg unumgänglich schien, schloss der Zar Frieden mit Schweden und den Türken und setzte dadurch Truppen von diesen Fronten frei. Auf dem Papier verfügte die russische Armee über 600 000 Mann, konnte aber nur die beiden Westarmeen mit etwa 220 000 Mann sofort einsetzen. Der Kriegsplan, den Phull erdacht hatte, nutzte strategische Tiefe. Barclays 1. Armee mit etwa 127 000 Mann sollte sich in das verschanzte Lager bei Drissa an der Düna zurückziehen. Inzwischen würde Bagrations 48 000 Mann starke 2. Armee, die nördlich der Pripjatsümpfe in Stellung lag, zum Angriff auf die rechte Flanke der Invasoren ansetzen. Eine dritte

Preußische Soldaten 1814. Als Preußen seine Armee 1813 mit hohem Tempo vergrößerte, zeichnete sich ein ernsthafter Mangel an Waffen, Ausrüstung und Uniformen ab. Besonders die schlesische Landwehr war schlecht bekleidet und beschuht. Daher ist dies ein stark idealisiertes Bild; es zeigt von links nach rechts einen Kürassier, einen Ulanen, eine Dragoner, einen Linieninfanteristen, einen Husaren, einen Offizier im Generalsrang, einen Angehörigen der schlesischen Landwehr und einen Reiter der Landwehrkavallerie.

Armee sammelte sich weit im Süden, und Truppen aus Moldawien und Finnland befanden sich auf dem Marsch, um sich mit den Westarmeen zu vereinen.

Napoleon war sich der vor ihm liegenden Schwierigkeiten durchaus bewusst. Zusätzlich zu sorgfältigen Studien zur Geschichte und Geografie Russlands hatte ihm sein Feldzug in Polen 1807 Erfahrungen über den Kampf in einem dünn besiedelten Gebiet mit schlechten oder nicht vorhandenen Straßen und extremen Wetterbedingungen vermittelt. Er traf daher umfangreiche logistische Vorbereitungen. Gewaltige Vorratsmengen wurden hinter der Front in Magazinen angehäuft, und um den Nachschub nach vorn zu bringen, stellte er einen riesigen Versorgungstreck zusammen – 25 000 Fahrzeuge, die Munitionswagen, Schmiede und Krankenwagen noch gar nicht mitgerechnet. Einige der Transportkompanien erhielten Zugochsen, aber auch so benötigte der Train noch 90 000 Pferde, die Artillerie 30 000 und die Kavallerie über 80 000. Die Versorgungsfahrzeuge konnten täglich 7000 Tonnen bewegen, doch ab einem bestimmten Punkt fraßen die Zugtiere ihre Ladung auf. Die Transportkapazität war deutlich zu gering, um genügend Futter für die Pferde bereitzustellen, aber Napoleon rechnete damit, dass ab Juni frisches Gras für Weidegründe sorgen würde. Die Vorbereitungen hätten ausgereicht, wenn es gelungen wäre, die Russen in einem kurzen, entscheidenden Feldzug nahe der Grenze zu vernichten.

Napoleon musste bald erkennen, dass er eine größere Armee benötigte, wollte er die zähen Russen überwältigen. Im Frühjahr 1812 hatte er eine immense Streitmacht angesammelt: 614 000 Mann mit Reserve und Ersatztruppen – die „Armee der zwanzig Nationen", wie sie genannt wurde. Seine erste Linie bestand aus 449 000 Mann, von denen weniger als ein Drittel Franzosen waren, der Rest Niederländer, Westfalen, Polen, Bayern, Sachsen, Österreicher, Preußen, Kroaten, Dalmatiner, Schweizer, Italiener, Portugiesen und sogar Spanier. Die Größe dieser Armee diktierte ein direktes Vorgehen nördlich der Pripjatsümpfe, in der Nähe seiner Versorgungshäfen an der Ostsee, und Bedrohung sowohl für Moskau als auch für St. Petersburg. Eine solche nie dagewesene Stärke und die Breite ihres Einsatzgebietes, etwa 480 Kilometer, verursachten Kommandoprobleme. Napoleon hatte einen neuen Verband eingeführt – die Heeresgruppe –, doch da die Kommunikation über lange Strecken von berittenen Kurieren abhing, war er nicht in der Lage, seine Armeen über derart weite Entfernungen effektiv zu kommandieren und zu steuern. Und seine Unterführer waren auf unabhängige Befehlsgewalt schlecht vorbereitet.

Der Marsch auf Moskau

Am 4. Juni 1812 überschritt die Grande Armée den Njemen nach Russland hinein. Die zentrale Kolonne bestand aus drei Armeen, die von Napoleon, Eugène beziehungsweise Jérôme kommandiert wurden, in einer Staffelung bis zurück nach Warschau. An seinen entfernten Flanken standen zwei halbautonome Formationen: Zu seiner Linken stand Macdonalds Korps mit einem preußischen Hilfskontingent und zwei bayerischen Divisionen, zu seiner äußersten Rechten das österreichische Hilfskorps unter dem Befehl des Fürsten Schwarzenberg. Zusätzliche Verbände befanden sich in Reserve oder entlang der rückwärtigen Verbindungen.

Nach Napoleons Plan sollte seine Hauptmacht – drei Infanterie- und zwei Kavalleriekorps, die Kaisergarde mit nunmehr 47 000 Mann, unterstützt von Eugènes Italienarmee – Barclays Armee in einer Serie von Umfassungen vernichten. Jérôme sollte Bagration Richtung Warschau locken und ihn an Narew- oder Bug zum Stehen bringen, bis Napoleon, nachdem er mit Barclay fertig war, in seinen Rücken schwenken konnte. Auf dem Papier sah der Plan großartig aus; aber er schlug fehl, zum Teil, weil der Gegner einer Schlacht ausweichen konnte, hauptsächlich aber wegen Versorgungs- und Kommandoproblemen. Napoleons Gesundheitszustand verschlechterte sich, wodurch wichtige Entscheidungen verzögert wurden. Er verfiel oft in Lethargie und konnte so eine dermaßen große Armee an einer derart breiten Front nicht bewältigen, während es seinen Hauptunterführern nicht gelang, die sich bietenden Möglichkeiten auszuschöpfen, wenn sie vor operativen oder strategischen Entscheidungen standen.

Der russische Rückzug dauerte an. Versuche, Barclay bei Wilna zu umfassen, misslangen, da Eugène mit Verspätung an der rechten Flanke erschien. Wilna wurde am 26. Juni kampflos eingenommen. Hier hielt sich Napoleon drei Wochen lang auf, während seine Hauptmacht, von Murats Reiterei angeführt, Barclay nach Witebsk folgte. Die Armee hatte ihren Marsch in erdrückender Hitze begonnen, der nach dem 29. Juni fünf Tage strömenden Regens folgten. Die unbefestigten Straßen verwandelten sich in Schlammseen und wurden für Versorgungszüge und Artillerie unpassierbar. Da nur wenige Verpflegungsrationen durchkamen, litten die Mannschaften unter Hunger und Erschöpfung, und obgleich viele Dörfer nicht niedergebrannt worden waren – die Politik der verbrannten Erde war ein Mythos späterer Zeiten – erlaubte das von Murats Kavallerie vorgegebene Tempo keine Nahrungssuche auf eigene Faust. Die Armee machte vom 29. Juli bis 12. August bei Witebsk Halt, um die Soldaten ausruhen und Artillerie und Versorgungskolonnen

Der Dnjepr wird am 26. September überschritten. Eine Zeichnung von Albrecht Adam, der als Kriegsmaler den bayerischen Divisionen angehörte, zeigt links Infanteriekolonnen und rechts Versorgungswagen, beide bei der Durchquerung des Flusses, während in der Mitte französische Pioniere eine Bockbrücke errichten.

aufholen zu lassen. Napoleon war tief nach Russland eingedrungen, ohne jedoch eine größere Schlacht zu schlagen; seine Armee hatte bereits annähernd ein Drittel an Mannschaften und Pferden durch Erschöpfung und Krankheiten verloren.

Inzwischen war es Jérôme nicht gelungen, Bagration in Kampfhandlungen zu verwickeln. Am 1. Juli stellte der ungeduldige Kaiser Davout ab, um von Wilna aus nach Süden zu ziehen, die 2. Armee abzuschneiden und die Russen zwischen den beiden französischen Kräften in die Falle gehen zu lassen. Zwischen Davout und Jérôme kam es zu Verständigungspannen. Als Jérôme entdeckte, dass er Davout unterstellt worden war, legte er sein Kommando nieder und kehrte nach Westfalen zurück. Inzwischen entwich Bagration nach Norden. Da er angewiesen war, die Vereinigung der russischen Armeen zu verhindern, folgte Davout ihm, konnte jedoch die Russen nicht zum Kampf bewegen. Im Norden zwang Napoleon Barclay dazu, sein befestigtes Lager und die Stellungen entlang der Düna zu verlassen. Am 4. August gelang es den beiden russischen Armeen sich zu vereinen und auf Smolensk zurückzufallen, eine Stadt am Dnjepr auf halbem Wege zwischen dem Njemen und Moskau. Barclay gab dem Druck von Alexander, Bagration und seinem eigenen Stab nach, focht vom 17. bis 19. August eine Dreitagesschlacht, die keine Entscheidung brachte, zog sich dann aber aus der Stadt zurück. Wenn er für diesen Entschluss auch heftig angegriffen wurde, hatte er doch keine andere Wahl. Napoleon hatte den Fluss weiter östlich überschritten und seine Stellung verändert. Dennoch gelang den Russen ein geordneter Rückzug, da es General Junot nicht geschafft hatte, die Straße zwischen Smolensk und Moskau wie befohlen abzuschneiden.

Smolensk hatte Napoleon 10 000 Mann gekostet. Da sich ein Teil der Truppen in Garnison befand, Oudinot und St. Cyr abgestellt waren, um Macdonald im Norden zu helfen, und General Reynier nach Süden geschickt wurde, um Schwarzenberg beizustehen, war Napoleons Hauptkraft auf etwa 130 000 Mann reduziert. Doch seine schwersten Verluste waren weiterhin auf administrative und logistische Fehlleistungen zurückzuführen: große Mengen an Proviant, Ausrüstung und Munition lagen nutzlos in den Depots, da Transportmöglichkeiten fehlten, die medizi-

Ein weiteres Bild von Adam, datiert vom 18. August 1812, das bayerische Kanoniere mit ihren auffälligen Raupenhelmen oder Feldmützen vor den Mauern von Smolensk zeigt. Obwohl das Wetter noch warm war, hat sich der Soldat links vorn einen Schaffellmantel zugelegt.

Die Invasion Russlands 1812

Es gab bei diesem Feldzug mehrere große Probleme. Das wichtigste vielleicht war die Frage der Versorgung. Obwohl zwischen Königsberg und Warschau neun große Magazine angelegt worden waren, konnten die verfügbaren Transportmöglichkeiten nicht mit dem Tempo des Vormarsches Schritt halten. Zum Zweiten erforderte die ungeheure Größe der Armee und ihre breite Front neue Befehlsstrukturen, faktisch Heeresgruppen. Bei den technischen Beschränkungen der damaligen Zeit konnte keines der beiden Probleme gelöst werden.

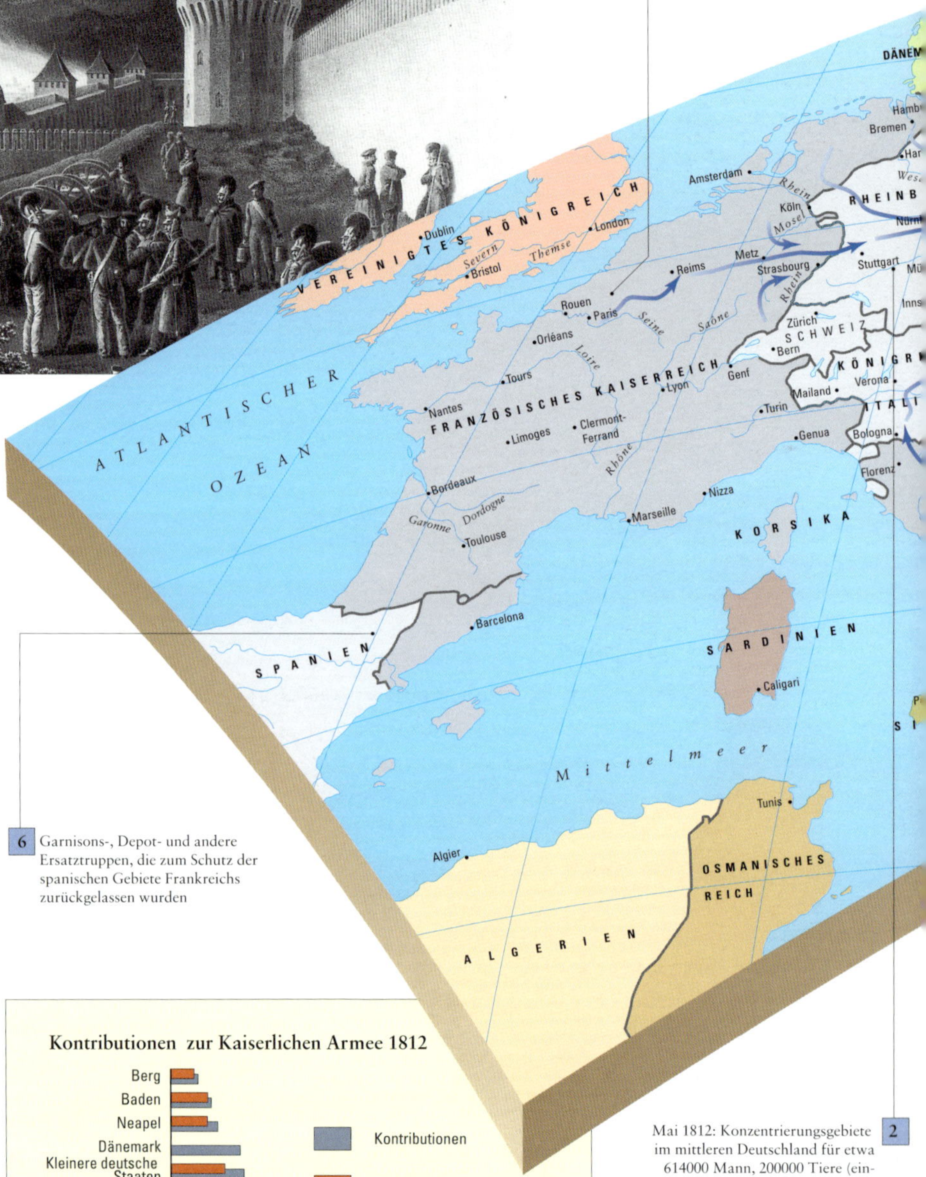

1 Mai 1812: Napoleon verlässt Paris mit Teilen des französischen Truppenkontingents, um die Grande Armée de la Russie zu formieren.

6 Garnisons-, Depot- und andere Ersatztruppen, die zum Schutz der spanischen Gebiete Frankreichs zurückgelassen wurden

2 Mai 1812: Konzentrierungsgebiete im mittleren Deutschland für etwa 614000 Mann, 200000 Tiere (einschließlich Kavalleriepferde und lebender Proviant) sowie 25000 Fahrzeuge

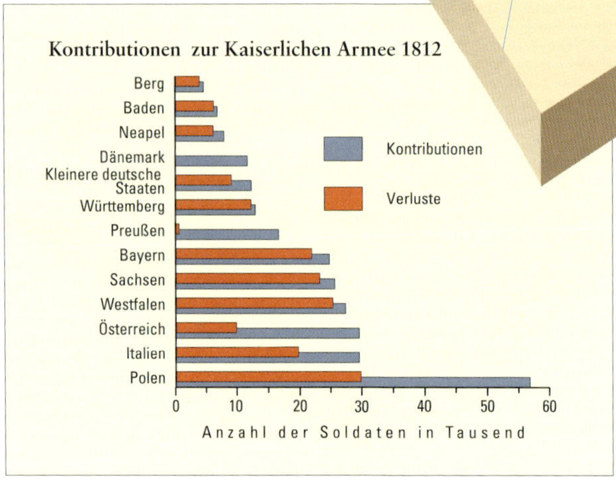

3 Mai bis Anfang Juni: Hauptarmee rückt nach Ostpolen und Preußen vor. Reserve und Versorgung reichen bis ins mittlere Deutschland hinein.

4 Eine dritte russische Armee formiert sich unter General Tormassow, um eine mögliche österreichische Invasion abzudecken. Wenn diese nicht stattfindet, hat er Order, nach Norden vorzurücken.

5 Russische Armeen (2) unter Barclay de Tolly, die formiert wurden, um sich der Invasion entgegenzustellen, fallen langsam auf Smolensk zurück.

3 10. August: Witebsk wird eingenommen. Murat rückt weiter nach Südwesten vor, wendet sich dann nach Osten Richtung Smolensk.

4 17. August: Smolensk wird von der russischen Armee verlassen.

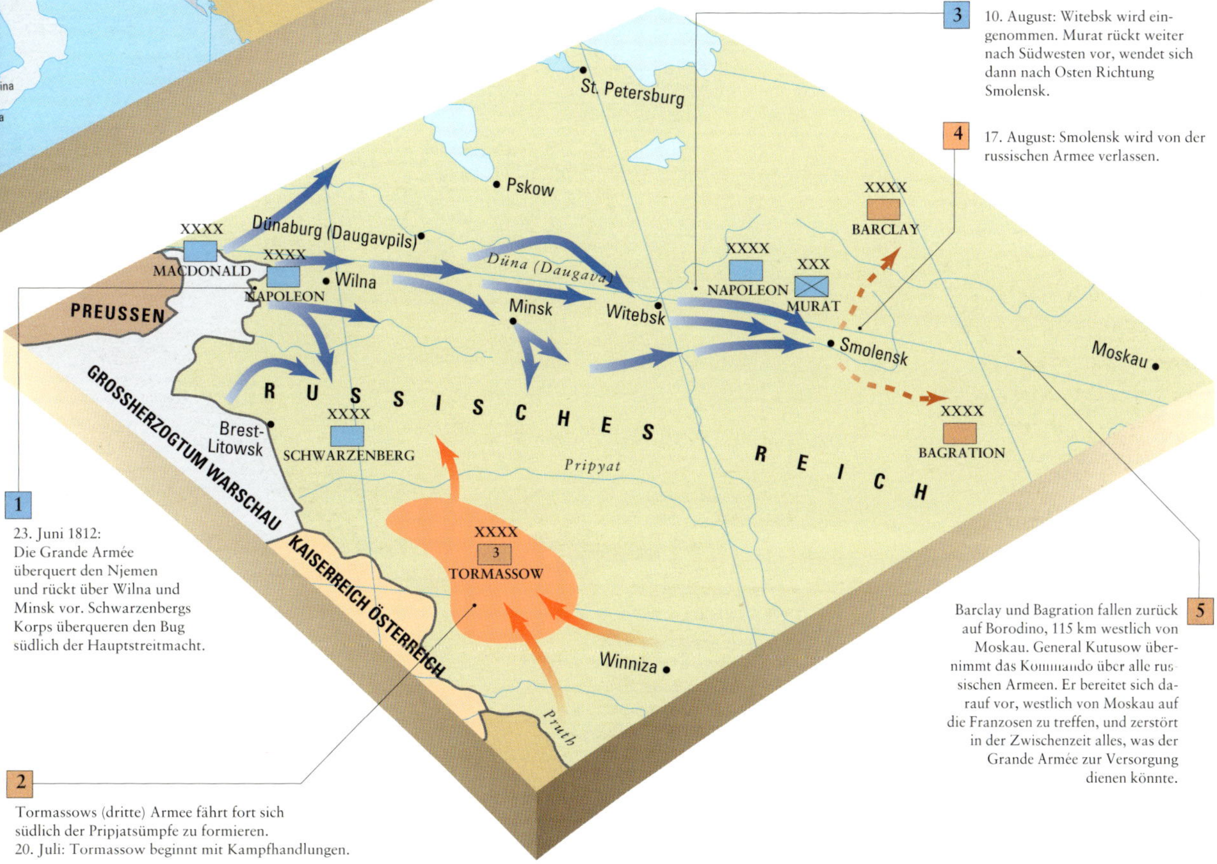

1 23. Juni 1812: Die Grande Armée überquert den Njemen und rückt über Wilna und Minsk vor. Schwarzenbergs Korps überqueren den Bug südlich der Hauptstreitmacht.

2 Tormassows (dritte) Armee fährt fort sich südlich der Pripjatsümpfe zu formieren. 20. Juli: Tormassow beginnt mit Kampfhandlungen.

5 Barclay und Bagration fallen zurück auf Borodino, 115 km westlich von Moskau. General Kutusow übernimmt das Kommando über alle russischen Armeen. Er bereitet sich darauf vor, westlich von Moskau auf die Franzosen zu treffen, und zerstört in der Zwischenzeit alles, was der Grande Armée zur Versorgung dienen könnte.

Am 7. September 1812 beschloss Kutusow, anzuhalten und sich mit durch umfangreiche Feldbefestigungen geschützter Front der Grande Armée zu stellen. Die Schlacht, eine der wenigen Frontalschlachten, die Napoleon je kämpfte, endete mit einem eingeschränkten Sieg, der den Weg nach Moskau freimachte. Die russische Armee überlebte jedoch.

nische Versorgung war völlig unzureichend, Ruhr und Typhus im Verein mit dem Hungertod dezimierten die Armee. Napoleon stand vor einer kritischen Entscheidung. Sollte er seine Stellung ausbauen und seine Offensive 1813 erneuern, oder sollte er weiter vorwärts drängen? Moskau lag 448 Kilometer östlich, und der Kaiser war überzeugt davon, dass die Russen eine Entscheidungsschlacht schlagen würden, um ihre Hauptstadt zu verteidigen. Am 28. August nahm die Armee ihren Vormarsch wieder auf Murat führte und Davout versuchte, Schritt zu halten.

Auf russischer Seite hatte Kutusow, nunmehr Fürst und Feldmarschall, Barclay ersetzt, der von allen Seiten für seine Zermürbungsstrategie gerügt wurde. Kutusow beabsichtigte, sich bei Borodino, einem Dorf an einer Wegkreuzung 105 Kilometer westlich von Moskau, zum Kampf zu stellen. Am 7. September bestand ein ganz offensichtlich kranker Napoleon darauf, mehrfach Infanteriekolonnen gegen Feldbefestigungen mit schwerer Geschützbestückung vorzuschicken, und schlug damit Davouts Rat aus, die Russen links zu umgehen. Die Russen starteten kompakt mas-

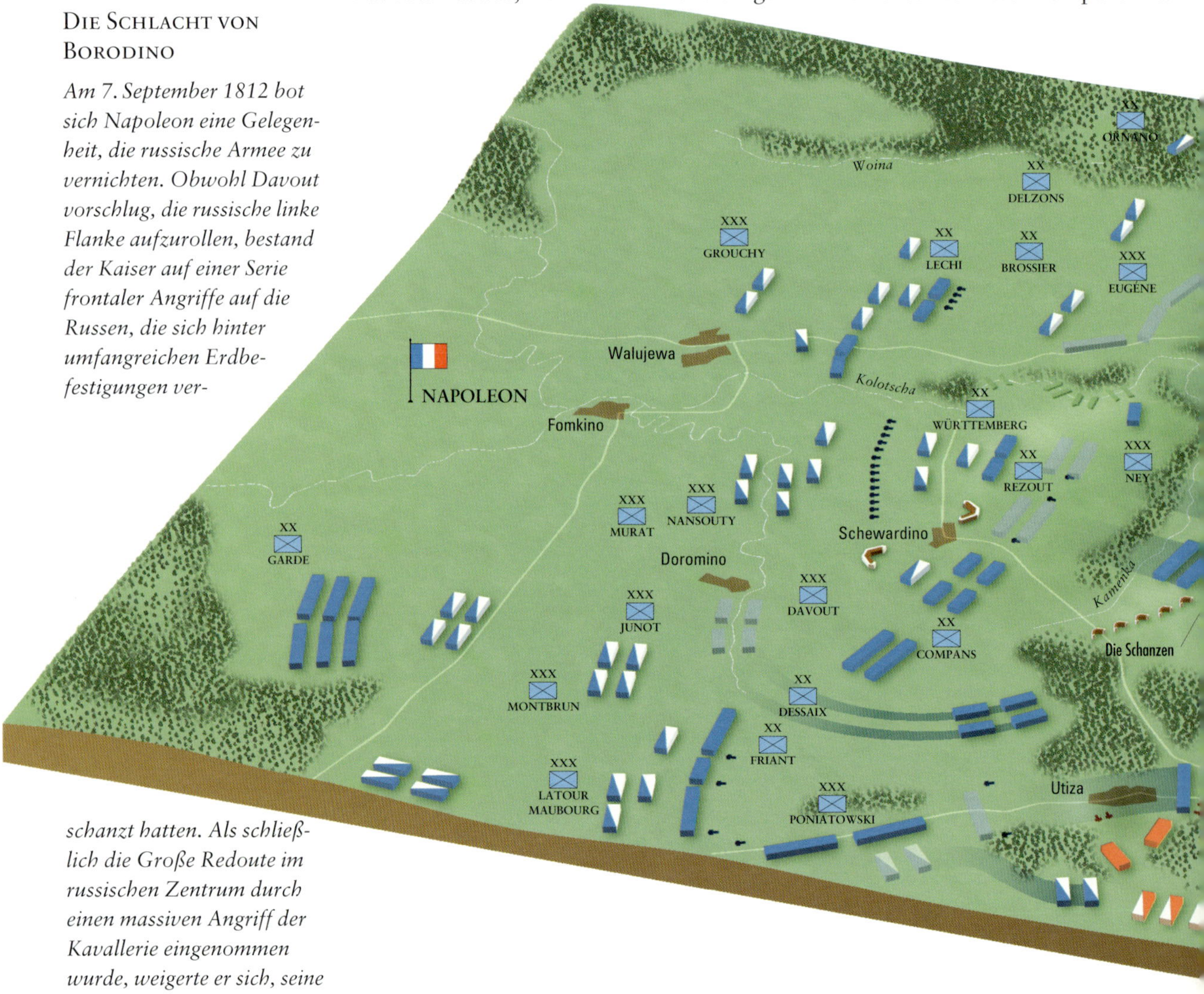

Die Schlacht von Borodino

Am 7. September 1812 bot sich Napoleon eine Gelegenheit, die russische Armee zu vernichten. Obwohl Davout vorschlug, die russische linke Flanke aufzurollen, bestand der Kaiser auf einer Serie frontaler Angriffe auf die Russen, die sich hinter umfangreichen Erdbefestigungen verschanzt hatten. Als schließlich die Große Redoute im russischen Zentrum durch einen massiven Angriff der Kavallerie eingenommen wurde, weigerte er sich, seine Reserve, die Kaisergarde, einzusetzen, um die Situation auszunutzen, und die Russen zogen sich zurück und überlebten als Armee.

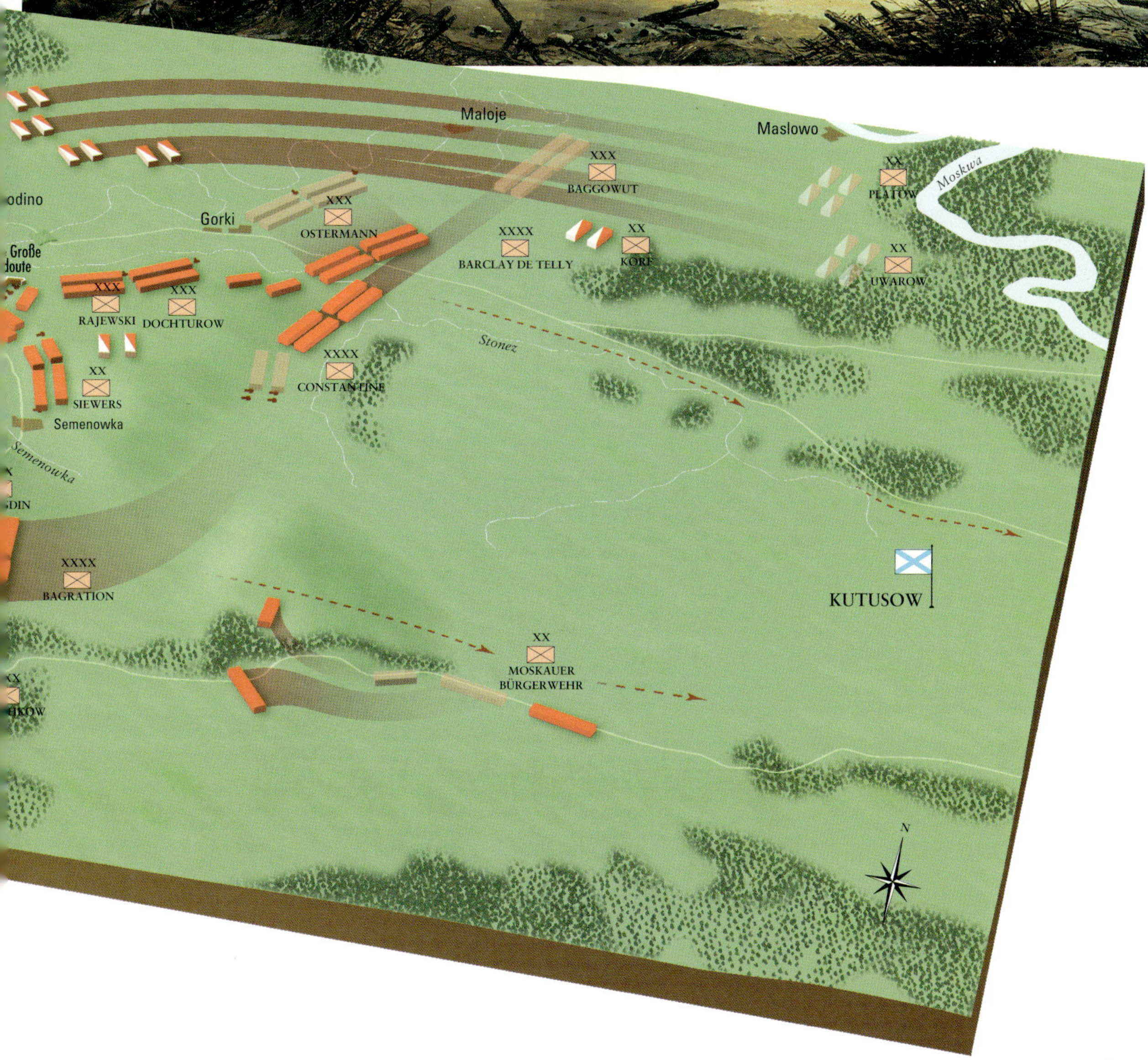
Maloje
Maslowo
Moskwa
XXX
BAGGOWUT
XX
PLATOW
Gorki
XXX
OSTERMANN
XXXX
BARCLAY DE TELLY
XX
KORF
XX
UWAROW
XXX
RAJEWSKI
XXX
DOCHTUROW
Stonez
XXXX
CONSTANTINE
XX
SIEWERS
Semenowka
Semenowka
XXXX
BAGRATION
KUTUSOW
XX
MOSKAUER
BÜRGERWEHR
N

sierte Gegenangriffe. Nachdem man sich lange ohne klares Ergebnis bekämpft hatte, nahm gegen 16 Uhr ein verzweifelter französischer Infanterie- und Kavallerieangriff die Große Redoute im Zentrum der russischen Stellung ein. Wäre dies durch die Reserve ausgenutzt worden, hätte man möglicherweise die russische Armee vernichten und schlagen können. Napoleon hatte noch 30 000 Infanteristen der Kaisergarde, wollte sie aber nicht einsetzen. „Ich werde meine Garde nicht vernichten lassen. Wenn man 800 Meilen weit aus Frankreich gekommen ist, schickt man nicht seine letzte Reserve ins Verderben." Um den Preis von 30 000 Mann war der Weg nach Moskau frei, doch über Nacht setzte sich Kutusow mit seinen verbliebenen 90 000 kampffähigen Soldaten nach Kaluga, südwestlich von Moskau, ab. Am 14. September zog Napoleon mit 95 000 Mann in die nahezu verlassene Hauptstadt ein.

Der Rückzug aus Moskau

Napoleon war von seiner Ausgangslinie 885 Kilometer weit gekommen, doch es gelang ihm nicht, die russische Armee oder den Willen zum Widerstand zu zerstö-

Französische Vorhuttruppen unter Murat ziehen am 14. September 1812 in Moskau ein. Das Bild ist der Fantasie entsprungen: Die Franzosen zogen gegen Mitternacht ein, und die Stadt war auf Anordnung des russischen Gouverneurs weitgehend evakuiert worden.

Zwischen dem 15. und 17. September wurden etwa drei Viertel der Stadt durch Feuer zerstört, das auf Anordnung des russischen Gouverneurs gelegt wurde. Plünderungen durch Soldaten verursachten weitere Zerstörungen, einschließlich großer Mengen an Proviant, doch der Kreml und genügend Unterkünfte zur Unterbringung der 95 000 Soldaten blieben erhalten.

ren. Sein strategisches System, das von Masse und Mobilität abhing, um den Feind schon zu Beginn des Feldzuges vernichtend zu schlagen und ihm die eigenen Bedingungen aufzuzwingen, versagte gegen die Russen, die den Raum für sich nutzten und damit zahlenmäßige und taktische Unterlegenheit wettmachten. Am Ende einer anfälligen rückwärtigen Versorgungslinie, konnte Napoleon es sich nicht leisten, im teilweise abgebrannten Moskau zu bleiben; am 19. Oktober begann er seinen Rückzug. Anfangs beabsichtigte er, noch gut mit Nahrung und Futter versorgt, eine südliche Route durch den Distrikt Kaluga zu verfolgen. Kutusow versuchte, ihn bei Malojaroslawez abzufangen, und obwohl die Schlacht nicht entscheidend war, veranlasste sie Napoleon doch, zur nördlichen Route über Borodino nach Smolensk zurückzukehren.

Mangelnde Disziplin und der Winter zerstörten gleichermaßen seine Armee. Mehr als 40 000 Fahrzeuge aller Art, die mit Beutegegenständen statt mit Verpflegung beladen waren, begleiteten die Truppen, hielten sie auf und ließen die verbliebenen Pferde zuschanden werden. Als am 4. November der erste dichte Schnee fiel, brach alle Ordnung zusammen. Geschütze und Wagen wurden verlassen; Tausende dem Hungertod nahe Männer verließen ihre Einheiten, um Nahrung zu suchen, und wurden von Kosaken oder Bauern getötet. Die Kolonne zog sich auseinander, und es dauerte vier Tage, vom 9. bis zum 14. November, bis die übrig gebliebenen 50 000 Smolensk erreichten, wo nun jeglicher Rest an Disziplin verschwand. Plünderungen, Trunkenheit und Mord waren an der Tagesordnung; die Plünderer vernichteten überdies lebenswichtige Vorräte. Napoleon hatte gehofft, in Smolensk ei-

Napoleon blieb fünf Wochen in Moskau in der Hoffnung, dass Alexander I. verhandeln würde. Am 19. Oktober 1812 befahl er schließlich den Rückzug, aber etwa 40 000 mit Beute beladene Wagen und Karren verlangsamten das Vorankommen.

nen Halt einzulegen, doch war dies offensichtlich unmöglich geworden. Der Rückzug verwandelte sich in Flucht, und nur die Garde und die Nachhut, angeführt von dem unbeugsamen Ney mit der Muskete in der Hand, bewahrten noch einen letzten Rest von Ordnung.

Und doch gab es noch Momente, in denen sich die fliehenden Horden wie eine Armee benahmen und der Kaiser aus seiner Erstarrung erwachte, um wie ein großer Befehlshaber zu handeln. Während sich die französischen Flankenkorps zur Kerntruppe zurückfallen ließen und damit deren Kampffähigkeit stärkten, verfolgte Kutusow die fliehende Kolonne und versuchte sie am 17. November mit 90 000 Mann bei Krasnoj, 40 Kilometer südwestlich von Smolensk, abzufangen. Ein entschlossener Angriff der Garde brachte ihn aber davon ab, weitere Kampfhandlungen zu suchen, bevor er sich mit Wittgenstein und Tschitschagows Moldawienarmee vereinigt hatte. Die vereinigten Armeen, 144 000 Mann stark, näherten sich Napoleons 37 000 erschöpften Soldaten, denen eine riesige Anzahl Versprengter folgte. Am 22. November nahm die Moldawienarmee die wichtigen Magazine bei Minsk ein und zog weiter, um die einzige Brücke über die breite Beresina einzunehmen und damit die Einkesselung der Franzosen zu vollenden. Die Lage verschlimmerte sich außerdem durch ein für die Jahreszeit ungewöhnliches Tauwetter, das den vereisten Fluss in einen reißenden Strom verwandelt hatte.

Zu diesem Zeitpunkt erlangte Napoleon etwas von seinem früheren Feuer wieder. Er befahl Oudinot, der das vorderste Korps befehligte, die Brücke zurückzuerobern. Allen Widrigkeiten zum Trotz wäre das dem Marschall beinahe gelungen, und obwohl es letztlich ein Fehlschlag war, konnte er die Russen vier Tage lang festhalten, bis die Hauptarmee nachgerückt war. Am 26. November führte Oudinot bei Borissow einen Scheinangriff gegen die Russen. Zu diesem Zeitpunkt war schon eine mögliche Stelle zur Überquerung des Flusses etwa 18 Kilometer flussaufwärts bei Studjanka gefunden. Während Oudinot die Aufmerksamkeit der Russen ablenkte, arbeiteten 400 heldenhafte französische Pioniere im eiskalten Wasser

Im November 1812 stießen die 3000 Überlebenden der bayerischen Korps zu Napoleons Hauptmacht, die beim Eintreffen in Smolensk am 9. November die Magazine geplündert vorfand. Die Zeichnung von Albrecht Adam zeigt bayerische Kanoniere am 12. November beim Vernageln ihrer letzten verbliebenen Geschütze.

und bauten zwei hölzerne Brücken. Oudinots Korps setzte zuerst über, dann folgten Ney, Victor, Junot, Davout und Murat. Heftige Kämpfe um die östlichen und westlichen Brückenköpfe setzten sich bis zum Morgen des 29. November fort, bis französische Pioniere die Brücken zerstörten. In den letzten Minuten stürmten wilde Haufen Versprengter die Brücken. Etwa 35 000 französische Überlebende entkamen dem Kessel; sie ließen 50 000 Tote oder Gefangene zurück, darunter auch Zivilpersonen. Napoleon und die Marschälle hatten das Unmögliche geschafft – wenn auf diesem bitteren Rückzug das Überschreiten der Beresina noch als Sieg angesehen werden konnte.

Nun setzte der Winter in aller Strenge ein und die Franzosen als auch die Russen verloren ihre Kampffähigkeit, obwohl weiterhin Kosaken Neys Nachhut attackierten. Napoleon kehrte am 5. Dezember nach Paris zurück, um mit der Aufstellung neuer Armeen für das kommende Jahr zu beginnen.

Unter katastrophalen Witterungsverhältnissen wankten die Überlebenden unter Murats Führung weiter, nur noch wandelnde, in Lumpen gehüllte Gerippe. Am 8. Dezember erreichten sie Wilna, wo in den Magazinen vier Millionen Rationen lagerten; aber da jede Disziplin abhanden gekommen war, wurden die Vorräte restlos geplündert. Außerdem befürchtete Murat, von den Russen eingeholt zu werden, die in Wirklichkeit weit zurücklagen und darauf vertrauten, dass Winter und Kälte die Franzosen endgültig besiegen werden. Murat verließ seine rückwärtigen Einheiten und marschierte weiter nach Kowno und von dort aus nach Polen und Ostpreußen hinein, von wo aus er sich schnurstracks nach Neapel begab und Eugène die Führung der letzten Etappen des Rückzugs überließ. Am 14. Dezember überquerte der letzte französische Soldat, Marschall Ney, die letzte Brücke über den Njemen.

Napoleon sollte noch weitere Feldzüge unternehmen und sie erfolgreich führen, doch war es nur noch eine Frage der Zeit, bis seine Feinde sich gegen ihn verbündeten und – einen dauerhaften Zusammenschluss vorausgesetzt – allein durch ihre Truppenzahl die Übermacht gewannen.

UMSEITIG: *Nachdem sie sich gesammelt hatten, um die russischen Linien zu durchbrechen, und Brückenköpfe auf dem Westufer der Beresina errichtet hatten, bauten französische Pioniere zwei Bockbrücken. Unter Abwehr zahlenmäßig weit überlegener russischer Verfolger schafften zwischen dem 26. und 29. November 1812 40 000 Mann und Tausende Versprengter den Übergang über den Fluss.*

Nachdem Napoleon am 5. Dezember 1812 nach Frankreich abgereist war, war Murat nicht in der Lage, die Armee zu führen, während die verbliebenen Marschälle wenig taten, um die noch vorhandenen Truppen beisammenzuhalten. Nur Ney ging ruhmvoll aus der Katastrophe hervor; mit der Muskete in der Hand befehligte er die Nachhut gegen die verfolgenden Kosaken.

Preussische Militärreformen

Noch vor Ablauf des Jahres beendete Preußen sein Bündnis mit Frankreich. Am 30. Dezember 1812 unterzeichnete General von Yorck – ein konservativer Offizier, aber fortschrittlicher Taktiker, der sein Korps so geführt hatte, dass es größeren Kampfhandlungen aus dem Weg ging – die Konvention von Tauroggen, wodurch er die Verbindung zu Frankreich unterbrach und seinen unentschlossenen König zum Handeln zwang. Friedrich Wilhelm III. suchte Berlin und dessen französischer Garnison zu entkommen und floh nach Schlesien, mobilisierte seine Armee, rief Freiwillige auf und führte die Wehrpflicht ein. Am 28. Februar 1813 unterzeichnete Preußen eine Militärkonvention mit Russland. Im Süden hatte Wien Schwarzenberg, von dessen Korps 7000 im Kampf gefallen und 4000 an Krankheiten zugrunde gegangen waren, angewiesen, seine Truppen abzuziehen. Am 30. Januar 1813 unterzeichnete er eine Konvention, die sein Korps für neutral erklärte, und zog sich nach Galizien zurück. Nach außen hin blieb Österreich Napoleons Verbündeter; in Wirklichkeit aber nahm Wien, wo nun Kanzler Metternich die Geschäfte führte, eine Politik der bewaffneten Neutralität an und wartete darauf, sich der Gewinnerseite anzuschließen.

Klemens Lothar Fürst Metternich versah seinen Dienst als habsburgischer Diplomat in Dresden, Berlin und Paris. Als Kanzler befürwortete er 1809 eine gütliche Einigung mit Napoleon. Nach 1812 änderte er jedoch seinen Kurs. Als Napoleon seine Vermittlungsangebote im Sommer 1813 ausschlug, brachte Metternich Österreich dazu, sich der Koalition anzuschließen.

Die Kriege von 1813–14 sind in die deutsche Geschichtsschreibung als Befreiungskriege eingegangen, aber treibende Kraft war eher die Abneigung gegen die Franzosen als deutsches Nationalgefühl oder liberale Bestrebungen. Der Sturz Napoleons war nicht das Ergebnis von Volksbewegungen, sondern von vereinten Anstrengungen der allesamt grundlegend konservativen Großmächte. Selbst die preußische Mobilmachung erfolgte nicht mit so uneingeschränkter Begeisterung, wie es spätere nationale Legenden glauben machen wollten. König und Adel hatten böse Vorahnungen bezüglich der volksbezogenen Aspekte der kürzlichen Militärreformen; die Bauern wussten, dass sie den größten Blutzoll würden zahlen müssen. Doch Preußen hatte sich verpflichtet. Die Russen zogen am 4. März 1813 in Berlin ein, und am 17. März wurde Frankreich der Krieg erklärt, wobei der König alle seine Untertanen – „Brandenburger, Preußen, Schlesier, Pommern, Litauer" – zum Kampf aufrief. Dies war eine konservative Proklamation, kein Aufruf zu einer nationalen Erhebung.

Trotzdem unterschied sich die preußische Armee von 1813 in ganz erheblicher Weise von der Armee von 1806. Das Debakel von 1806 erforderte grundlegende Veränderungen der preußischen Gesellschaft und der Armee. Der Friede von Tilsit und die Konvention von Paris hatten Preußen seine reichsten Provinzen und fast die Hälfte seiner Bevölkerung entzogen. Seine einzige Hoffnung, die einstige politische und militärische Position wiederzuerlangen, lag im Aufbieten aller noch verfügbaren Ressourcen: politische, militärische und wirtschaftliche Reformen mussten mit einer Reform des Staatsapparats Hand in Hand gehen. Die Führer der politischen und militärischen Reformgruppen einigten sich darauf, feudale Privilegien und Leibeigenschaft abzuschaffen und die allgemeine Wehrpflicht einzuführen – nicht als Bürde, sondern als stolzes Vorrecht jedes Bürgers. Konservativer Widerstand und das Eingreifen der Franzosen verhinderten die vollständige Umsetzung die-

ser Reformen. Dennoch sorgten die Anstrengungen der von Generalmajor von Scharnhorst angeführten militärischen Reformgruppe dafür, dass im Jahre 1813 neue Kommandeure, neues Stabsverhalten und eine neue Kampfdoktrin die preußische Armee führten.

In unmittelbarer Folge der erzwungenen Reduzierung der Armee auf 42 000 Mann waren die Reformer in der Lage, das Offizierskorps zu säubern. Bis 1809 waren von den 142 Generälen aus dem Jahre 1806 siebzehn unehrenhaft entlassen, 86 in Ehren verabschiedet und nur 22 im aktiven Dienst behalten worden, mit ähnlichen Reduzierungen in den niedrigeren Rängen. Obwohl durch neue Vorschriften allen Bürgern mit den erforderlichen Voraussetzungen in Bezug auf Bildung und Moral der Zugang zu den Offiziersrängen offen stand, wurde das Offizierskorps in der Praxis weiterhin von der Aristokratie dominiert.

Die Reorganisation schuf gemischte Brigaden an Stelle von Divisionen, doch die wichtigste Neuerung war ein neues Generalstabskonzept. Die Reformer hofften, dass die kollektive Intelligenz bestens ausgebildeter Stabsoffiziere den individuellen Genius wettmachen würde, und eröffneten 1810 eine neue Schule – die spätere Kriegsakademie – um hoffnungsvolle Offiziere zu unterrichten. Im Gegensatz zu anderen Armeen, in denen der Stabschef nur die Befehle seines Kommandeurs zur Ausführung brachte, sah das preußische System den Stabschef als gleichberechtigten Partner bei Befehlsentscheidungen. 1813 waren Blücher und von Gneisenau das berühmteste dieser Befehlspaare.

Mannschaftsstärke, Ausrüstung und Waffen stellten weiterhin schwierige Probleme dar. Mit der Reduzierung auf 42 000 Mann brachten auch Versuche, die Zahl

Nach dem Abschluss der Konvention von Tauroggen am 30. Dezember 1812, die Yorcks preußisches Korps für neutral erklärte, drangen die Russen weiter nach Ostpreußen vor. Auf dieser Zeichnung sieht man Zar Alexander beim Einmarsch in Lyck, wo er von Honoratioren, Geistlichen und Bürgern begrüßt wird. Man beachte die Kosakeneskorte rechts hinten im Bild.

Dieses preußische Jägergewehr M 1810 war eine höchst genaue Waffe, die nur in begrenzter Anzahl ausgegeben wurde.

durch Anwerbung von Hilfskräften zu erhöhen, nicht viel ein. Mit der Reserve hatte die Armee 1807 eine Stärke von 52 523 Mann, und nur 65 675 bei der Kriegserklärung 1813. Der Krieg zwang den König dazu, seine Kräfte durch Mobilisierung Freiwilliger Jägerverbände, der sog. Freikorps, zu erhöhen, sowie durch die Aufstellung einer Miliz, der Landwehr. Die Jäger mit nur 12 000 Mann rekrutierten sich aus jungen Männern, die in der Lage waren, für ihre Ausrüstung und Uniformen zu bezahlen; ihr militärischer Beitrag war eher begrenzt. Was die Landwehr betraf, deren Stärke auf 120 000 festgesetzt wurde – möglichst Freiwillige, aber, wenn nötig, auch Wehrpflichtige –, so war ihre militärische Effizienz unterschiedlich. Da sie sich hauptsächlich aus den ärmeren Schichten rekrutierten, mangelte es vielen Einheiten an Waffen, Kleidung und Ausrüstung. Ihre Moral war anfangs schwankend und wurde durch harte Disziplin ganz sicher nicht verbessert. Manche Einheiten kämpften mit großem Mut, andere brachen beim ersten Zusammentreffen mit dem Feind zusammen. Aber im Kampf lernten sie kämpfen, und schon im Herbst waren die Unterschiede zur Linie in der Kampfleistung verschwindend gering; ferner hatten große Lieferungen britischer Waffen, Ausrüstungen und Kleidung den Mangel ausgeglichen. Als die Landwehr ihre vorgesehene Stärke erreicht hatte, wurde sie in die Feldarmee integriert und dann zu vier Armeekorps und der Garde formiert.

Die Wiederherstellung der französischen Armee

Die Aufstellung einer neuen Armee für den Feldzug 1813 war eine von Napoleons größten administrativen Leistungen. Sein Endziel waren 700 000 Mann einschließlich der 200 000, die noch in Spanien kämpften. Im Oktober 1812 hatte er Kader für neue Regimenter aus Moskau zurück nach Frankreich geschickt, wo die Wehrpflichtigen von 1813 schon in der Ausbildung standen. Diese bildeten zusammen mit zurückberufenen Veteranen, 16 000 Mann aus Spanien, eingegliederten Einheiten der Nationalgarde, abkommandierten Matrosen und Schiffskanonieren eine Streitmacht von über 120 000 Mann, ergänzt durch die Wehrpflichtigen des Jahrganges 1814, die im Februar 1813 eingezogen wurden. Der Rheinbund, trotz der in Russland erlittenen Verluste derzeit noch loyal, begann mit einer erneuten Truppenaufstellung, und Fürst Poniatowski war mit 10 000 treuen Polen zum Kampf bereit. Im April zog der Kaiser nach Osten, um sich mit den 50 000 Soldaten Eugènes zu vereinen, die noch immer die Festungen an Saale und Elbe hielten. Bis Mitte des Monats hatte er 226 000 Mann und 457 Geschütze versammelt, von denen 120 000 Mann seinem persönlichen Kommando unterstellt waren. Als der Aufbau im August vollendet war, verfügte Napoleon über mehr als 400 000 Mann, einschließlich 88 000 in fremdländischen Kontingenten.

Jozef Anton Fürst Poniatowski kommandierte nach der Eroberung Preußens durch Napoleon die Polnische Legion und wurde 1810 Kriegsminister des Großherzogtums Warschau. Er befehligte das polnisch-sächsische V. Korps im Jahre 1812 und das VII. Korps 1813.
Auf dem Schlachtfeld bei Leipzig wurde er zum Marschall ernannt und fiel dort am 18. Oktober.

Die Qualität dieser riesigen Masse war durchschnittlich. Die französische Infanterie, jung und unerfahren, war begeisterungsfähig, jedoch ohne ausreichende Ausbildung und Ausdauer; die Kavallerie stand der in Russland verlorenen nach, da die Pferde schlechter und die Reiter unerfahren waren. Mängel in der Kavallerie und eine lustlose Führerschaft – selbst die Marschälle waren kriegsmüde – beeinträchtigten die Wirksamkeit der Operationen in starkem Maße. Doch seine Gegner waren noch zahlenmäßig schwach, vielleicht 110 000 Russen und Preußen. Kutusow wurde zum Oberbefehlshaber ernannt, starb jedoch im April, und Zar Alexander traf in Deutschland ein, wie stets überzeugt von seinen eigenen militärischen Fähigkeiten. Zu der Zeit standen die Preußen größtenteils unter Blüchers, die Russen unter Wittgensteins Kommando.

Napoleon hatte einen raschen Durchzug durch Preußen vorgesehen, um das belagerte Danzig zu befreien, änderte jedoch seinen Plan. Während sich Eugènes Truppen auf dem Weg befanden, um sich ihm anzuschließen, drang Napoleons Mainarmee nach Sachsen ein und schlug die preußisch-russischen Streitkräfte am 2. Mai bei Großgörschen. Da ihnen geeignete Aufklärungskapazitäten fehlten, standen Ney und Marmont mit anfangs 45 000 Mann den 75 000 des Gegners gegenüber, doch bis zum späten Nachmittag hatte Napoleon seine Streitmacht auf 110 000 Mann gebracht und gab Neys schwankenden Divisionen Halt. Gegen 18 Uhr etwa, als Zar Alexander noch zögerte, seine Garde einzusetzen, stellte Napoleon eine Großbatterie aus 70 Geschützen auf, um den Feind unter Beschuss zu nehmen, und schickte dann die Junge Garde, gefolgt von der Alten Garde, in die Bresche. Der Gegner brach zusammen. Wieder einmal hatte Napoleon seine Fähigkeit demonstriert, überlegene Kräfte zu binden, den entscheidenden Punkt zu verstärken und einen Gegenangriff zu starten. Seine schwache Kavallerie, ein Hauptfaktor für die Entscheidung der Verbündeten zum Angriff, verhinderte eine Verfolgung im großen Maßstab, und der Feind zog sich geordnet nach Dresden zurück.

General August Wilhelm Graf Gneisenau, der Verteidiger Kolbergs, hatte als intellektueller Soldat maßgeblichen Einfluss auf die preußische Armeereform. Von 1813 bis 1815 war er Blüchers Stabschef.

Napoleon, der seine Kräfte eilends in einer Armee vereinigt hatte, rückte auf Bautzen vor, 52 Kilometer nordöstlich von Dresden, wo Wittgenstein, verstärkt auf 96 000 Mann und 450 Geschütze, eine starke Stellung eingenommen hatte. Napoleon folgte mit 115 000 Mann und 150 Geschützen und stellte Ney mit 85 000 ab, um Scheinangriffe gegen Berlin vorzutäuschen, in der Hoffnung, die Preußen zur Verteidigung ihrer Hauptstadt nach Norden abzuziehen. Da dies nicht gelang, beabsichtigte Napoleon, den Feind am 20. Mai mit einem Frontalangriff zu fesseln, während Ney am nächsten Tag mit einem *manoeuvre sur les derrières* den entscheidenden Schlag landen sollte. Damals wie auch später aber fehlte es Ney an den Fähigkeiten, die nötig waren, um ein wichtiges unabhängiges Kommando zu führen. Am 21. Mai beging er taktische Fehler, die den Verbündeten ein Entkommen ermöglichten, wobei die Franzosen wiederum nicht zu einer wirksamen Verfolgung in der Lage waren. Napoleons Plan war hervorragend gewesen, doch die Ausführung verdarb alles. Mit etwa 20 000 Toten und Verwundeten auf beiden Seiten waren die Ergebnisse nicht entscheidend.

Wittgenstein, dem man den Rückschlag vorwarf, der eigentlich auf Alexanders laienhafte Einmischung zurückzuführen war, legte das Kommando nieder und wurde durch Barclay ersetzt, der der Ansicht war, die Verbündeten müssten sich nach Polen zurückfallen lassen – eine Option, der sich Blücher und Gneisenau entgegen stellten. Schließlich einigten sie sich auf einen Rückzug in Stellungen südwestlich von Berlin, die gleichzeitig die Hauptstadt und Schlesien abschirmten. Napoleon zog in Dresden ein; Davout nahm Hamburg. An diesem Punkt benötigten beide Seiten eine Pause; am 4. Juni akzeptierte Napoleon einen Waffenstillstandsvorschlag der Verbündeten, der schließlich bis zum 17. August ausgedehnt wurde. Während dieser Zeit wurden weiterhin diplomatische Verhandlungen geführt, hatten aber wenig Substanz. Beide Seiten reorganisierten und verstärkten sich, aber die Verbündeten hatten mehr zuzusetzen als Napoleon. Mit England als großzügigem Zahlmeister traten immer mehr Staaten dem Bündnis bei. Am 3. März schloss Bernadotte, seit 1810 Kronprinz und effektiver Herrscher von Schweden, vorher ein Marschall, der durch seine Abwesenheit bei Schlachten auffiel, ein Bündnis mit Großbritannien. Zwei Monate später landete die Vorhut seiner Armee in Pommern. Die schwedischen Truppen waren willkommen, aber das entscheidende Ereignis war Österreichs Beitritt zum Bündnis.

In Wien heizte Napoleons russische Katastrophe die Stimmung zugunsten eines sofortigen Kriegseintritts auf; doch Metternich hatte nicht die Absicht, den Volksgefühlen freien Lauf zu lassen, da er fürchtete, voreiliges Handeln würde nur zu einer russischen anstelle der französischen Hegemonie in Deutschland führen. Er erhielt sich den Mantel der Neutralität, verhandelte mit beiden Seiten und genehmigte dabei zunächst eine heimliche, später die offene Mobilmachung. Bis Ende Mai hatte sich eine österreichische Armee unter Schwarzenberg versammelt, mit Generalmajor Radetzky als Stabschef. Am 14. Juni genehmigte Metternich die vollständige Mobilmachung und rief Reservisten sowie die Landwehr auf. Trotz schwerer Mängel in Bezug auf Waffen und Ausrüstung wurde bis August eine beachtliche Armee mit fast 20 000 Mann in Böhmen konzentriert. Zusätzlich bot die Armee von Innerösterreich etwa 37 000, und weitere 39 000 standen entlang der Donau. Nach weiteren Anstrengungen hatte Österreich bis Ende August 479 000 Mann unter Waffen, davon 298 000 Kampftruppen.

Am 26. Juni traf sich Metternich mit Napoleon und stellte unakzeptable Bedingungen. Als diese erwartungsgemäß zurückgewiesen wurden, schloss sich Österreich am folgenden Tag Preußen, Russland und Schweden an. Rund gerechnet hatte die Koalition 800 000 Mann gegen Napoleons 600 000, was ohne kleinere Kriegsschauplätze, Garnisonen und Nachschubabteilungen auf ein Verhältnis von 570 000 gegen 410 000 hinauslief. Da Österreich das größte Kontingent stellte, bestand Metternich darauf, den Oberbefehlshaber zu benennen. Seine Wahl fiel auf Schwarzenberg, nicht wegen seiner militärischen Eignung, sondern weil sein aristokratischer Hintergrund und seine diplomatischen Erfahrungen ideal dafür geeignet waren, mit den Problemen eines Koalitionskrieges fertig zu werden, die durch die Anwesenheit dreier souveräner Herrscher im Hauptquartier noch vertieft wurden.

Der Herbstfeldzug von 1813

Als der Kampf am 14. August wieder aufgenommen wurde, nachdem Blücher den Waffenstillstand verletzt hatte, gelang es Schwarzenberg, die Verbündeten zur Annahme einer gemeinsamen Strategie zu bewegen, des so genannten Trachenberg-Plans. Dessen Grundgedanke bestand darin, dass diejenige der verbündeten Armeen, die sich dem Kaiser persönlich gegenübersah, sich dem Kampf entziehen sollte, bis die anderen herangerückt waren. Grundsätzlich folgte man diesem Plan während der sechs Wochen unentschlossenen Kampfes. Napoleon hatte vor, die Verbündeten durch einen Vormarsch auf Berlin zu teilen, während er die Österreicher in Sachsen hinhielt. Oudinot erhielt 120 000 Mann, Davouts 35 000 Mann starke Truppe bei Hamburg eingeschlossen, um Berlin zu bedrohen und die Preußen und Schweden zu besiegen; Ney erhielt 85 000 Mann und Napoleon kommandierte die größte Armee mit 165 000 Soldaten. In Wirklichkeit kommandierte Napoleon auch Neys Kräfte und nutzte bei Bedarf auch die von Oudinot. Dass er

Oudinot vor Davout wählte, um seine zweitstärkste Armee abseits der Hauptstreitmacht zu kommandieren, war keine gute Entscheidung. Davout war mit seiner nachgewiesenen Fähigkeit zu unabhängiger Befehlsgewalt dafür weitaus besser geeignet, aber Napoleon beließ ihn östlich von Hamburg fast in einer Statistenrolle. Hätte Davout statt Oudinot gegen Bernadotte die Führung innegehabt, wäre der Ausgang des Herbstfeldzuges möglicherweise ein anderer gewesen.

Oudinout gewann in den ersten Zusammentreffen und zermürbte Bernadotte, der vorschlug, Berlin zu räumen. General von Bülow, der Kommandeur der ihm un-

1 April: Napoleon konzentriert seine Armeen, um sich den verbündeten Streitkräften entgegenzustellen.

2 Mai: Bei Lützen und Dresden ist Napoleon siegreich und treibt die verbündeten Kräfte nach Osten.

3 4. Juni – 16. August: Waffenstillstand. Napoleon nutzt die Zeit, um seine unerfahrene Armee auszubilden.

4 12. August: Österreich erklärt den Krieg.

5 26. – 27. August: Schlacht bei Dresden.

6 September – Oktober: Nach mehreren Niederlagen, die mit der Schlacht bei Leipzig endeten, zog sich die französische Armee zum Rhein zurück.

7 30. – 31. Oktober: Die bayerisch-österreichische Armee greift die sich zurückziehenden Franzosen an, wird aber zurückgeschlagen.

DER FELDZUG IN DEUTSCHLAND APRIL – JUNI 1813

Da Napoleon seine Armee neu aufgestellt hatte und noch eine Anzahl von Festungen im östlichen Deutschland hielt, bezog er eine zentrale Position in Sachsen und versuchte, von dort aus einzelne Vorstöße gegen die preußisch-russischen Armeen zu unternehmen, in der Hoffnung, dass ein größerer Sieg sie dazu bringen würde, sich aus dem Krieg zurückzuziehen. Dies schlägt fehl, doch bis zum Juni sind beide Seiten erschöpft und vereinbaren einen Waffenstillstand. Als die Kampfhandlungen wieder aufgenommen werden, konzentriert Napoleon seine Kräfte bei Leipzig.

DIE VÖLKERSCHLACHT BEI LEIPZIG, 16.–19. OKTOBER 1813

Die größte Schlacht der Napoleonischen Kriege bestand aus einer Serie blutiger Gefechte rund um die Stadt Leipzig, in denen Napoleon gegen eine große Übermacht kämpfte und die von allen Seiten auf ihn eindringenden Verbündeten nicht schlagen konnte. Auch die Angriffe der Verbündeten führten nicht zum Ziel, doch als der Druck sich verstärkte und seine sächsischen Truppen zum Feind überliefen, zog sich Napoleon über den Fluss Elster zurück. Während des Rückzuges schlug er einen Versuch der Bayern zurück, ihn am 30./31. Oktober bei Hanau abzufangen, und erreichte Frankreich mit etwa 110 000 Mann.

terstellten Preußen, widersetzte sich und warf am 23. August bei Großbeeren, 14 Kilometer südlich von Berlin, eines von Oudinots Korps zurück. Oudinot zog sich zurück und zwang damit Davout, der nach Osten vorgerückt war, auf Hamburg zurückzufallen. Inzwischen hatte sich Napoleon unter Zurücklassung von 20 000 Mann unter St. Cyr zur Verteidigung Dresdens gegen Blüchers Schlesienarmee gewandt. Blücher zog sich eingedenk des Trachenberg-Planes zurück, während Schwarzenberg Dresden angriff. Nach dringenden Hilfeersuchen änderte Napoleon die Richtung seiner Armee und setzte Macdonald ein, um Blücher zu fesseln. Da seine jungen Wehrpflichtigen bewiesen, dass sie nicht nur kämpfen, sondern auch marschieren konnten, kehrte er bereits am 26. August nach Dresden zurück. Am nächsten Tag schlugen seine 120 000 Mann Schwarzenbergs 150 000, konnten jedoch wieder keine wirkungsvolle Verfolgung aufnehmen. Vandammes Korps, das ausgeschickt wurde, um den österreichischen Rückzug zu blockieren, wurde am 29. bei Kulm isoliert und vernichtet. Im Osten hatte sich Blücher gegen Macdonald gewandt und ihn am 26. an der Katzbach empfindlich geschlagen. An der Berliner Front, wo Ney im Kommando über Oudinot stand, zeigte Ney wieder einmal seine Unfähigkeit zur selbständigen Befehlsführung. Am 6. September besiegten 50 000 Preußen Ney bei Dennewitz, 60 Kilometer südwestlich der preußischen Hauptstadt, und annullierten damit die Auswirkungen von Napoleons Sieg bei Dresden.

Für den Rest des Monats ging Napoleon abwechselnd gegen jeden seine Gegner vor, konnte sie aber nicht zur Schlacht bewegen. Seine deutschen Verbündeten ver-

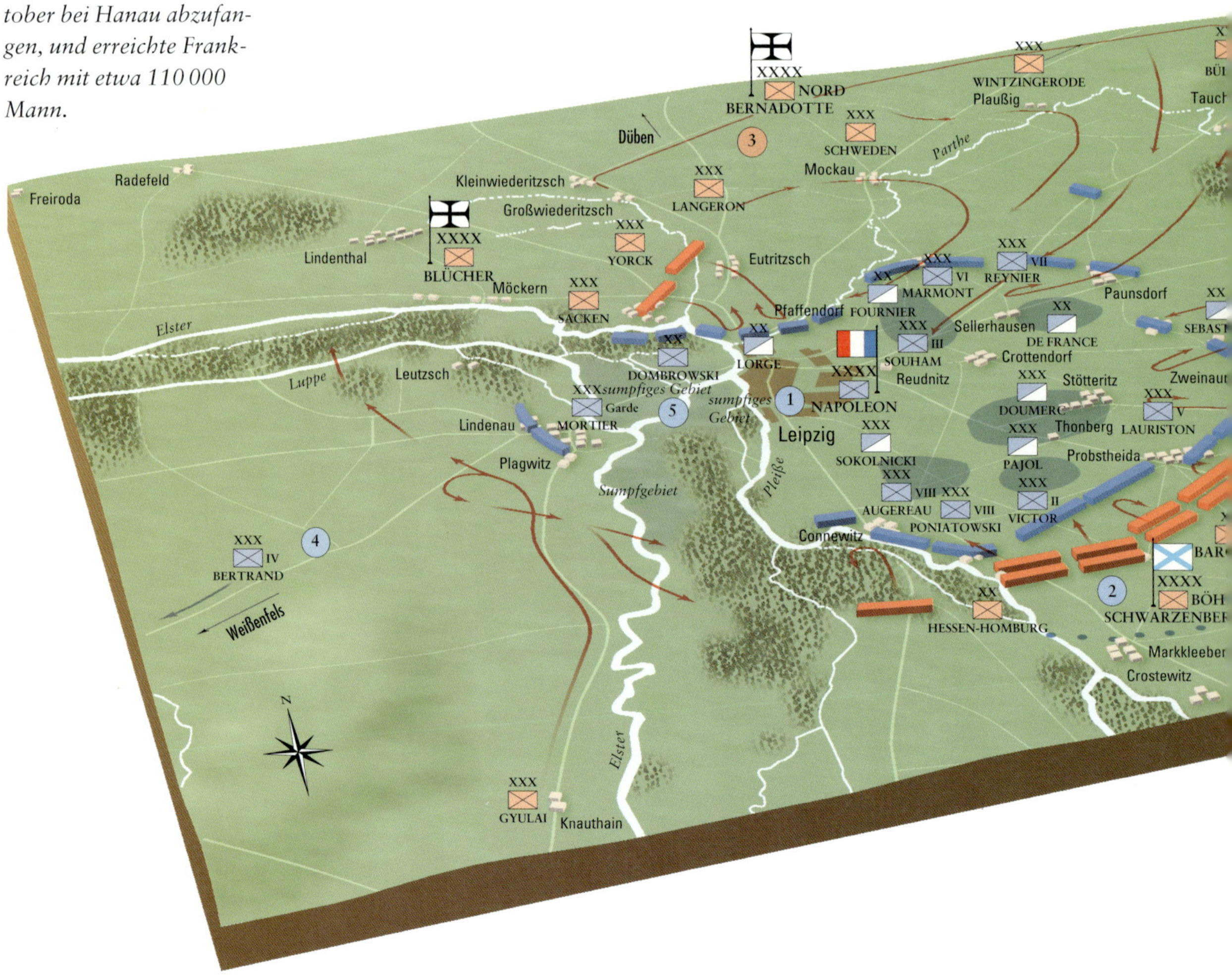

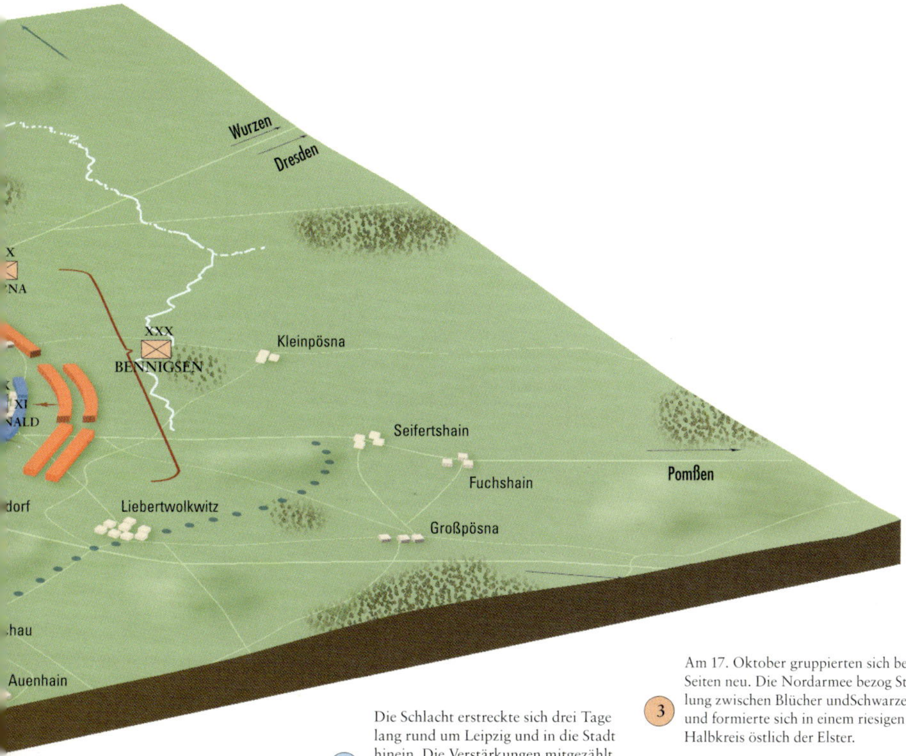

Im Oktober 1813 beschloss Napoleon, sich bei Leipzig zu Kampf zu stellen. In der Völkerschlacht schlug er vom 16. bis 19. Oktober anfangs die Österreicher zurück, wurde dann aber von den preußischen, russischen und schwedischen Armeen bedrängt, während seine deutschen Verbündeten überliefen. Hier greifen Preußen und Russen am 18. Oktober ein Leipziger Stadttor an.

1 Die Schlacht erstreckte sich drei Tage lang rund um Leipzig und in die Stadt hinein. Die Verstärkungen mitgezählt, die während der Schlacht eintrafen, hatte Napoleon 190000 Mann zur Verfügung, gegen insgesamt 335000 verbündete Truppen.

2 Am 16. Oktober schlug Napoleon die Böhmische Armee zurück, die sich von Süden her näherte, war jedoch nicht in der Lage nachzustoßen, als die Schlesienarmee seine Stellungen aus dem Nordwesten angriff, während Bennigsens Russen seine linke Flanke bedrohten.

3 Am 17. Oktober gruppierten sich beide Seiten neu. Die Nordarmee bezog Stellung zwischen Blücher undSchwarzenberg und formierte sich in einem riesigen Halbkreis östlich der Elster.

4 Im Laufe des 18. Oktober starteten die Verbündeten sechs Angriffe gegen Napoleon, der sich näher zur Stadt gezogen hatte, während Bertrands Korps nach Westen durchgestoßen war, um eine Rückzugslinie zu sichern. Während die Franzosen mit dem Ausbau einer stabilen Verteidigungslinie beschäftigt waren, machten die Verbündeten im Norden und Nordosten Fortschritte, die Sachsen liefen über, die Verluste waren groß und die Munition ging aus. Die französischen Stellungen wurden unhaltbar.

5 Um 2 Uhr morgens am 19. Oktober befahl Napoleon etappenweisen Rückzug. Während eine Nachhut die Vorstöße der Verbündeten in die Stadt abwehrte, gelang es dem Hauptteil seiner Armee, die einzige Brücke über die Elster zu überqueren. Die Brücke wurde jedoch zu früh gesprengt und zwang einen Großteil der Nachhut zur Aufgabe. Obwohl die Verluste der Alliierten mit 54000 Mann hoch waren, ermöglichte der Sieg den verbündeten Armeen, zum Rhein vorzustoßen.

hielten sich schwankend, Bayern wurde am 8. Oktober abtrünnig. Er hatte sich am 24. September über die Elbe zurückgezogen und marschierte am 12. Oktober nach Leipzig, um dort Stellung zu beziehen. Seine strategische Lage war schlecht, drei Armeen der Verbündeten rückten an, doch Napoleon hoffte immer noch, sie einzeln zu besiegen. Die Völkerschlacht vom 16.–19. Oktober bestand aus einer Serie blutiger Gefechte, bei denen schließlich 335 000 Soldaten der Verbündeten 190 000 Franzosen gegenüberstanden. Schwarzenberg eröffnete die Kampfhandlungen. Er hätte am 15. besiegt werden können, doch Napoleon wartete auf Neys Ankunft. Danach wurden die Österreicher am 16. fast geschlagen, jedoch durch Blüchers Eintreffen gerettet. Am folgenden Tag gab es kaum Gefechte, aber am 18. Oktober traf erhebliche russische Verstärkung ein, und schließlich erreichte auch Bernadottes Armee den Kampfplatz. Am 19. Oktober morgens begann Napoleon einen gestaffelten Rückzug nach Westen, da er zwar nicht besiegt worden war, jedoch eine Einkesselung befürchtete. Gegen Mittag etwa liefen seine sächsischen und badischen Truppen zum Feind über, während die einzige Brücke, die nach Westen aus der Stadt führte, übereilt gesprengt worden war, so dass 50 000 Soldaten in der Stadt in der Falle saßen.

Napoleon war gezwungen, Deutschland zu räumen. Bayern und Österreicher unter General Wrede versuchten, ihm östlich von Frankfurt bei Hanau am 29./30. Oktober den Weg abzuschneiden, wurden jedoch beiseite gefegt. Nur 70 000 Mann überschritten den Rhein in geordneter Formation, 40 000 überquerten ihn als Versprengte an unterschiedlichen Stellen und etwa 90 000 hielten immer noch Festungen östlich des Rheins. Weitere 100 000 Mann kämpften in Südfrankreich gegen Wellington. Erschöpfung und Krankheiten setzten den Armeen auf beiden Seiten zu. Die Verbündeten beendeten ihre Verfolgung am Rhein, unschlüssig, ob sie nach Frankreich eindringen sollten. Österreich und Schweden waren gewillt, sich mehr oder weniger auf die „natürlichen Grenzen" Frankreichs zu einigen, Russen und Preußen wollten das „Korsische Ungeheuer" beseitigen und England war für Krieg bis zum Ende. Anfang November bot Metternich Napoleons Gesandten eine großzügige Vereinbarung an, obgleich nicht sicher ist, dass dieses Angebot die Zustimmung der anderen Verbündeten hatte, besonders die Englands. Doch Napoleon zögerte seine Zustimmung hinaus. Als er endlich bereit war, hatte man das Angebot schon zurückgezogen. Stattdessen überschritten die Verbündeten am 22. Dezember 1813 die Grenze nach Frankreich.

Die Verteidigung Frankreichs 1814

Während des Winters 1813/14 stellte Napoleon nochmals eine neue Armee auf, indem er 963 000 Wehrpflichtige aufrief, Pensionäre, gealterte Reservisten, Jäger, Gendarmen, Grenzoffiziere und die Nationalgarde. Er hoffte, dass dieses stattliche Aufgebot, das an die Massenaushebungen von 1793/94 erinnerte, seine Gegner dazu bringen würde, sich eine Invasion noch einmal zu überlegen. Seine Erwartungen erfüllten sich nicht. Frankreich war müde, und nur jeder siebente Aufgerufene erschien. Dennoch brachte er 110 000 Mann zusammen, darunter sogar Siebzehnjährige – *les Marie-Louises*. Das Überlaufen hielt an. Seine deutschen Verbündeten hatten sich abgesetzt, Westfalen war zusammengebrochen, die Holländer waren in Aufruhr. Anfang Januar desertierte Murat, der mit Österreich und Dänemark im Bunde war. Nur Eugène blieb loyal und konnte die Mincio-Linie gegen österreichische und italienische Kräfte bis zu Napoleons Abdankung halten.

Der Feldzug in Frankreich 1814 war so brilliant wie nur irgendeiner, den Napoleon je geführt hatte, während auf Seiten der Verbündeten weiterhin Meinungs-

verschiedenheiten das Vorgehen beeinträchtigten. Dennoch war dieser Feldzug von Anfang an verloren, obwohl Strategie und Taktik des Kaisers hervorragend waren und es ihm gelang, sich die Bewunderung seiner Männer zu bewahren. Napoleon setzte etwa 70 000 Mann in einem Schutzgürtel um Paris ein und behielt eine kleine Armee zurück, nur etwa 30 000 bis 40 000 Mann, um die feindlichen Armeen einzeln zu schlagen. Er nahm aber nach wie vor nicht zur Kenntnis, dass Frankreich erschöpft war und nicht länger kämpfen konnte. Schwarzenberg plante, die Böhmische Armee durch die Schweiz zum Plateau von Langres vorrücken zu lassen, von wo aus sie Napoleons Verbindungslinie bedrohen konnte, während die Schlesienarmee durch die Pfalz nach Metz ziehen sollte. Bernadottes Nordarmee war dabei, nach Belgien einzudringen. In alle drei Armeen waren russische Kontingente eingegliedert. Österreicher und Preußen sollten sich an der Marne zusammenschließen, um auf Paris zu marschieren. Dies war im Grunde eine klassische Manöverstrategie, die durch Druck auf den Gegner blutige Kampfhandlungen vermeiden sollte. Metternich hoffte immer noch auf Verhandlungen.

Schwarzenberg erreichte das Plateau von Langres Ende Januar 1814; nur 50 Ki-

VERTEIDIGUNG FRANKREICHS 1814

Obwohl von Anfang an hoffnungslos, wird diese Kampagne doch als eine von Napoleons geschicktesten Operationen angesehen. Wie in seinem Feldzug von 1796 nutzte Napoleon seine zentrale Stellung, um die von verschiedenen Seiten heranziehenden Armeen einzeln anzugreifen, und errang einige Siege. Zum Schluss jedoch konnte er natürlich nicht verhindern, dass ihre Übermacht Paris bedrohte.

Im Februar 1814 reiten der Kaiser und sein Stab einschließlich der Marschälle Berthier und Ney einer weiteren Schlacht entgegen. Obwohl Napoleon viele seiner alten Fähigkeiten wiedererlangt hatte und seine Armee aus kampferprobten und unerfahrenen Rekruten sich tapfer schlug, waren doch die Chancen fast aussichtslos und dieser Kampf konnte nicht gewonnen werden.

lometer trennten ihn von Blücher. Hier jedoch wies ihn Metternich an, zu halten, um einen erneuten diplomatischen Vorstoß zu ermöglichen. Napoleon ergriff die Gelegenheit, nahe Brienne über Blüchers 53 000 Mann herzufallen, und drängte sie am 29. Januar zurück nach La Rothière, wo Blücher mit einer Verstärkung auf 100 000 Mann durch Schwarzenberg die Franzosen jedoch binnen zwei Tagen zurückschlug. Allzu siegessicher, trennten sich die vereinigten Armeen daraufhin wieder. Blüchers preußische und russische Korps marschierten die Marne entlang nach Paris, während Schwarzenberg seine Armee vorerst zurückhielt. Napoleon nutzte wiederum die Gelegenheit. Am 10. Februar bei Champaubert, am 11. bei Montmirail und am 14. bei Vauchamps – drei Schlachten in fünf Tagen – setzten seine Korps dem einen oder anderen von Blüchers Korps schwer zu, vernichteten sie jedoch nicht. Dennoch hatte Napoleon wieder einmal seine hervorragenden Fähigkeiten demonstriert; das stärkte die Moral seiner winzigen Armee, und zum ersten Mal kamen Dorfbewohner heraus, um seinen durchziehenden Truppen zuzujubeln.

Er hatte gehofft, Blücher nachsetzen zu können, doch Schwarzenberg nahm seinen Vormarsch auf Paris wieder auf. Napoleon eilte nach Süden an die Seine und brachte am 17./18. Februar bei Monterau den Österreichern eine Niederlage bei, die sich nach Troyes und darüber hinaus zurückfallen ließen, da befohlen worden war, jedes Risiko zu vermeiden. An diesem Punkt unterbreiteten die Verbündeten ein weiteres Friedensangebot, beruhend auf den Grenzen von 1792. Napoleon lehnte ab. Er frohlockte ob seiner Erfolge, misstraute dem Angebot der Verbündeten, glaubte an den endgültigen Sieg und ignorierte die Tatsache, dass seine Kräfte

Blücher, der 53 000 Mann befehligte, zwang Napoleon mit nur 40 000 Soldaten, darunter vielen Rekruten, am 1. Februar 1814 bei La Rothière zur Schlacht. Die Franzosen hielten ihre Stellung und setzten sich nach Einbruch der Dunkelheit ab. Während des Kampfes gelang es einem Angriff der Dragoner des Kronprinzen von Württemberg, ehemaliger Verbündete Napoleons, eine französische Linie zu durchbrechen.

Am 30. März 1814 schlug Marmont das letzte Gefecht zur Verteidigung von Paris auf den Höhen von Montmartre gegen preußische und österreichische Truppen. Der Kampf war hoffnungslos, und am 31. März um 2 Uhr früh willigte der Marschall in einen Waffenstillstand ein und zog seine Truppen zu einem Punkt südlich der Hauptstadt zurück.

im Schwinden begriffen waren und keiner seiner Siege die Entscheidung gebracht hatte. Die Verbündeten erkannten, dass Napoleon auf ihre Uneinigkeit setzte, und unterzeichneten am 1. März den Vertrag von Chaumont, mit dem sie sich verpflichteten, ihn bis zu seinem Sturz zu bekämpfen. Der unermüdliche Blücher nahm die Offensive wieder auf, zog Napoleon nach Norden, ließ sich aber zurückfallen, als der Kaiser sich näherte. Nach einem schweren Gefecht bei Craonne vereinigte sich Blücher mit seinen beiden verstärkten Korps bei Laon, 140 Kilometer nördlich von Paris. Napoleon folgte ihm. Am 9. März schlug Blücher zu, bevor die Franzosen zur Schlacht bereit waren, und erzielte mit einer bedeutenden Übermacht, 85 000 Mann gegen 37 000, einen Sieg, der Schlüsselfunktion hatte. Marmont, dessen VI. Korps Napoleons Umfassungsflügel sein sollte, hatte das Feld verlassen, um die Nacht bequem zu verbringen, und war daher abwesend, als die Preußen angriffen und sein Korps vernichteten. Napoleon musste sich zurückziehen und vergab Marmont nie, dass er sich „wie ein Leutnant“ benommen hatte.

Napoleon zog sich nach Soissons zurück, stellte Marmont und Mortier zum Schutz von Paris ab, während er selbst sich nach Zerschlagung einer isolierten preußisch-russischen Streitmacht am 13. März bei Reims gegen Schwarzenberg wandte, der auf Paris vorrückte. Am 20. März griff er mit 30 000 Mann 100 000 Verbündete bei Arcis-sur-Aube an. Geschlagen, setzte er alles auf eine letzte Karte. Er überließ Marmont und Mortier den Schutz der Stadt Paris, wies seinen Bruder Joseph an, die Hauptstadt in Verteidigungszustand zu versetzen, und marschierte nach Osten, um die Verbindungslinie der Verbündeten mit Deutschland zu bedrohen und sie zu zwingen, ihre Kräfte zurückzuziehen. Die Alliierten ignorierten Napoleons Anwesenheit in ihrem Rücken, sahen ihre Chance und richteten die Hauptmacht ihrer vereinigten Armeen, über 200 000 Mann, gegen Paris. Marmont und Mortier bestritten am 25. März ein bitteres Nachhutgefecht bei Fère-Champenoise, zogen sich zurück und fochten am 30. ihren letzten Kampf auf den Höhen von Montmartre. In der Nacht darauf handelte Marmont einen örtlichen Frieden aus, der es den Verbündeten ermöglichte, Paris zu besetzen, und führte fünf Tage später sein gesamtes Korps, etwa 11 000 Mann, in das Lager der Alliierten. Napoleons Außenminister Talleyrand hatte schon seit einiger Zeit mit den Verbündeten in Kontakt gestanden und begrüßte eine Wiederkehr der Bourbonen; Joseph, der nichts zur Verteidigung der Stadt unternommen hatte, floh.

Napoleon, der endlich erkannt hatte, dass sein Trick nicht funktionierte, machte sich am 27. März nach Paris auf. Er erreichte Fontainebleau am 31., nur Stunden nach Marmonts Verrat. Napoleon hatte eine Karte in der Rückhand: die Loyalität der Armee. Er verfügte noch etwa über 36 000 Mann und konnte auf weitere 60 000 binnen zwei Tagen zählen. In der Hoffnung, das Land um sich zu scharen,

schlug er vor, auf Paris zu marschieren. Die Soldaten und Regimentsoffiziere waren gewillt, weiterzukämpfen, doch die Marschälle und höheren Offiziere, die darauf bedacht waren, ihre Posten und Reichtümer zu retten und vielleicht auch mehr Realitätssinn besaßen, versagten ihnen die Gefolgschaft. Am 3. April stellte Talleyrand in der Hauptstadt eine provisorische Regierung auf, und am nächsten Tag, dem 4. April, sah sich Napoleon einer Gruppe von Marschällen gegenüber. Angeführt von Ney teilten Macdonald, Oudinot, Lefebvre und weitere ranghohe Offiziere dem Kaiser mit, dass sie sich weigerten zu marschieren. Und als Napoleon versicherte, dass die Armee ihm folgen würde, erwiderte Ney: „Die Armee wird nur ihren Generälen gehorchen." Dem war nichts hinzuzufügen. Napoleon dankte am 6. April 1814 ab und wurde nach Elba verbannt.

Während Marmont auf den Höhen von Montmartre besiegt wurde, hielten sich General Moncey und Truppen der Nationalgarde am 30. März 1814 nachmittags tapfer aber vergeblich an der Porte de Clichy in Paris.

KAPITEL SIEBEN

DER WATERLOO-FELDZUG 1815

SOWOHL BEI QUATRE BRAS als auch bei Waterloo wehrten die britischen Vierecke die französische Kavallerie ab. In seinem Bericht über die Schlacht bei Waterloo an General Lord Beresford schrieb der Herzog von Wellington: „Ich hatte die Infanterie eine Zeitlang in Karrees aufgestellt, und die französische Kavallerie bewegte sich um uns herum, als wäre es unsere eigene. Ich habe die britische Infanterie sich niemals so großartig verhalten gesehen!“

Der Waterloo-Feldzug 1815

Die vier Junitage des Waterloo-Feldzugs sind möglicherweise die am häufigsten beschriebene Militäroperation der Geschichte. Sie markierten Napoleons großen Abgang von der Weltbühne und erhoben Wellington zur britischen Legende. Bei den begrenzten Reserven, die ihm zur Verfügung standen, seine eigenen nachlassenden Fähigkeiten sowie eine instabile heimatliche Basis eingeschlossen, benötigte er einen schnellen und endgültigen Sieg, um eine Chance zu haben, an der Macht zu bleiben. Aber selbst wenn er Blücher und Wellington geschlagen hätte, hätte dies aller Wahrscheinlichkeit nach nicht den Zusammenbruch der Koalition herbeigeführt – es hätte allenfalls seine Hundert Tage verlängert. Im Jahre 1815 standen seine Chancen für einen endgültigen Erfolg noch geringer als 1814.

Napoleons Rückkehr

Bei seiner Abdankung erlaubten die Verbündeten Napoleon, seinen Titel zu behalten, setzten ihn als Herrscher über die Insel Elba ein, sagten ihm zu, dass die wieder eingesetzte Bourbonenmonarchie ihm eine jährliche Pension von zwei Millionen Franc zahlen würde, und ließen 700 Freiwillige der Alten Garde als Begleitung mit ihm nach Elba ziehen. Der Kaiser kam Anfang Mai 1814 auf Elba an und kehrte am 1. März 1815 nach Frankreich zurück. Alles in allem verbrachte er weniger als zehn Monate auf der Insel, während derer er ständig den Gang der Dinge in Frankreich verfolgte, ebenso wie nach dem November den Verlauf des Wiener Kongresses, wo Österreich, Großbritannien, Preußen und Russland um die Neuaufteilung der Karte Europas rangen. Er war gut informiert über die Unzufriedenheit der Franzosen mit dem Bourbonenregime, die Befürchtungen der Bauernschaft, die Verbitterung der auf halben Sold gesetzten Offiziere und der entlassenen Veteranen, die ihren Platz in der Gesellschaft nicht finden konnten. Anfang 1815 erhielt er die Nachricht, dass sich die Kräfte in Wien in zwei feindliche Lager gespalten hatten: Preußen und Russland gegen Österreich und Großbritannien. Schließlich hatten die Bourbonen sich geweigert, seine Pension zu zahlen und es gab Gerüchte darüber, dass man seine Verlegung auf eine weiter entfernt liegende Insel erwog.

Am 26. Februar 1815 schiffte sich Napoleon mit 1100 Soldaten und vier Geschützen nach Frankreich ein. Unter Umgehung britischer Seepatroullien landete die kleine Streitmacht nahe Cannes und marschierte eilig auf Paris. Überall liefen die Truppen, die ausgeschickt wurden, um seinen Vormarsch aufzuhalten, zu ihm über. Louis XVIII. floh ins Exil, und am 20. März zog Napoleon, ohne dass ein Schuß gefallen wäre, von der Bevölkerung umjubelt in Paris ein. Er verkündete, er wünsche einzig und allein Frieden, doch in Wien beendeten die Nachrichten über seine Rückkehr schnell die Spaltung der Bündnispartner. Am 13. März hatten die Verbündeten ihn weltweit geächtet und am 25. März eine Siebente Koalition beschlossen, für die jede der vier Hauptmächte sich verpflichtete, 150 000 Mann zu stellen. Die kleineren Staaten sicherten insgesamt weitere 100 000 zu. Der Krieg war also Napoleons einzige Möglichkeit geworden, an der Macht zu bleiben, und die letzte Hoffnung auf eine Verhandlungslösung verflog, als Murat, noch immer König von Neapel, am 19. März die Österreicher in Norditalien angriff und damit die schlimmsten Befürchtungen der Verbündeten bestätigte. Bei dieser Aktion wurde Murat am 3. Mai schwer geschlagen; er entkam nach Frankreich, wo der Kaiser jedoch seine Dienste ausschlug.

Die Armée du Nord

Napoleon bemühte sich, den Alliierten und dem französischen Volk zu versichern, dass seine Rückkehr Frieden und Stabilität zum Ziel hatte. Um die Liberalen zu beschwichtigen, führte er den ernannten Senat und die gewählte Abgeordnetenkammer weiter, die von Louis XVIII. eingeführt worden waren, aber er gab sich keinen Illusionen darüber hin, dass seine Feinde ihm seinen Thron so ohne Weiteres überlassen würden. Er erwartete, dass über den Sommer starke Armeen von vielleicht 650 000 Mann oder mehr Frankreich entlang seiner gesamten östlichen Grenze angreifen würden. Um sich gegen diese Bedrohung zu verteidigen, gab es das stehende Heer von 224 000 Mann, von denen jedoch nur 50 000 für den Einsatz im Feld bereitstanden. Zusätzliche Mannschaftsstärke erreichte er, indem er Soldaten zum halben Sold aufrief und ein beachtliches Kontingent aus Freiwilligen, zurückgekehrten Kriegsgefangenen und entlassenen Veteranen aufstellte. Matrosen der Flotte verstärkten die Freiwilligen.

Die große Friedenskonferenz, der Wiener Kongress, dem Fürst Metternich vorsaß, dauerte vom 18. September 1814 bis Juni 1815. Napoleon war nach Elba verbannt, und die Großmächte stritten über die Gebietsverteilung. Großbritannien, Frankreich und Österreich unterzeichneten ein heimliches Bündnis gegen Preußen und Russland, doch Napoleons Rückkehr stellte die Einheit der Koalitionspartner wieder her.

Aber dies war kaum genug, um eine ausreichend große Armee zu schaffen, die der erwarteten Invasion der Verbündeten widerstehen konnte, und so versuchte Napoleon, die 120 000 Rekruten des Jahrgangs 1815 einzuberufen, von denen die meisten Ende 1813 oder Anfang 1814 schon in der Ausbildung gestanden hatten. Jedoch war die Wehrpflicht abgeschafft worden, und die zuständige Gesetzgebende Versammlung weigerte sich. Napoleon umging sie, indem er den Jahrgang 1815 zu Reservisten erklärte, die zum Dienst verpflichtet waren, und im Juni waren etwa 46 000 davon auf dem Weg zu den Sammelplätzen; der Krieg war vorüber, bevor sie

Europa nach der Wiener Kongressakte
Deutscher Bund
N
Polarkreis
Island
zu Dänemark
Europäisches Nordmeer
Färöer
zu Dänemark
NORWEGEN
SCHWEDEN
Finnland
RUSSISCHES REICH
Schottland
Edinburgh
Nord-see
Ostsee
Kopenhagen
DÄNEMARK
Irland
Dublin
GROSS-BRITANNIEN
Wales
England
London
Amsterdam
Brüssel
NIEDERLANDE
Hamburg
HANNOVER
PREUSSEN
Berlin
Warschau
REPUBLIK KRAKAU
Krakau
SACHSEN
Prag
Rhein
Paris
Loire
BAYERN
Stuttgart
WÜRTTEMBERG
BADEN
Wien
Ungarn
Buda
Pest
Moldawien
KAISERREICH ÖSTERREICH
Transsilvanien
Donau
MILITÄRISCHE GRENZEN
Walachei
Bukarest
ATLANTISCHER OZEAN
FRANKREICH
NEUCHÂTEL
SCHWEIZ
SARDINIEN
LOMBARDO-VENETIEN
PARMA
MODENA
Genua
Zara
Florenz
TOSKANA
KIRCHEN-STAAT
MASSA UND CARRARA
LUCCA
Korsika
Rom
OSMANISCHES REICH
Montenegro
Adriatisches Meer
ANDORRA
Porto
PORT.
Madrid
Lissabon
SPANIEN
Balearen
SARDINIEN
Neapel
KÖNIGREICH BEIDER SIZILIEN
Ägäisches Meer
Athen
Ionische Inseln
zu Großbritannien
Mittelmeer
Sizilien
Gibraltar
zu Großbritannien
Algier
Tunis
Kreta
MAROKKO
ALGERIEN
TUNESIEN

überhaupt das Schlachtfeld erreichten. Im Juni 1815 bestand Napoleons Armee fast ausschließlich aus alten Veteranen und aus jungen Freiwilligen, meist loyal bis zum Fanatismus, gleichzeitig aber instabil, misstrauisch gegenüber ihren Führern und unter Druck leicht in Panik zu versetzen. Um diese Kräfte zu ergänzen, rief er die Nationalgarde zu Garnisonsdiensten und Aufgaben der inneren Sicherheit auf.

Die Übermacht, der sich der Kaiser gegenübersah, war gewaltig. Zwei verbündete Armeen – eine englisch-niederländisch-deutsche Armee unter Wellington und eine preußische Armee unter Blücher – waren in Belgien eingesetzt. Weiter südlich, entlang des Rheins, sammelte Fürst Schwarzenberg eine starke österreichische Armee, und 200 000 Russen marschierten von Polen aus nach Westen. Napoleon entschied, dass seine Kräfte für eine wirksame Verteidigung nicht ausreichten und seine größte, vielleicht sogar einzige Chance darin bestand, die britische und die preußische Armee in Belgien zu vernichten, was die Mächte erschrecken und zu einem Friedenskompromiss bringen könnte. „Die Armée du Nord," so erklärte er Davout, der zum Kriegsminister ernannt worden war, „soll die Hauptarmee sein", und er beschloss, persönlich die Führung zu übernehmen.

Es erwies sich als schwierig, geeignete ranghöhere Offiziere zu finden. Nur sechs Marschälle waren für den Dienst verfügbar – Brune, Davout, Mortier, Ney, Soult und Suchet –, mit der Beförderung von General Emmanuel Grouchy, eines fähigen Kavalleriekommandeurs, erhöhte sich die Zahl auf sieben. Vor allem vermisste der Kaiser Berthier. Er hatte ihn gebeten, seinen alten Posten wieder einzunehmen, doch Berthier war ins Exil gegangen, wo er am 1. Juni starb, nachdem er sich, wie es hieß, in Bamberg aus dem Fenster gestürzt hatte. In seiner Abwesenheit ernannte Napoleon Soult, dem es an den erforderlichen Qualifikationen mangelte, zu seinem Stabschef.

Da er sich gut an seine schlimmen Erfahrungen aus dem Feldzug 1813 erinnerte, als hart erkämpfte Siege durch Niederlagen seiner selbständig handelnden Unterbefehlshaber zunichte gemacht worden waren, verwendete Napoleon viel Sorgfalt auf die Auswahl der Kommandeure der etwa 100 000 Mann starken Sicherungstruppen entlang der Grenzen. Die Rheinarmee ging an General Jean Rapp, Marschall Suchet erhielt die Alpenarmee, Marschall Brune die Var-Armee; und General Clausel wurde mit den Kräften an der spanischen Grenze betraut. Die Art von Davouts Einsatz bleibt fragwürdig. Als fähigster der Marschälle und als Einziger, der seine Tauglichkeit zu unabhängiger Befehlsführung bewiesen hatte, wurde Davout Kriegsminister und Gouverneur von Paris. Er leistete hervorragende Arbeit bei der Vorbereitung der Armée du Nord, aber als der Feldzug begonnen hatte, hätte seine Anwesenheit im Feld vielleicht diesen Ausgang verändert, während seine Anwesenheit in Paris wenig bewirkte, falls der Kaiser siegreich war, und nichts ändern konnte, wenn er geschlagen wurde.

Nach Abzug der Sicherungskräfte zählte Napoleons Hauptarmee etwa 123 000 Kämpfer, die Kaisergarde, fünf Armeekorps und die Kavalleriereserve, unterstützt von 358 Geschützen. Die Armée du Nord war in zwei Flügel und eine Reserve gegliedert. Die Reserve – in der Hauptsache die Garde mit 20 000 Mann, anfangs von Mortier kommandiert, der erkrankte und durch General Drouot ersetzt wurde – sollte je nach Bedarf den einen oder anderen Flügel unterstützen. Bei Napoleons strategischem Vorhaben war die Zuweisung der Flügelkommandos eine äußerst wichtige Entscheidung, die er aber erst traf, als die Armee schon nach Belgien eingefallen war.

EUROPA NACH DER WIENER KONGRESSAKTE

Trotz einer Reihe ernsthafter Auseinandersetzungen zwischen den Verbündeten schloss der Wiener Kongress seine Neuaufteilung Europas ab und gab am 8. Juni 1815 seine Schlusserklärung heraus. Es wurde ein Polnisches Königreich mit dem Zaren als König geschaffen, und einige Gebiete fielen an Österreich und Preußen. Österreich wurde in seinen früheren Grenzen wiederhergestellt; habsburgische Fürsten regierten Modena, die Toskana und Parma. Preußen vergrößerte sich um Schwedisch-Pommern, die Hälfte Sachsens und große Gebiete des Rheinlandes. Die deutschen Staaten, in ihrer Zahl nun auf neununddreißig reduziert, wurden in einem Bund lose vereinigt. Belgien und die frühere Holländische Republik bildeten das Königreich der Niederlande. In Spanien und Neapel kamen die bourbonischen Herrscher wieder an die Macht.

Napoleons Kriegsplan

Schon im März hatte Napoleon beschlossen, dass er nicht warten konnte, bis die Verbündeten angreifen würden, seiner Schätzung nach etwa Juli; er legte fest, dass er ihnen zuvorkommen wollte, indem er die englisch-niederländische und die preußische Armee in Belgien überfiel. Im Juni waren die beiden genannten Armeen über ein Gebiet von 145 Kilometern Länge und 45 Kilometern Breite verteilt. Wellington hielt mit seiner Streitmacht aus 107 000 Engländern, Niederländern und Deutschen die westliche Hälfte Belgiens von der Straße Brüssel-Charleroi bis zur Schelde; im Osten hielt Blücher mit 149 000 Preußen das Land bis zur Maas besetzt. Ihre rückwärtigen Verbindungslinien liefen auseinander. Die von Wellington verlief nach Norden und Westen Richtung Ostende, die von Blücher durch Namur in östlicher Richtung nach Deutschland. Da Napoleon wusste, dass ihm die verbündeten Streitkräfte im Verhältnis zwei zu eins überlegen waren, plante er, seine Truppen heimlich einen Tagesmarsch von Charleroi zu konzentrieren, genau südlich des Berührungspunktes zwischen beiden verbündeten Armeen. Dann wollte er schnell zuschlagen, bevor der Feind seine verstreuten Kräfte konzentrieren konnte, und einen Keil zwischen die gegnerischen Armeen treiben, in der Hoffnung, dass beide zurückfallen würden, um ihre Verbindungslinien zu schützen; dann könnte er sie nacheinander schlagen.

Am 3. Juni gab Napoleon den Befehl zur Konzentration der Armée du Nord. Bis zur Nacht des 14. auf den 15. Juni hatte er seine gesamte Streitmacht auf einer Front von 24 Kilometern in Reichweite zu Charleroi versammelt, ohne dass die Verbündeten das Ausmaß der Bedrohung erkannt hätten. Die Konzentrierung war gut ausgeführt worden, obgleich Grouchys Kavalleriekorps aus vier Divisionen bis zum 12. Juni noch keinen Marschbefehl erhalten hatte. Die Kavallerie holte auf und es gab keine Verzögerung, doch hätte Napoleon auf Soults nachlässige Stabsarbeit aufmerksam werden müssen. Nichtsdestotrotz hatte er ein strategisches und operationalles Überraschungsmoment erzielt und war nur einen Tagesmarsch vom Berührungspunkt zwischen den britischen und preußischen Kräften entfernt – der Kreuzung bei Quatre Bras auf der Straße Brüssel-Charleroi. Am nächsten Tag, dem 15. Juni, marschierte die Armee mit auf 10 Kilometer verkürzter Frontlinie in Belgien ein.

An diesem Nachmittag ernannte Napoleon endlich die Flügelkommandeure. Er gab Ney das Kommando über den linken Flügel, das I. und II. Korps. Napoleon muss gewußt haben, dass Ney zu unabhängiger Befehlsführung nicht fähig war, aber er wusste auch, dass die einfachen Soldaten ihn bewunderten. Möglicherweise hoffte er, dass der Marschall schriftliche Anweisungen befolgen würde; wie sich später herausstellte, ignorierte Ney deren Absichten. Der rechte Flügel – das III. und IV. Korps – ging an Grouchy, einen talentierten Kavallerieführer, dem es aber an Erfahrungen mit gemischten Waffengattungen und an Dienstjahren mangelte. Davout wäre im Vergleich zu Ney die bessere Wahl gewesen, und Suchet, dessen Kräfte zu diesem Zeitpunkt eine österreichische Offensive am Rhein zurückwarfen, wäre Grouchy vorzuziehen gewesen. Ney wurde nach Quatre Bras befohlen, obwohl seine Instruktionen nicht direkt die Notwendigkeit beinhalteten, diesen Kreuzungspunkt einzunehmen, während Grouchy nach Sombreffe geschickt wurde. Napoleon behielt die Garde, die Kavalleriereserve und das VI. Korps unter seiner direkten Führung.

Die verbündeten Armeen und ihre Pläne

Die beiden verbündeten Armeen in Belgien waren eilig aus den ursprünglichen Besatzungstruppen gebildet worden. Beiden fehlten ihre besten Verbände, und sie enthielten Elemente, deren Zuverlässigkeit zweifelhaft war. Die Briten hatten viele ihrer Regulären für die Kämpfe in Nordamerika eingeschifft, und als Wellington im April nach Brüssel zurückkehrte, bereiteten ihm sowohl Qualität als auch Zahl seiner vereinigten Kräfte, die sich dort versammelt hatten, Sorgen – „eine höchst miserable Armee". Bis Juni war seine Stärke auf etwa 93 000 Mann angewachsen, mit 73 000 im Feld, von denen allerdings nur ein Drittel Briten waren. Die Mehrzahl der höheren Offiziere und etwa die Hälfte der Männer in den britischen Einheiten und in denen der Deutschen Legion des Königs hatten mit ihm auf der Iberischen Halbinsel gekämpft. Das neu gebildete Königreich der Niederlande, das Belgien und Holland vereinte, stellte ungefähr 16 000 Mann, von denen viele unter Napoleon gedient hatten. Dazu kamen etwa 15 000 Mann der Hannoverschen Landwehr und Kontingente aus Nassau und Braunschweig. Insgesamt besaß die Streitmacht 197 Geschütze.

Wellingtons Armee war in zwei Infanterie-, ein Kavallerie- und ein Reservekorps gegliedert; der junge Fürst von Oranien kommandierte das I. Korps – zwei holländisch-belgische und zwei britische Divisionen; das II. Korps – drei Divisionen – stand unter dem Befehl von Generalleutnant Lord Hill; die Kavallerie wurde von General Paget, Earl of Uxbridge, kommandiert. Wellington behielt die Führung der 25 000 Mann starken Reserve – zwei britische Divisionen und die Kontingente aus Braunschweig und Nassau.

Die preußische Niederrheinarmee war auf 117 000 Mann und 296 Geschütze verstärkt worden, darunter 9000 Sachsen, die im Mai gemeutert hatten, sowie Rheinländer, die ihren neuen Herren nicht zugetan waren. Die Armee war in vier kombinierte Armeekorps gegliedert, wobei Ziethens I. Korps als Vorhut im Gebiet Fleurus-Charleroi stand. Während Wellington meist keine allzu hohe Meinung von seinen Verbündeten hatte, mochte er Blücher und vertraute ihm. Die beiden Befehlshaber trafen sich am 3. Juni und vereinbarten, dass im Falle eines französischen Angriffs Wellington seine Armee in Richtung der Preußen konzentrieren sollte, eine Absicht, die er zunächst nicht ausführte, womit er den Kampf der Verbündeten fast zum Scheitern brachte.

Da keine Kriegserklärung ausgesprochen worden war, hatten die Verbündeten keine berittene Aufklärung über die Grenze hinweg betrieben, doch erhielt Blücher am 14. Juni Sichtmeldungen, und ein übergelaufener französischer Divisionskommandeur, General Bourmont, bestätigte, dass Napoleon bei Charleroi angreifen würde. Am 15. Juni begann der preußische Stab, seine verbliebenen drei Korps nach vorn zu bringen, um sie bei Ligny und Sombreffe zu konzentrieren und sie Napoleons rechtem Flügel direkt in den Weg zu stellen. Wellington unternahm jedoch bis zum Nachmittag des 15. Juni nichts. Er war überzeugt, dass Napoleon plante, ihn von den Kanalhäfen abzuschneiden, und befahl seiner Armee, sich nach Westen Richtung Mons zu bewegen, wodurch er das wichtige Gebiet um Quatre Bras offenlegte und Blüchers Einsatz in Gefahr brachte. Erst am 16. um 1 Uhr nachts erkannte er, dass der Feind von Quatre Bras kam – nach seinen eigenen Worten war er von Napoleon „an der Nase herumgeführt" –, und er begann eilends, Truppen hinunter nach Quatre Bras zu schicken. Man findet schwerlich eine Erklärung für Wellingtons anfängliche Reaktion. Napoleon wollte die Verbündeten trennen, die ihm im Verhältnis zwei zu eins überlegen waren, und er hätte die rechte britische Flanke nicht angegriffen, da sie dadurch gegen die Preußen gedrückt worden wären. Wellington und Blücher wurden gerettet, weil ein brillanter napoleonischer Plan an unentschlossenen Kommandeuren, schlechter Stabsarbeit und mangelhafter Kommunikation scheiterte.

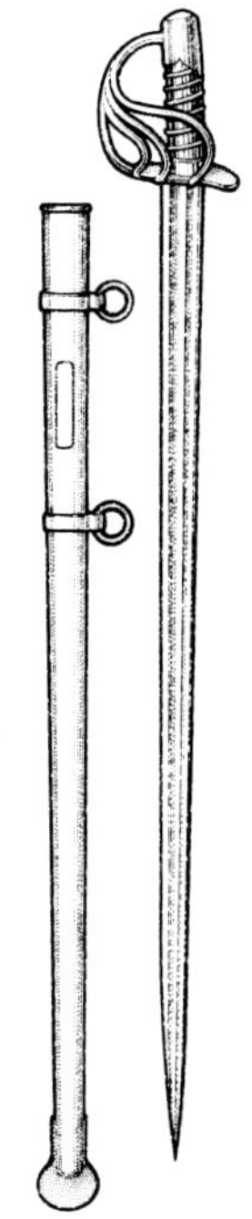

SCHWERER FRANZÖSISCHER KAVALLERIESÄBEL

Die gesamte Kavallerie war mit Hieb- und Stichwaffen ausgerüstet: Schwertern, Säbeln und Lanzen. Die schwere Kavallerie war mit einem langen geraden Säbel bewaffnet, dessen schweres Blatt sowohl an der Seite als auch an der Spitze scharf geschliffen war, während die leichte Kavallerie einen Krummsäbel trug. Nachdem diese uralte Waffe in Osteuropa überlebt hatte, wurde sie 1808 im Westen wieder eingeführt.

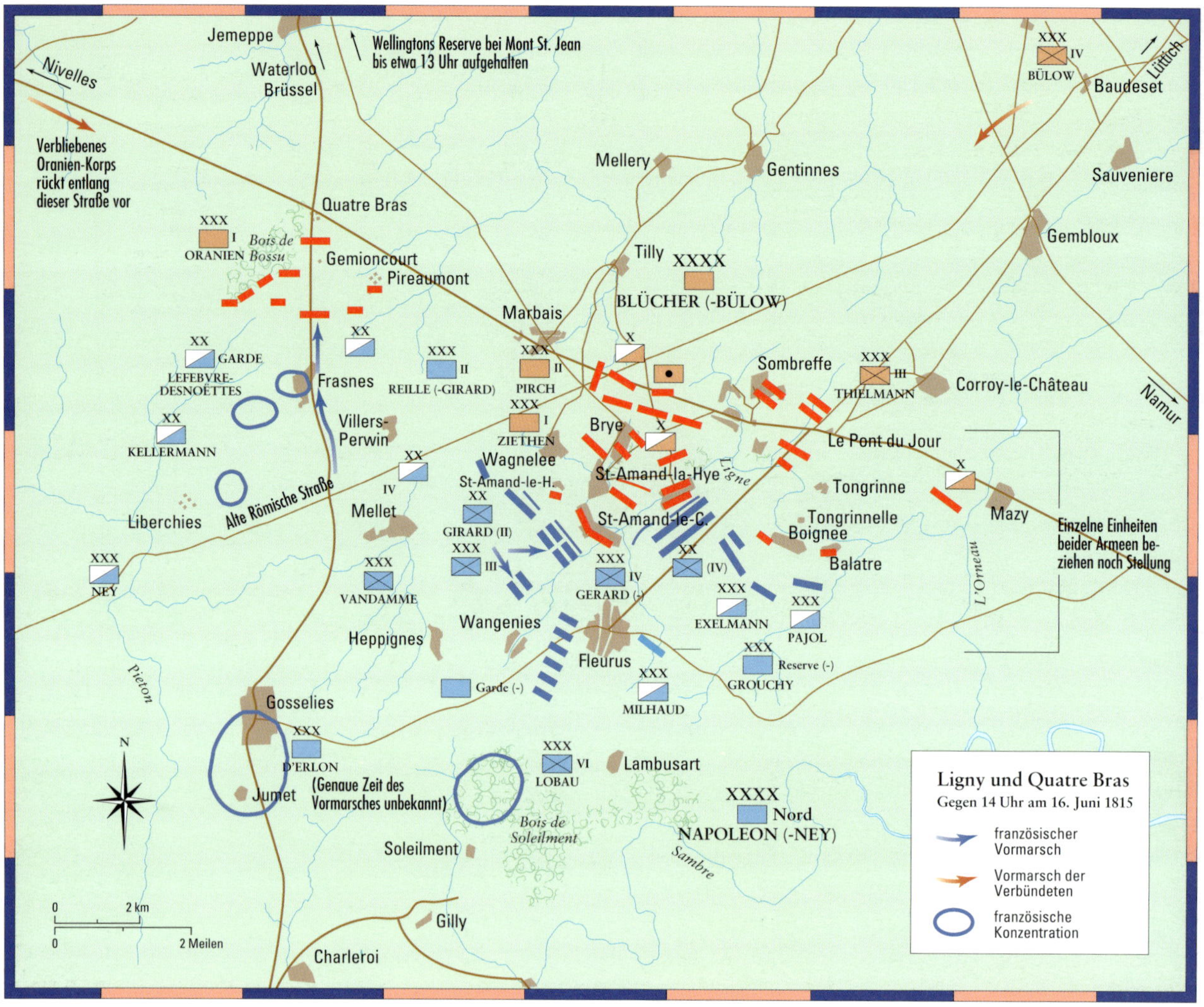

LIGNY UND QUATRE BRAS

Napoleon war eine strategische Überraschung gelungen: Am frühen Nachmittag des 16. Juni hatte sich seine Armee in zwei Flügeln fast genau zwischen Wellingtons und Blüchers Armeen geschoben. Während Napoleon bei Ligny die Preußen bedrängte, sollte Ney Quatre Bras einnehmen und Blücher einschließen. Obwohl Wellington am Tag vorher seine Truppen nach Westen in Richtung Mons verlegt hatte und Quatre Bras nur schwach besetzt war, gelang es Ney nicht, diesen wichtigen Ort einzunehmen.

LIGNY UND QUATRE BRAS, 16. JUNI

Der Waterloo-Feldzug bestand aus drei großen Schlachten, die innerhalb von drei Tagen geschlagen wurden. Zwei davon fanden am 16. Juni statt, dem zweiten Tag der Invasion. Napoleon verband sich mit Grouchy und kämpfte bei Ligny gegen Blücher, während Ney versuchte, die Kreuzung bei Quatre Bras zu erobern.

Quatre Bras, Ligny und Charleroi bildeten ein auf der Spitze stehendes Dreieck, dessen Ecken durch Hauptstraßen miteinander verbunden waren. Obwohl durch einen organisatorischen Fehler mehrere Stunden aufgehalten, stürmten die Franzosen durch Charleroi, verlangsamten dann aber ihr Tempo. Am Nachmittag hatte Grouchy Ziethen aus Fleurus hinausgetrieben, blieb dort jedoch stehen. Ney hatte sich nicht besser geschlagen. Am späten Nachmittag war er nur 7 Kilometer über Charleroi hinaus gekommen. Er hätte am ersten Abend Quatre Bras erobern können, aber zum ersten Mal in seiner Laufbahn vorsichtig und nur mit dem II. Korps im Einsatz, zögerte er. Angesichts dieser Umstände missachtete General de Rebeque, Stabschef des Fürsten von Oranien, auf intelligente Weise die Befehle, seine Divisionen nach Westen zu führen; er ermächtigte stattdessen am Nachmittag seine 2. Division, eine Brigade nach Quatre Bras zu schicken, und verstärkte diese über Nacht durch eine weitere Brigade. Am nächsten Morgen war Ney den Verteidigern zwar immer noch sechs zu eins überlegen, handelte jedoch noch immer nicht.

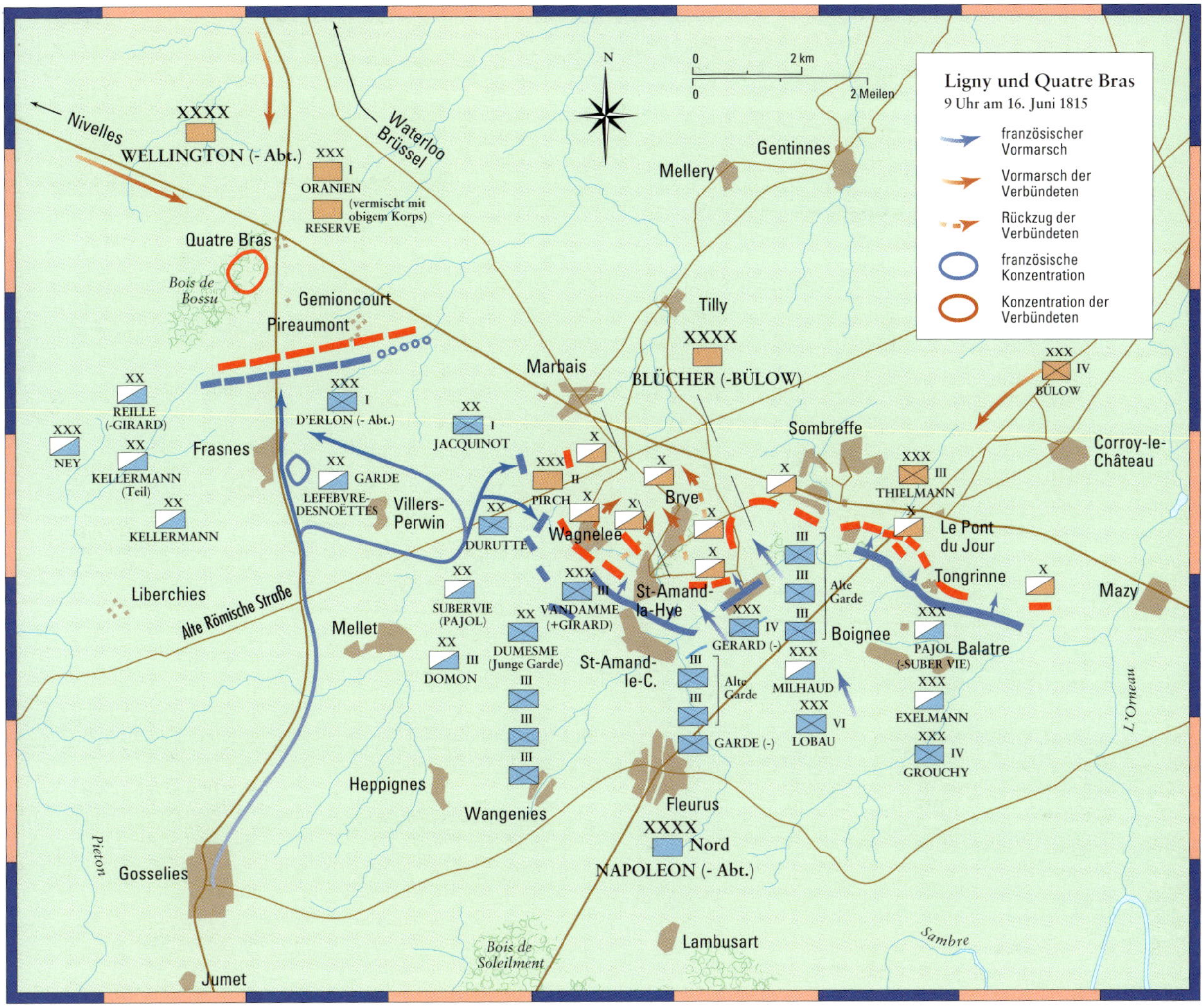

Dennoch standen die Dinge am frühen Morgen des 16. Juni günstig für Napoleon, der daraufhin beschloss, Blücher zu umfassen und zu vernichten. Er kannte nicht die Anzahl der Truppen, die Wellington nach Quatre Bras vorschob, doch er sah, dass Blüchers Position bei Ligny gefährlich offen war für eine Umfassung durch Ney. Am späten Vormittag gab er neue Befehle an Ney. Nach der Einnahme von Quatre Bras sollte der Marschall den Hauptteil seines Korps die Straße nach Ligny hinunter gegen Blüchers Flanke und Rückfront schwenken, während der Kaiser und Grouchy frontal angriffen. Schnelle Reaktionen auf veränderte Situationen waren grundlegend für die napoleonische Kampftaktik, doch Soult konnte klare Befehle nur langsam formulieren und weiterleiten. Nachdem er den Vormittag hatte verstreichen lassen, erhielt Ney erst am Nachmittag die Anweisung, Quatre Bras einzunehmen und dann gegen Blücher zu schwenken.

Kurz nach Mittag war Wellington auf dem Schauplatz angekommen und beriet sich mit Blücher, wobei er ihm zusagte, ihm wenigstens ein Korps zu schicken. Dann kehrte er nach Quatre Bras zurück, wo er nach Eintreffen weiterer Verstärkung ein Gleichgewicht, später Überlegenheit der Kräfte gegen Ney erreichte. Ney reagierte auf seine neuen Anweisungen, indem er beschloss, sein Ziel mit seinem zweitgrößten Verband zu nehmen, d'Erlons I. Korps, das gerade von Charleroi her anrückte. Doch durch ein Versehen im Stab war er nicht darüber informiert worden, dass

Über Nacht hatte Wellington eilig Verstärkung nach Quatre Bras gebracht, Ney jedoch konnte nicht energisch genug reagieren. Als Napoleon gegen Mittag erkannt hatte, dass Ney nicht mehr rechtzeitig eintreffen würde, hatte er einen Frontalangriff gegen die Preußen gestartet, der sie nach Einsatz der Garde bei Einbruch der Dunkelheit zurücktrieb. Es war der letzte Sieg des Kaisers, aber man könnte die Behauptung aufstellen, dass Neys Versagen Napoleons strategischen Plan vereitelt hat.

Napoleon befohlen hatte, dieses Korps abzustellen, um Blüchers Rechte bei Ligny anzugreifen. Wütend berief er das Korps zurück, mit dem Ergebnis, dass diese 20 000 Männer den Nachmittag mit Märschen hin und zurück verbrachten, ohne zum Kampf zu kommen; ein Durcheinander, das Napoleon die Schlacht hätte kosten können. Inzwischen führte Ney selbst wiederholte Angriffe gegen die Briten, die nun 31 000 Mann zählten; als die Dunkelheit die Kämpfe beendete, hatte Wellington die Kreuzung fest in der Hand.

Die Schlacht von Ligny war von größerem Gewicht. Am Nachmittag hatte Blücher entlang einer 10 Kilometer breiten Front zu beiden Seiten Lignys drei Korps eingesetzt, eine weitaus größere Zahl, als Napoleon erwartet hatte, als er das IV. Korps bei Charleroi zurückließ. Napoleon wollte die Preußen durch einen Frontalangriff binden, während Ney in ihre offene Flanke und Rückfront stieß. Als er feststellte, dass Ney Quatre Bras nicht eingenommen hatte, beschloss er gegen 15.15 Uhr, d'Erlons Korps für den Angriff auf die preußische Flanke einzusetzen, versäumte es aber, den Marschall über seine Entscheidung zu informieren. Überdies geriet Grouchys linke Flankendivision in Panik, als einige von d'Erlons Truppen aus unerwarteter Richtung auftauchten, und es bedurfte eines persönlichen Eingreifens des Kaisers, um die Stabilität wieder herzustellen. Da der Flankenangriff zum Fiasko geriet, schickte Napoleon seine Garde ins Gefecht, und um 20 Uhr war die preußische Li-

nie durchbrochen. Ein berittener Gegenangriff, den Blücher persönlich anführte, schlug fehl. Ohne Pferd hatte der Feldmarschall für einige Stunden die Verbindung zu seinem Hauptquartier verloren, doch sein Stabschef von Gneisenau übernahm das Kommando. Im Schutze der Dunkelheit und schwerer Regenfälle zogen sich die Preußen, die 16 000 Mann und 21 Geschütze verloren hatten, geordnet zurück.

Ligny war Napoleons letzter Sieg, doch das Fehlschlagen des *manoeuvre sur les derrières* erlaubte es den Preußen, zu entkommen. Körperlich und geistig erschöpft, und immer noch im Ungewissen über die Lage bei Quatre Bras, versäumte er es, eine sofortige Verfolgung anzuordnen. Um 8 Uhr am nächsten Morgen wies er Ney erneut an, Quatre Bras einzunehmen, ließ jedoch weitere drei Stunden verstreichen, bevor er ihm befahl, das Äußerste dafür zu unternehmen. Napoleons verzögerte Handlungen am Morgen des 17. Juni nahmen ihm die letzte Chance, Wellington anzugreifen, solange dieser noch isoliert war. Wenn Ney Wellington bei Quatre Bras gefesselt hatte, wäre die linke britische Flanke für einen Stoß entlang der Straße von Ligny offen gewesen, doch der Kaiser nutzte diese Gelegenheit nicht. An jenem Morgen erhielt Wellington Blüchers Zusage, ihn mit zwei Korps zu unterstützen, und setzte seine Infanterie erst um 10 Uhr ab. Verdeckt von einem heftigen Gewitter und durch eine berittene Nachhut geschützt, fielen die Briten auf den Höhenrücken des Mont St. Jean 20 Kilometer nördlich zurück.

Die beste Verteidigung für Infanterie gegen angreifende Kavallerie war die Formation eines hohlen Quadrates. War das Karree gebildet, so formierten sich die vier Seiten, jede mit einer Front von etwa 25 Metern, vier bis sechs Glieder tief, wobei das erste Glied kniete und den Kolben der Musketen auf den Boden stützte, wodurch eine Art Hecke mit scharfen Spitzen entstand. Das Bild zeigt das 28. Infanterieregiment, die „Gloucesters“, bei Quatre Bras im Karree zur Abwehr der französischen Kavallerie.

Über Nacht hatte Blücher seinen Stab wieder erreicht und beschlossen, sich nach Norden auf Wavre zurückzuziehen, statt östlich nach Namur. Das bedeutete, dass er die Verbindung zu Wellington aufrechterhalten und die versprochene Unterstützung leisten konnte. Um dies zu verhindern, hatte Napoleon am späten Vormittag Grouchy mit 33 000 Mann abgestellt, um Blücher zu beobachten und seine Verbindung mit Wellington zu verhindern, während die Garde nach Quatre Bras in Marsch gesetzt wurde. Als Napoleon gegen 14 Uhr zu Ney stieß, schalt er ihn für seine Tatenlosigkeit; Wellington jedoch hatte sich abgesetzt. Die Verfolgung wurde schließlich am Nachmittag aufgenommen, wegen des heftigen Regens und schlammigen Bodens konnte man jedoch die Briten nicht mehr einholen.

Waterloo: die endgültige Niederlage

Am Morgen des 18. Juni stellte sich Napoleon mit 74 000 Mann Wellingtons 67 000 Mann starker Armee. Wellingtons Hauptstellung verlief entlang eines niedrigen 7 Kilometer breiten Höhenzuges, der eine starke Verteidigungskonzentration ermög-

lichte und damit Durchbrüche des Feindes extrem erschwerte. Er positionierte die Hauptmacht seiner Infanterie – absichtlich durchsetzte Einheiten des I. und des II. Korps – dicht hinter dem Kamm der Höhe. Nur eine Brigade der Niederlande in der Nähe des Zentrums wurde versehentlich am vorderen Hang postiert. Es gab zwei größere befestigte Außenposten: rechts befand sich das Château de Hougoumont, links des Zentrums das von Mauern umgebene Gehöft von La Haye-Sainte. Diese Stützpunkte konnten nur unter großem Einsatz eingenommen werden und würden bei Umgehung den Angriff aus dem Gleichgewicht bringen. Artillerie wurde eingestreut, um direkten Feuerschutz zu geben, und die Kavallerie stand massiert hinter dem Zentrum. Der einzige Schwachpunkt in Wellingtons Vorkehrungen war, dass er auf eine Rückzugslinie zur Küste fixiert war und 17 000 Soldaten bei Hale 13 Kilometer zu seiner Rechten postiert hatte; obwohl man sie in der Schlacht dringend benötigt hätte, nahmen sie nie am Kampf teil.

Napoleon beabsichtigte nie ernsthaft, die Stellung zu umgehen. Er hatte die Preußen verjagt und die Verbündeten zumindest zeitweilig voneinander getrennt. Nun

SCHLACHT BEI WATERLOO
Die Briten waren auf ihre neue Stellung an der Rückseite des Höhenzuges des Mont St. Jean zurückgefallen, der die Straße nach Brüssel beherrschte. Sie stellten sich in Linearordnung auf, aber mehrere Linien tief, mit befestigten Vorposten beim Château de Hougoumont und auf dem Gehöft von La Haye-Sainte. Am 17. hatte es heftig geregnet; beide Seiten waren erschöpft und durchnässt, und der Boden war

Ein nahezu zeitgenössischer Stich zeigt die Schlacht bei Waterloo von der französischen Seite aus, mit der englischen Stellung am Mont St. Jean im Hintergrund.

schlammig und verzögerte den Einsatz von Napoleons Artillerie bis etwa 10 Uhr vormittags. Da er an diesem Tage krank war, übergab Napoleon Ney das Kommando über die Schlacht und mischte sich nur sporadisch ein. Etwa gegen 10.30 Uhr begannen die Kampfhandlungen mit einem Angriff auf Wellingtons rechte Flanke, doch den Hauptangriff führte d'Erlons Korps gegen das britische Zentrum und die Linke. Bis 14 Uhr waren beide Attacken zum Stillstand gekommen. Bald darauf meldeten Kundschafter preußische Truppen aus

benötigte er einen schnellen Sieg, was einen Frontalangriff mit Einbruch in das Zentrum des Feindes voraussetzte. Seine Armee war auf drei Linien zusammengezogen. Reilles II. Korps links und d'Erlons I. Korps rechts bildeten die erste Linie, massierte Kavallerie hinter ihren Flanken und Lobaus VI. Korps im Zentrum stellten die zweite Linie, während die Garde und weitere Kavallerie die dritte Linie ausmachten. Napoleon plante, dass Reille ein Ablenkungsmanöver starten und mit einem Teil seines Korps Hougoumont einnehmen sollte, während d'Erlons vier Divisionen nach dem Bombardement einer Großbatterie mit 80 Geschützen in das britische Zentrum eindringen sollten. Dann sollten die Kavallerie und die zweite und dritte Linie ins Gefecht gehen, um den Durchbruch auszunutzen und die Vernichtung des Gegners zu vollenden.

Angesichts der Unfähigkeit, die Ney 1813 und noch viel mehr an den beiden vorangegangenen Tagen an den Tag gelegt hatte, bleibt es unerklärlich, warum der Kaiser, dem es alles andere als gut ging, ihm die taktische Verantwortung für die Schlacht anvertraute. Normalerweise eröffnete Napoleon seine Schlachten im Morgengrauen, doch da er darauf vertraute, dass Grouchy die Preußen fernhalten würde, verzögerte er seinen Angriff, bis der schlammige Boden so weit abgetrocknet war, dass er seine Zwölfpfünderkanonen in Stellung bringen konnte. Die Kampfhandlungen begannen gegen 11.30 Uhr mit dem Angriff auf Hougoumont. Das Ziel, Reser-

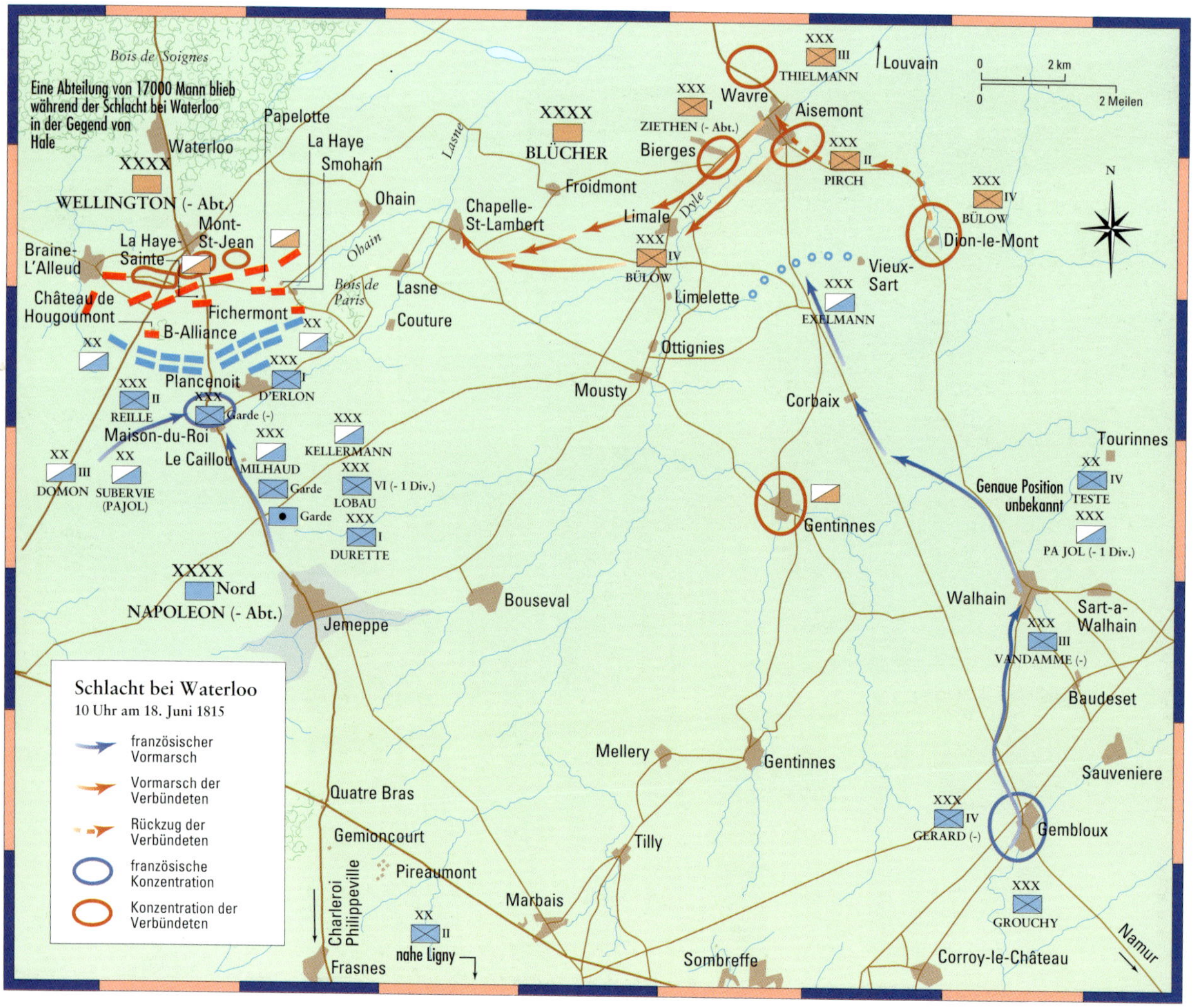

ven von Wellingtons Zentrum abzuziehen, wurde nicht erreicht und die Attacke weitete sich zu einem größeren Gefecht aus, das mehrere Divisionen absorbierte. Napoleons Hauptschlag begann eine Stunde später, als die Großbatterie Wellingtons Stellung mit wenig Erfolg unter Beschuss nahm. Dann kämpfte sich gegen 14 Uhr d'Erlons Korps in vier starken Kolonnen nach vorn gegen La Haye-Sainte und das britische Zentrum. Bei der Umgehung von La Haye-Sainte wurden die Kolonnen durch britische Salven gestoppt und dann durch einen Kavallerieangriff zurückgeworfen. D'Erlons Korps wurde übel zugerichtet, aber es gelang der britischen Kavallerie nicht rechtzeitig, sich wieder zu sammeln, und sie erlitt schwere Verluste, als sie von französischen Ulanen über die Flanke angegriffen wurde.

Etwa um 13 Uhr, noch vor d'Erlons Angriff, hatten die Franzosen Truppen gesichtet, die sich von Nordosten her näherten und bald als preußische bestätigt wurden. Am Vormittag bereits hatte Grouchy Napoleon informiert, dass er die Preußen nach Wavre verfolgte, und im Gegenzug Anweisungen erhalten, Blücher aufzuhalten und sich der rechten französischen Flanke anzuschließen. Die Befehle schienen sich zu widersprechen, und Grouchy, der wenig Vorstellungsvermögen oder gesunden Menschenverstand zeigte, nahm die zugegebenermaßen verwirrenden Befehle wörtlich und drückte weiterhin gegen die preußische Nachhut bei Wavre, obwohl er die Kanonen von Waterloo hören konnte. Inzwischen setzte Blücher, von

östlicher Richtung. Grouchy, am Tag vorher zur Verfolgung Blüchers abgestellt, war bei Wavre aufgehalten worden, während die Preußen wie versprochen nach Westen marschierten, um Wellington zu Hilfe zu kommen. Um 16 Uhr kamen die preußischen Vorhutkräfte an Napoleons linker Flanke an.

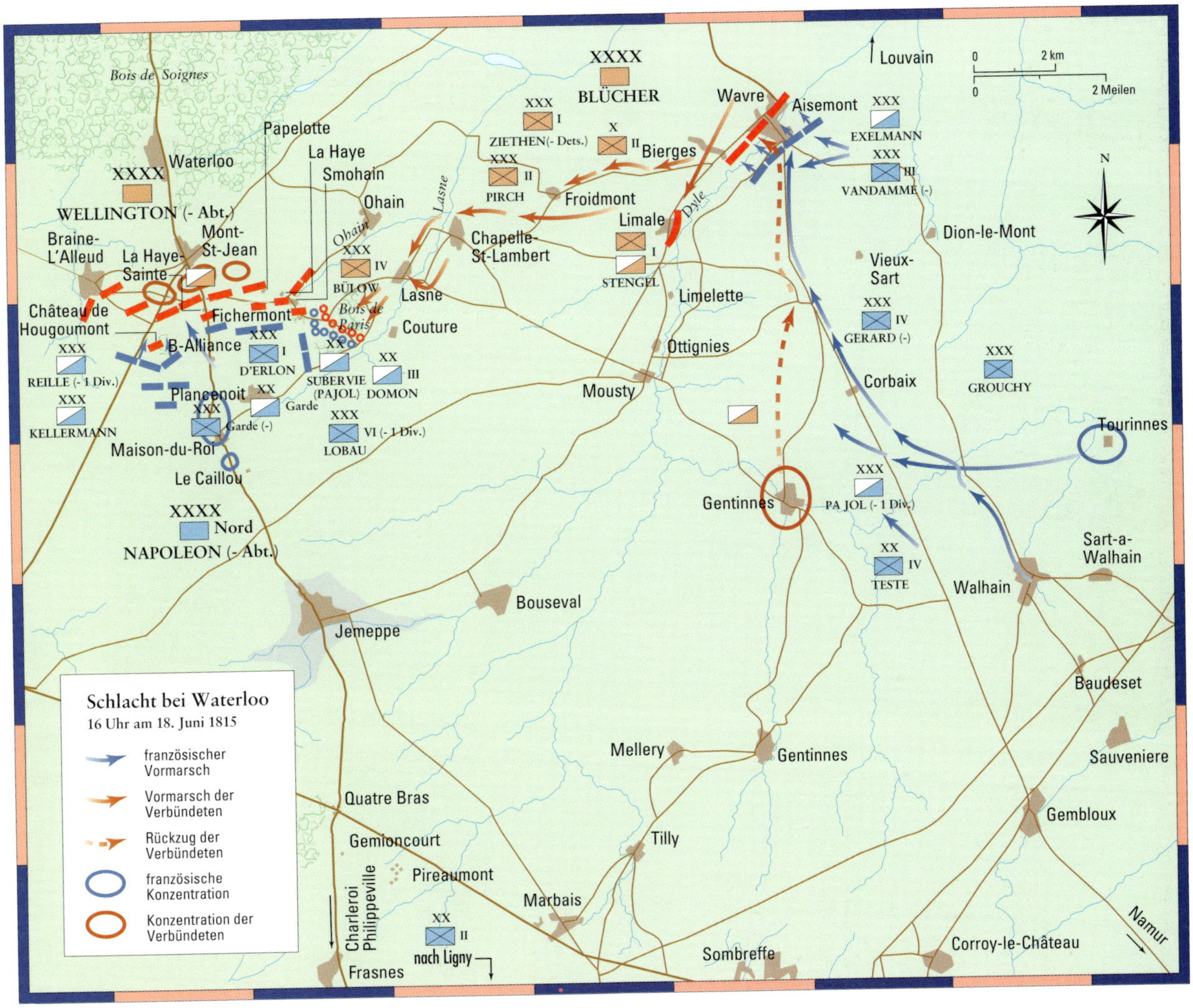

schlechten Straßen und schlammigem Gelände behindert, seinen Marsch fort, um in Napoleons rechte Flanke einzufallen.

Unter anderen Umständen hätte Napoleon vielleicht die Schlacht abgebrochen, da seine Chancen zunehmend schlechter standen, doch er wusste, dass er ohne den Vorteil eines Überraschungsangriffs nie wieder hoffen konnte, die verbündeten Armeen zu spalten. Als er erkannte, dass Grouchy nicht kommen würde und ihm die Zeit davonlief, befahl er um 15 Uhr einen Großangriff, um La Haye-Sainte einzunehmen. Während des vorausgehenden Bombardements vollzog Wellington einen kleineren Stellungswechsel, den Ney als groß angelegten Rückzug auffasste, worauf er zwei Kavallerieabteilungen nach vorn warf, die Wellingtons Infanterie zur Karreebildung zwang. Ohne Unterstützung durch Infanterie oder Artillerie, warf ein Ge-

1 Napoleon zeigt während seines letzten Feldzugs wenig Energie. Er stellt Marschall Grouchy mit etwa einem Drittel seiner Armee ab, um den geschlagenen Blücher zu binden und folgt selbst langsam dem britischen Rückzug nach Norden.

2 Wellington beschließt, auf einem Höhenrücken nahe dem Mont St. Jean in Stellung zu gehen, und baut seine 68 000 britischen, holländisch-belgischen und deutschen Truppen in dichter Formation an einem Abhang auf.

3 Er wird darin noch bestärkt durch Blüchers Zusage, ihm bis zum Mittag des 19. Juni mit mindestens einem Korps zu Hilfe zu kommen. Grouchy soll dies zwar verhindern, hält sich jedoch buchstabengetreu an seine unklaren Instruktionen. Der vom Regen aufgeweichte Boden hält den Einsatz der schweren französischen Artillerie auf, die erst gegen 13 Uhr eintrifft. Inzwischen starten die Franzosen einen Ablenkungsangriff gegen das Château de Hougoumont.

4 Von heftigem Beschuss gedeckt, stellt sich die französische Armee zum Kampf auf, doch die einzelnen Angriffe werden schlecht ausgeführt, da es kaum Koordination zwischen Infanterie, Kavallerie und Artillerie gibt. Inzwischen wird weit entfernt im Nordosten die preußische Vorhut gesichtet.

5 Napoleon muss nun ein Korps abstellen, um sich den Preußen entgegenzuwerfen; ein weiteres Korps kämpft schon bei Hougoumont. Ney, dem Infanterie fehlt, missdeutet eine Umstellung in der britischen Linie und befiehlt gegen 15 Uhr Kavallerieangriffe ohne Unterstützung.

6 Als diese fehlschlagen, befiehlt Napoleon Ney, La Haye-Sainte einzunehmen, den Schlüssel zu Wellingtons Zentrum. Bis 18 Uhr ist Ney dies gelungen, doch fehlt ihm Infanterie, um seinen Erfolg auszunutzen. Napoleon hat noch etwa zwölf Bataillone seiner Garde, zögert jedoch, sie in die Schlacht zu schicken.

7 Er beordert sie gegen 19 Uhr zu Ney, doch sie werden zurückgeschlagen. Zu diesem Zeitpunkt, da bereits mehrere preußische Korps am Kampf beteiligt sind, bricht die französische Armee auseinander und flieht vom Schlachtfeld.

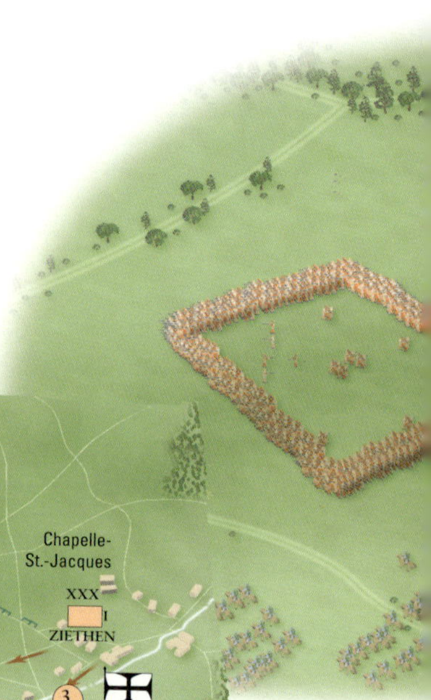

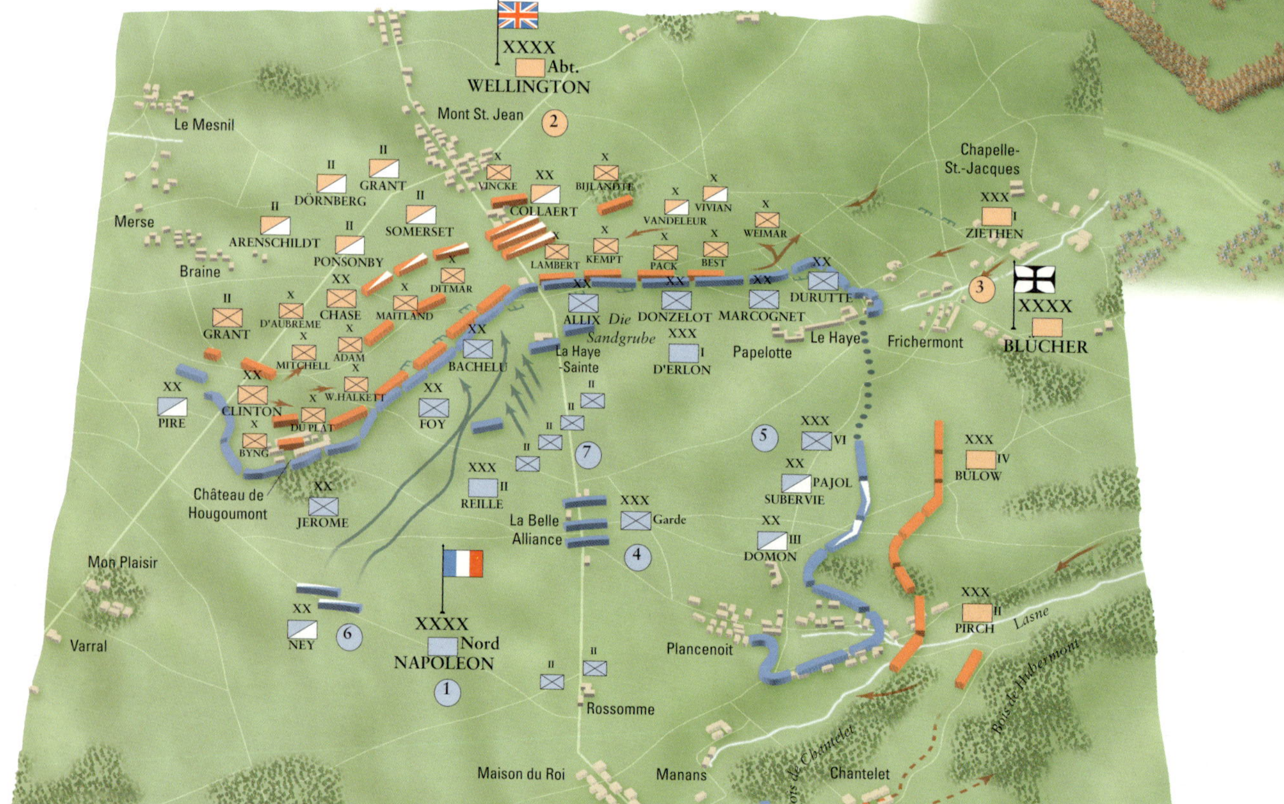

genangriff der Verbündeten die Franzosen zurück. Nun setzte Ney seine letzten berittenen Einheiten einschließlich der Gardekavallerie ein, doch wieder wurde der Angriff durch Artillerie dezimiert und durch die standhaften Karrees abgewehrt.

Zu dieser Zeit war Napoleon mit anderen Dingen beschäftigt. Zu seiner Rechten hatten die Preußen das Dorf Planchenoit erreicht und das VI. Korps, das vorgerückt war, zum Verlassen seiner Linie gezwungen. Gegen 18 Uhr etwa nahm Ney endlich La Haye-Sainte ein und brachte Artillerie nach vorn, um die britischen Stellungen zu bombardieren. Doch Napoleon war nicht in der Lage, ihm Truppen zur Verfügung zu stellen, um seinen Erfolg auszunutzen. Abgesehen von fünfzehn Bataillonen der Alten Garde und acht der Jungen Garde hatte der Kaiser keine Reserven mehr. Zu seiner Rechten kamen weitere Preußen zum Einsatz, um Lobau Planchenoit abzu-

UNTEN: *Dieses Bild von Napoleon überstürzter Flucht vom Schlachtfeld ist weitgehend der Fantasie des Malers entsprungen. In Wirklichkeit befahl Napoleon den verbliebenen Einheiten der Kaiserlichen Garde, Karrees zu bilden, um die in Panik Fliehenden aufzuhalten und zu sammeln. Dieser Versuch schlug fehl.*

SCHLACHT BEI WATERLOO

Bald nach 15.30 Uhr am 18. Juni befahl Ney, da sein Angriff auf La Haye-Sainte abgewehrt worden war, Milhauds Kürassieren den Angriff, woraufhin dieser die Unterstützung der Kavallerie der Kaisergarde anforderte. Ney, der annahm, Wellington zöge sich zurück, befahl einen Großangriff der Kavallerie auf dessen Zentrum und die linke Flanke, der jedoch an den standhaften Karrees scheiterte. Nun griffen zusätzliche preußische Einheiten ins Geschehen ein, die die Franzosen zum Verlassen ihrer Linie zwangen. Ney versammelte seine Kavallerie. Gegen 18 Uhr startete er einen weiteren Angriff, der schließlich La Haye-Sainte nahm. Drei preußische Korps waren inzwischen an den Kämpfen beteiligt, und Napoleon hatte nur neun Infanteriebataillone der Alten Garde zur Verfügung. Als diese gegen 20 Uhr zurückgeschlagen wurden, war die Schlacht verloren.

nehmen. Nachdem die Junge Garde das Dorf wieder eingenommen hatte, nur um es gleich darauf wieder zu verlieren, schickte Napoleon zwei Bataillone der Alten Garde los, die das Dorf einnahmen und hielten, wodurch die französische rechte Flanke zeitweilig stabilisiert wurde.

Angesichts dreier preußischer Korps im Einsatz warf Napoleon seine letzte Reserve in die Schlacht, führte selbst Ney elf Bataillone der Alten Garde zu, behielt ein Bataillon als persönliche Eskorte und ließ ein zweites bei La Haye-Sainte zurück, um dort eine Abwehr zu verankern. Kurz nach 19 Uhr bewies Ney noch einmal seine persönliche Tapferkeit, indem er den letzten Angriff anführte, mit sechs Bataillonen in der ersten und fünf in der zweiten Linie, alle in Bataillonskolonnen, jeweils 60 Mann Seite an Seite. Wieder begann die britische und niederländische Infanterie ihre tödlichen Salven auf kurze Entfernung abzufeuern. Zum ersten Mal seit ihrem Bestehen geriet die Alte Garde ins Wanken und brach auseinander. Dieser Rückschlag brachte für die französischen Linientruppen, die den ganzen Tag lang gut gekämpft hatten, das Fass zum Überlaufen. Als sie die Niederlage der als unbesiegbar geltenden Garde mit ansehen mussten, reagierten die anderen Einheiten mit Panik und begannen sich aufzulösen, mit Ausnahme zweier Bataillone von Grenadieren der Alten Garde. Nachdem die verbündeten Armeen gegen 21 Uhr verschmolzen waren, befahl Wellington den allgemeinen Vormarsch. Wellington und Blücher tra-

Am 18. Juni 1815 gegen 21 Uhr trafen sich Wellington und Blücher am Gasthaus La Belle Alliance und beschlossen, dass die preußische Kavallerie die besiegten Franzosen verfolgen sollte. Zwar gibt es nach wie vor unterschiedliche Meinungen zum Verhältnis der beiden Befehlshaber in den Tagen vor Waterloo, doch wird gemeinhin akzeptiert, dass das Eingreifen der Preußen entscheidend war.

fen sich bei einem Gasthaus mit dem passenden Namen La Belle Alliance an der Straße nach Charleroi.

Zur Rechten hielt das VI. Korps lange genug aus, um die Armée du Nord auf der Straße nach Charleroi entkommen zu lassen. Doch Napoleon hatte seine letzte Schlacht geschlagen. Er schaffte es noch zurück zu seinem Begleitbataillon der Garde, dann nach Charleroi und schließlich in einer Kutsche nach Paris. Am 19. schrieb er seinem Bruder Joseph, dass er noch immer 150 000 Mann sammeln könne, um den Krieg weiter zu führen, doch in Paris verweigerte ihm die Legislative ihre Unterstützung, und seine Minister machten sich bereit, sich von ihm loszusagen. Sein Bruder Lucien und Davout drängten ihn, die Legislative aufzulösen und sich zum Diktator zu erklären, aber wie 1814 lehnte er es ab, die niederen Klassen aufzurufen, sich zu seiner Verteidigung zu erheben. Er versagte sich auch der Armee, die Davout hinter der Loire erneut formierte. Beides wäre auf einen Bürgerkrieg hinausgelaufen, und einem müden Napoleon stand nicht mehr der Sinn nach solchem Blutvergießen. Am 22. Juni unterzeichnete er seine zweite Abdankung. Die Napoleonischen Kriege waren zu Ende.

Mitte Juni hatte General Schwarzenberg mit einer riesigen österreichischen und russischen Armee den Rhein überschritten, war jedoch nur langsam vorangekommen, als der Waffenstillstand vom 11. Juli 1815 die Kampfhandlungen beendete. Auf diesem Bild überqueren Kaiser Franz I. und Kanzler Metternich auf ihrem Weg nach Paris die Vogesen.

EPILOG: NAPOLEONS SYSTEM DER KRIEGSFÜHRUNG – DAS STREBEN NACH DER ENTSCHEIDENDEN SCHLACHT

Die fast ununterbrochen andauernden Kriege zwischen 1792 und 1815 veränderten die Kriegführung grundlegend. Diese Veränderung war nicht das Ergebnis größerer technischer Neuerungen. Alle Armeen setzten schon vorher vorhandene Waffen ein und übernahmen Verbesserungen von anderen. Die große Umwandlung in der Kriegsführung kam durch die Erweiterung des Ausmaßes der eingesetzten Ressourcen zustande. Mit dem Anwachsen des europäischen Militärpotentials – mehr Männer, mehr Nahrung, mehr Metalllegierungen, bessere Straßen und Karten – ermöglichte das Zusammenfallen der Französischen Revolution mit dem Beginn der industriellen Revolution den Regierungen, riesige Armeen aufzustellen, die durch neue industrielle Verfahren bewaffnet und ausgerüstet wurden. Bei Valmy zählten die Kräfte beider Seiten zusammen weniger als 100 000 Mann; bei Leipzig brachten die gegnerischen Armeen mehr als eine Million auf.

Dieser Zuwachs hatte operationelle und strategische Konsequenzen. Vor 1792 suchten die Befehlshaber Schlachten zu vermeiden; die Generäle der Revolution und Napoleon suchten die Schlacht. Waren Soldaten früher teuer und schwer zu ersetzen gewesen, so waren sie nunmehr billig, und Ersatz war leicht zu finden. Die Masse rückte den Angriff in den Vordergrund, was schnelle Entscheidungen sowohl erforderlich als auch möglich machte. Jedoch hatten sich die Mittel zur Versorgung der Armee nicht geändert. Selbst in den fruchtbarsten Gebieten Europas konnte die Versorgung aus dem besetzten Land – keineswegs eine völlig neue Praxis – Rationen und Futter für eine so große Zahl an Männern und Pferden nur über einen begrenzten Zeitraum zur Verfügung stellen. Wenn es keinen schnellen Sieg gab, der es ihnen ermöglichte, in noch nicht heimgesuchte Gebiete zu wechseln, mussten sich die Armeen zerstreuen, um zu leben, und konzentrieren, um zu kämpfen.

Während der ersten Phase der Revolutionskriege und Napoleonischen Kriege 1792–1807 hatten die französischen Armeen und die Grande Armée einen bedeutenden Vorteil in ihrer Struktur der Streitkräfte, ihrer Strategie und Taktik gegen die eher traditionsgebundenen Gegner erreicht. Anfangs vergrößerte sich dieser Vorteil noch, als nach Napoleons Machtergreifung jegliche Politik – Innen-, Außen- und Militärpolitik – in einer Hand konzentriert war. Für Napoleon, dem Mäßigung ein Fremdwort war und der nach Hegemonie in Europa und womöglich darüber hinaus strebte, war Krieg nicht das letzte Mittel, wenn die Diplomatie versagte, sondern das zentrale Element seiner Außenpolitik. Um seine Ziele zu verfolgen, bevorzugte Napoleon kurze offensive Kampagnen, die dazu angelegt waren, die Hauptarmee des Feindes zu zerstören und den Besiegten zur Annahme seiner Bedingungen zu zwingen. Seine Taktik passte sich oft seiner Strategie an, und die Angriffskolonnen, massierte berittene Angriffe und große Batterien waren weniger Ausdruck einer sich verschlechternden Qualität seiner Armee – obwohl es diese Verschlechterung gab – als vielmehr Instrumente zum Erreichen der schnellen Ergebnisse, die eine Massenarmee erforderte.

Er errang viele brillante Siege, doch entscheidende, den Krieg beendende Siege waren selten und ihre Ergebnisse nicht von Dauer. Nur Austerlitz, Friedland und

Ein typischer Grognard der Grenadiere der Alten Garde geht nach vorn. Die Kaisergarde kämpfte in Paradeuniform. Er und seine Einheit geben vor ihrem Angriff Schüsse ab. Die Bajonette waren gewöhnlich aufgesetzt, richteten aber meist nur wenig aus, da die eine wie die andere Seite zurückwich.

J. Bastin

Wagram zwangen seine Feinde, um Frieden nachzusuchen, wobei sich allerdings einige Jahre später deren militärische Lage verbesserte und sie, durch Unterstützungsversprechen von Verbündeten bestärkt, diese aufgezwungenen Friedensverträge wieder in Frage stellten. Überdies erzielten selbst entscheidende Siege nicht das gewünschte politische Resultat. Der zweifache Sieg bei Jena und Auerstedt löschte den preußischen Widerstand nicht für weitere acht Monate aus. Tatsächlich waren die „glorreichen Jahre“, in denen sich keiner mit Napoleon als Strategen und Feldbefehlshaber messen konnte, mit der Zeit zwischen 1805 und 1809 verhältnismäßig kurz.

Ab 1809 erbrachte Napoleons System keine erdrückenden Siege mehr, die die gegnerischen Armeen vernichteten. Dafür gab es eine Reihe von Gründen. Als seine Gegner seine grenzenlosen Ambitionen erkannten, versteifte sich ihr politischer Wille und sie unternahmen immer größere Anstrengungen, um ihn zu besiegen. Obwohl nur Preußen die Wehrpflicht einführte, vergrößerten Österreich, Russland und Großbritannien die Größe ihrer Armeen und untergruben damit Napoleons zahlenmäßigen Vorteil. Einzeln waren ihre Armeen zwar kleiner als die französische, doch wenn sie nach einem gemeinsamen Plan eingesetzt wurden, waren sie überlegen. Aber viel wichtiger war vielleicht, dass alle Mächte Korps einführten,

Mit der Absicht, seine Truppen zu stabilisieren und ihnen einen geordneten Rückzug zu ermöglichen, befehligte Napoleon persönlich die letzten verbliebenen Einheiten der Kaiserlichen Garde und blieb bei Ihnen, bis die schlimmste Krise vorbei war. Dann zog er sich mit seiner Eskorte zurück, in der vergeblichen Hoffnung, dort seine besiegte Armee neu formieren zu können.

die Stabsarbeit verbesserten und ihre Taktik der der Franzosen anpassten. Auch wenn sie in der Praxis oft noch unvollkommen war, verbesserte ihre Korpsstruktur Befehlsgebung und Führung und verlieh Napoleons Gegnern mehr Widerstandskraft im Fall einer Niederlage. Sein Erfolg war stets von einer Strategie abhängig gewesen, die den Widersacher dazu zwang, sich seinen Plänen anzupassen und eine Entscheidungsschlacht anzunehmen. Wenn der Gegner dies jedoch vermeiden und Raum gegen Zeit aufwiegen konnte, geriet Napoleon ins Hintertreffen. Im Jahre 1809 besiegte er die Österreicher, vernichtete jedoch ihre Armee nicht, während gleichzeitig britische Streitkräfte und spanische Guerillas den langen Krieg auf der Iberischen Halbinsel begannen, der schließlich ein Drittel seiner insgesamt verfügbaren Streitkräfte band. Napoleon brauchte Spanien nicht und hätte seine Verständigung mit Russland fortsetzen können, aber er war nie gewillt, Zugeständnisse zu machen, und übernahm sich.

Sein System wurde zu zentralistisch und reichte gleichzeitig zu weit. Er bestand auf alleiniger Kontrolle von Planung und Operationen und gestand seinem Stab keine unabhängige Rolle zu. Napoleon unternahm keinen systematischen Versuch, diese Männer in höherem militärischen Denken zu schulen oder sie über seine Pläne zu informieren. Dies funktionierte, solange der Kaiser in der Nähe war; aber als seine Armee von Spanien bis Russland in Kämpfe verwickelt war und von einigen wenigen Korps auf umfangreiche Heeresgruppen anwuchs, brach seine strategische Führung zusammen. Seine Untergebenen mussten zunehmend eigene Entscheidungen treffen, und 1809, 1812 und in allen nachfolgenden Feldzügen versagten einige höhere Befehlshaber, wenn es darum ging, Napoleons Befehle und Absichten zu verstehen oder auszuführen.

Zu seinen besten Zeiten kam ihm kein General gleich, der ihm gegenüberstand – nicht Blücher, nicht Erzherzog Karl, Kutusow oder Wellington –, aber ab 1807 gab es eine Anzahl von Rückschlägen, die andeuteten, dass er auch zu besiegen war. Doch sollte man Napoleon nicht unterschätzen. Wenige verstanden wie er die Möglichkeiten und Grenzen von Zeit und Raum, und wenige Befehlshaber besaßen seine Fähigkeit, inmitten von Gefahr und Verwirrung Opferbereitschaft und Mut einzuflößen. Sicherlich schienen seine körperlichen und geistigen Fähigkeiten nach 1809 nachzulassen, obwohl es gelegentliche brillante Momente gab; doch blieb er selbst im Niedergang noch ein ernstzunehmender Gegner. Wie die meisten militärischen Einrichtungen war Napoleons Armee in hohem Maße das Produkt ihrer historischen Erfahrungen, das durch den charismatischen Genius ihres Führers umgewandelt und noch stärker gemacht wurde. Wellington wenigstens meinte, Napoleons Anwesenheit auf dem Schlachtfeld sei 40 000 Mann wert; nicht allein wegen seines taktischen Genies, sondern weil er alle Soldaten dazu ansporнte, ihr Letztes zu geben. So diente ihm seine Armee gut, manchmal besser, als er es verdiente, und selbst in den schwierigen Situationen blieb der Kern seiner Armee ihm gegenüber loyal.

Es ist die Behauptung aufgestellt worden, dass Napoleons Kriege die intensivste Ausbeutung der damals verfügbaren menschlichen Kräfte, Technik und logistischen Möglichkeiten darstellten, dass sie jedoch das *Ende* einer Ära der klassischen Kriegführung signalisierten, nicht den Beginn einer neuen Ära des modernen Krieges. Dem mag so sein, doch trotz enormer Veränderungen in der Technik wurden viele Feldzüge und Schlachten seit 1815 nach napoleonischem Muster geführt, und Napoleons Kampagnen bleiben weiterhin Bestandteil des Lehrplans an den höheren Militärschulen der ganzen Welt.

Biografische Anmerkungen

Alexander I., Zar von Russland (1777–1825)
Beteiligte sich an der Dritten Koalition, kooperierte aber nach 1807 mit Napoleon; nach dem Verlust Moskaus verweigerte er sich jedoch Verhandlungen und trat 1813 der Sechsten Koalition bei.

Alvinczy, General Joseph, Baron (1735–1805)
Österreichischer Befehlshaber, bei Arcola und Rivoli besiegt.

Augereau, Marschall Pierre-François-Charles (1757–1816)
Als Divisionsgeneral errang er Ruhm bei Castiglione; er wurde 1804 zum Marschall gemacht und führte Korps bei Jena und Eylau.

Bacler d'Albe, Brigadegeneral Louis Albert (1761–1824)
Stand Napoleons Topografiestelle ab 1804 vor.

Bagration, General Peter (1765–1812)
Er diente 1799 unter Suworow, kommandierte 1805 die Nachhut; kämpfte bei Austerlitz, Eylau und Friedland und wurde bei Borodino tödlich verwundet.

Barclay de Tolly, Feldmarschall Michail, Fürst (1761–1818)
Als weitsichtiger Verwalter und Kriegsminister seit 1810 modernisierte er die russische Armee; als mittelmäßiger Feldbefehlshaber wurde er durch Kutusow 1812 ersetzt.

Beauharnais, Vizekönig Eugène de (1781–1824)
Napoleons Stiefsohn; fähiger Soldat, 1805 Vizekönig von Italien; tat sich bei Wagram, Borodino und während des Rückzuges aus Moskau hervor, verteidigte 1815 Italien wirkungsvoll.

Bennigsen, General Leonti (1753–1824)
Russischer Befehlshaber bei Eylau; er kämpfte bei Borodino und Leipzig.

Beresford, General William Carr (1764–1854)
Bildete die portugiesische Armee erneut aus und befehligte sie von 1809-1812.

Bernadotte, Marschall Jean-Baptiste, König von Schweden (1763–1844)
1804 zum Marschall ernannt, hielt sich 1805 bei den Auseinandersetzungen tapfer, wurde jedoch nach fragwürdiger Führung bei Jena und Wagram entlassen; ab 1810 Kronprinz von Schweden, er befehligte 1813 die Nordarmee gegen Napoleon.

Berthier, Marschall Louis-Alexandre (1753–1815)
Napoleons unersetzlicher Stabschef 1798–1814; 1804 zum Marschall befördert; beging 1815 Selbstmord.

Bessières, Marschall Jean–Baptiste (1768–1813)
Ein hervorragender Kavallerieführer, 1804 Marschall, kämpfte bei Austerlitz, Jena, Eylau, Friedland, Aspern-Essling und Wagram; fiel im Kampf in Deutschland im Mai 1813.

Blücher, Feldmarschall Gebhard Leberecht von (1742–1819)
Tapfer und energiegeladen, bildete 1813–14 mit Gneisenau ein wirkungsvolles Befehlspaar; kommandierte 1815 die preußische Armee in Belgien; nachdem er bei Ligny geschlagen worden war, lieferte er die notwendige Unterstützung für Wellington bei Waterloo.

Bonaparte, Jérôme, König von Westfalen (1784–1860)
Napoleons jüngster Bruder; wurde 1807 König; legte sein Kommando in Russland nieder, unterstützte jedoch seinen Bruder 1815 und kämpfte bei Waterloo.

Bonaparte, Joseph, König von Neapel, später von Spanien (1768–1844)
Napoleons älterer Bruder wurde 1806 König von Neapel; dankte zu Gunsten von Murat ab und wurde 1808 König von Spanien.

Braunschweig, General Carl Wilhelm Ferdinand, Herzog (1735–1806)
Preußischer General, Veteran von Valmy, wo er geschlagen wurde; fiel bei Auerstedt, wo er die preußische Armee kommandierte.

Buxhöwden, Feldmarschall Friedrich Wilhelm (1750–1811)
Er war Generalleutnant und befehligte die ersten drei Kolonnen der Armee der Verbündeten beim misslungenen österreichisch-russischen Angriff bei Austerlitz.

Carnot, General Lazare (1753–1823)
Politiker, „Organisator des Sieges", Mitglied des

Wohlfahrtsausschusses, reorganisierte und führte die Armeen der Französischen Republik.

KARL, FELDMARSCHALL, ERZHERZOG VON ÖSTERREICH (1771–1847)
Als fähigster habsburgischer General besiegte er die Franzosen 1796 in Deutschland und schlug Napoleon 1809 bei Aspern-Essling; seine Bestrebungen, die österreichische Armee von Grund auf zu erneuern, waren nur eingeschränkt erfolgreich; nach Wagram wurde ihm die Befehlsgewalt genommen.

CLAUSEWITZ, GENERAL CARL VON (1780–1831)
Preußischer Stabsoffizier, militärtheoretische Kommentare zu den Napoleonischen Kriegen, berühmt wegen seines immer noch einflussreichen Werkes *Vom Kriege*.

DAVOUT, MARSCHALL LOUIS-NICOLAS (1770–1823)
Napoleons fähigster und loyalster Marschall (seit 1804); errang Ruhm bei Auerstedt und kommandierte danach Korps mit Bravour; 1815 Kriegsminister.

DESAIX, GENERAL LOUIS-CHARLES (1768–1800)
War mit Bonaparte in Ägypten; fiel bei Marengo, als er den entscheidenden Angriff anführte.

DUMOURIEZ, GENERAL CHARLES-FRANÇOIS (1739–1823)
Ihm steht ein Teil des Erfolges bei Valmy zu; er siegte bei Jemappes, lief aber 1793 zu den Verbündeten über.

FERDINAND, FÜRST VON ASTURIEN, KÖNIG VON SPANIEN (1784–1833)
War in die konstitutionelle Krise von 1808 verwickelt, die zur französischen Besetzung Spaniens führte.

FRANZ I., KAISER VON ÖSTERREICH (1768–1835)
Ein mittelmäßiger reaktionärer Herrscher, der nicht willens war, seinen Bruder Karl besonders zu unterstützen; seine Tochter Marie-Louise heiratete Napoleon 1808.

FRIEDRICH WILHELM III., KÖNIG VON PREUSSEN (1770–1840)
Kämpfte 1806 gegen Napoleon; nach schwerer Niederlage herrschte er in Abhängigkeit von Frankreich; trat 1813 der Sechsten Koalition bei.

GNEISENAU, GENERALFELDMARSCHALL AUGUST WILHELM ANTON GRAF NEIDHARDT VON (1760–1831)
Verteidigte 1807 Kolberg, unterstützte dann die preußischen Armeereformen; Generalstabschef Blüchers in den Befreiungskriegen 1813–1815.

GRIBEAUVAL, JEAN-BAPTISTE, GRAF (1715–1789)
Nach 1765 nahm er eine Umstrukturierung der französischen Artillerie vor und konstruierte eine Reihe mobiler Geschütze.

GROUCHY, MARSCHALL EMMANUEL DE (1766–1847)
Fähiger Kavallerieführer, der über seine Fähigkeiten hinaus im April 1815 zum Marschall ernannt wurde; ihm kam die Befehlsführung über den rechten Flügel der Nordarmee zu.

GUIBERT, GENERAL JACQUES-ANTOINE DE (1743–1790)
Militärphilosoph; seine Schriften hatten großen Einfluss auf das militärische Denken der Aufklärung.

HILL, GENERAL SIR ROWLAND (1772–1842)
Führte 1809 auf Italien eine Division bei Talavera; kommandierte Erstes Alliiertes Korps bei Waterloo.

HOCHE, GENERAL LAZARE (1768–1797)
Stieg 1793 zum Divisionsgeneral auf; kommandierte Moselarmee; führte 1796 erfolglose Expedition nach Irland und Armee von Sambre und Maas 1797.

HOHENLOHE, GENERAL FRIEDRICH LUDWIG, FÜRST VON (1746–1818)
1806 bei Jena schwer geschlagen und nach langem Rückzug zur Aufgabe gezwungen.

JOHANN, ERZHERZOG VON ÖSTERREICH (1782–1859)
Bei Hohenlinden schwer geschlagen; kommandierte 1809 in Italien und Ungarn, vereinigte sich bei Wagram, aber nicht mit Karl.

JOURDAN, MARSCHALL JEAN BAPTISTE (1762–1833)
Divisionsgeneral 1793; Sieger bei Fleurus 1794; war 1798 maßgeblich an der Verabschiedung des Konskriptionsgesetzes beteiligt; 1804 zum Marschall befördert; er diente in Spanien.

KLEBER, GENERAL JEAN-BAPTISTE (1753–1800)
Hatte nach Napoleons Abreise das Kommando in Ägypten; hielt die französische Stellung bis zu seiner Ermordung.

KRAY, GENERAL PAUL (1735–1804)
Alter österreichischer Veteranenkommandant; er diente in Italien und Deutschland 1800.

KUTUSOW, FELDMARSCHALL MICHAIL (1745–1813)
Kommandierte 1805 das öster.-russ. Heer in Deutschland, wurde bei Austerlitz zum Angriff gedrängt; bei Borodino 1812 besiegt. Reorganisierte 1812 das russische Heer.

LANNES, MARSCHALL JEAN (1769 – 1809)
Großartiger Soldat im Kampf, 1804 zum Marschall ernannt, zeichnete sich bei Aspern-Essling aus, wo er tödlich verwundet wurde.

LEFEBVRE, MARSCHALL FRANÇOIS-JOSEPH (1755 – 1820)
Ein schlichter Soldat, der bis 1804 vom Hauptfeldwebel zum Marschall aufstieg; ein schlechter Stratege, aber gut kämpfender Soldat, Napoleon gegenüber absolut loyal.

MACDONALD, MARSCHALL ALEXANDRE (1765 – 1840)
Führte bei Wagram ein italienisches Korps und zerbrach das österreichische Zentrum, wurde auf dem Schlachtfeld zum Marschall ernannt; er schloss sich 1814 der Gruppe an, die Napoleons Abdankung verlangte.

MACK, GENERAL KARL LEIBERICH, BARON (1752 – 1828)
Österreichischer General und 1805 Oberbefehlshaber an der Donau, wo er, von Napoleon überlistet, sich bei Ulm mit seiner Armee ergab.

MASSENA, MARSCHALL ANDRÉ (1758 – 1817)
Einer der fähigsten und raubgierigsten Kommandeure der Revolution und des Kaiserreiches; wurde 1804 zum Marschall ernannt und hatte 1805 das Kommando in Italien; tat sich 1809 hervor; wurde in Italien in seine Schranken gewiesen.

MÉLAS, GENERAL MICHAEL FRIEDRICH (1729 – 1806)
Befehligte österreichische Kräfte in Norditalien, bei Marengo besiegt.

METTERNICH, KLEMENS WENZEL, FÜRST VON (1773 – 1859)
Nach der östr. Niederlage gegen Frankreich 1809 zum östr. Außenminister ernannt; vereinbarte mit Napoleon österreichische Hilfe für dessen Russlandfeldzug, führte aber im Sommer 1813 Österreich in die Sechste Koalition.

MONCEY, MARSCHALL BON-ADRIEN (1754 – 1842)
Bekämpfte 1792–95 erfolgreich die Spanier; 1794 Divisionsgeneral; 1804 zum Marschall befördert, hatte jedoch nach 1809 hauptsächlich Verwaltungsposten inne.

MOORE, GENERALLEUTNANT SIR JOHN (1761 – 1809)
Reformierte die Taktik der Leichten Infanterie; kommandierte 1808 die britische Expedition auf der Iberischen Halbinsel, wurde jedoch zum Rückzug gezwungen und fiel, als er die Einschiffung seiner Truppen deckte.

MOREAU, GENERAL JEAN-VICTOR (1763 – 1813)
Sieger bei Hohenlinden, Rivale Napoleons; in royalistische Intrigen verwickelt, 1804 ins Exil geschickt; schließlich Zar Alexanders Berater; starb an seinen Verletzungen von Dresden.

MORTIER, MARSCHALL ADOLPHE-ÉDOUARD (1768 – 1835)
Ein energischer Befehlshaber, wurde 1804 Marschall; löste 1805 seine Aufgabe als Korpsbefehlshaber gut, hatte danach verschiedene Posten inne.

MURAT, MARSCHALL JOACHIM, KÖNIG VON NEAPEL (1767 – 1815)
Ein charismatischer Kavallerieoffizier, heiratete 1802 Karoline Bonaparte; 1804 zum Marschall befördert; 1808 König von Neapel; tat sich in großen Feldzügen hervor, desertierte 1813 und führte im nächsten Jahr seine Armee gegen Eugène; 1815 wurde sein Angebot, sich Napoleon anzuschließen, zurückgewiesen, und er wurde gefangengenommen und erschossen, als er seinen eigenen Feldzug in Italien führte.

NEY, MARSCHALL MICHEL (1769 – 1815)
Galt als tapferer Offizier und guter Truppenführer, 1804 Marschall, Ney war ein idealer Korpsbefehlshaber; er führte 1814 die Marschälle an, die Napoleons Abdankung forderten und den Bourbonen dienten, schloss sich dann aber wieder Napoleon an; befehligte den linken Flügel der Nordarmee bei Quatre Bras, er war jedoch zu schwerfällig und versagte als Befehlshaber bei der Schlacht von Waterloo.

ORANIEN, WILHELM, FÜRST (1792 – 1849)
Befehligte Korps in Wellingtons Armee bei Quatre Bras und Waterloo.

OUDINOT, MARSCHALL NICOLAS-CHARLES (1767 – 1847)
1799 Divisionsgeneral, führte Lannes' Korps nach Aspern-Essling, wurde nach der Schlacht von Wagram Marschall; schloss sich den anderen Marschällen an, um Napoleons Abdankung 1814 zu erzwingen.

PAUL I., ZAR VON RUSSLAND (1754 – 1801)
Instabiler Autokrat, trat der Zweiten Koalition bei, zog sich jedoch nach Unstimmigkeiten mit den Verbündeten zurück; 1801 ermordet.

Poniatowski, Marschall Jozef Anton, Fürst (1763–1813)
Befehlshaber des polnischen Korps der Großen Armee, 1807 Kriegsminister des Herzogtums Warschau; führte 1812–1813 das polnisch-sächsische Korps, 1813 Marschall; ertrank während des Rückzuges aus Leipzig.

Radetzky, General Joseph Wenzel, Graf (1766–1858)
Ein fähiger österreichischer Feldmarschall, maßgeblichen Anteil am Sieg der Völkerschlacht bei Leipzig; er diente Schwarzenberg 1813–1814 als Stabschef.

Rapp, General Jean (1771–1821)
Oft verwundeter Adjutant Napoleons, der spektakuläre Kampfaufträge ausführte; befehligte 1815 erfolgreich die kleine Rheinarmee.

Reynier, General Ebenezer (1771–1814)
Kommandierte 1813 sächsisches Korps in Deutschland und wurde nach dessen Überlaufen gefangen gesetzt.

Robespierre, Maximilien de (1758–1794)
Kompromissloser Führer der Jakobinerpartei; machtvolles Mitglied des Wohlfahrtsausschusses nach 1793, nutzte den Terror gegen in- und ausländische Feinde; wurde im Juli 1794 gestürzt und hingerichtet.

Scharnhorst, General Gerhard Johann David von (1755–1813)
1808 zum Direktor des Kriegsdepartements ernannt, wurde wichtiger Reformator der preußischen Armee; intellektueller Soldat, verfasste einflussreiche Schriften über militärisch-politische Themen.

Schwarzenberg, Feldmarschall Karl Philipp, Fürst (1771–1820)
Österreichischer Soldat und Diplomat, konnte österreichisches Hilfskorps 1812 aus Russland abziehen; wurde zum Oberbefehlshaber der Verbündeten ernannt, nachdem Österreich 1813 der Sechsten Koalition beigetreten war.

Sérurier, Marschall Jean-Mathieu-Philibert (1742–1819)
Trat 1755 mit 13 in die Armee ein und war seit 1759 Berufsoffizier; diente von 1794 bis 1797 der Revolution und nochmals 1799 in Italien; er unterstützte Napoleons Übernahme und wurde 1804 zum Marschall ehrenhalber ernannt.

Suchet, Marschall Louis-Gabriel (1770–1826)
Der erfolgreichste französische Befehlshaber in Spanien; wurde 1811 zum Marschall ernannt, errang Siege und beträchtliche Unterstützung des Volkes; kommandierte 1815 die Alpenarmee.

Suworow, Feldmarschall Alexander Wassiljewitsch (1729–1800)
Russischer Veteran und Befehlshaber, bevorzugte Schocktaktik mit dem Bajonett gegenüber Feuerkraft; eroberte Italien 1799 zurück.

Victor, Marschall Claude-Perrin (1764–1841)
Erhielt Korpsbefehlsführung im Januar 1807, Marschall im Juli; diente in Spanien und Russland, zeichnete sich an der Beresina aus; kämpfte 1813 in Deutschland.

Wellesley, Feldmarschall Sir Arthur, Duke of Wellington (1769–1852)
Nach dem Dienst in Holland und Indien zum Generalleutnant mit Befehlsführung auf der Iberischen Halbinsel 1808 ernannt; entwickelte bedachtsamen Operationsstil, schlug in Reihe mehrere französische Marschälle bis 1814; befehligte 1815 englisch-holländische und verbündete Kräfte in Belgien, schlug Napoleon bei Waterloo.

Wittgenstein, Feldmarschall Ludwig, Fürst (1769–1843)
Befehligte Kolonne bei Austerlitz und Leipzig.

Würmser, General Dagobert Sigmund, Graf (1724–1797)
Führte wiederholte Befreiungsversuche auf Mantua, wurde aber geschlgen.

Yorck, General Johann David (1759–1830)
Befehligte preußisches Hilfskorps in Russland; handelte die Konvention von Tauroggen aus, die zur deutschen Abtrünnigkeit aus dem Bund mit Frankreich führte.

York, Feldmarschall Frederick Augustus, Duke of (1763–1827)
Oberbefehlshaber der britischen Armee 1789–1809.

Ziethen, General Hans Ernst Karl, Graf (1770–1848)
Befehligte preußisches I. Korps bei Ligny und Waterloo.

WEITERFÜHRENDE LITERATUR

Carl von Clausewitz, Vom Kriege. 18. Aufl., vollst. Ausg. Im Urtext mit völlig überarb. u. erw. histor.-kritischer Würdigung v. Werner Hahlweg. Bonn: Dümmler 1973

Guglielmo Ferrero: Abenteuer. Bonaparte in Italien (1796-1797). München: Lehnen 1950

Alan W. Parker: Napoleon in Russland. A. d. Engl. Übers. Von Hans Jürgen Baron von Koskull. Frankfurt am Main: G. B. Fischer 1969

John Keegan: das Antlitz des Krieges. A. d. Engl. von Hermann Kusterer. Düsseldorf und Wien: Econ 1978

REGISTER

Kursiv gedruckte Zahlen bezeichnen Bildunterschriften.

Bildnachweis

AKG Endpapers, S. 1–2, 18, 24–25, 26, 27, 28, 29, 30–31, 32, 33, 35, 42, 44–45, 45, 46, 47, 48, 50, 51, 54, 58, 59, 61, 62, 65, 66, 71, 76, 77, 85, 86, 88, 89, 93, 95, 106–107, 109, 110, 112, 113, 115, 117, 119, 122, 124–125, 131, 138, 139 (oben), 148–149, 153, 161, 166–167, 171, 172–173, 174, 175, 181, 184–185, 186, 187, 188–189, 202–203, 207, 208, 209, 212. E.T. Archiv S. 6, 14, 40, 43, 52–53, 56–57, 126, 127, 139 (unten), 156, 165, 167 (oben), 168–169. Barnaby's / Fotomas Index S. 34, 41, 67, 87, 91, 94, 100–101, 103, 114, 116, 141, 142–143, 144, 145, 146, 150, 151, 162, 170, 193, 211. Peter Newark Pictures S. 72, 73, 78, 82–83, 98, 132, 159, 190, 200–201.

Zeichnungen auf der Titelseite und Seiten 22, 28, 60–61, 68, 75, 120, 137, 176 und 197 wurden von Arcadia Editions Ltd angefertigt und zur Verfügung gestellt.